방종준 비서관님께

김구 선생의 영혼을 담아 원본 그대로
복제한 자서전 백범일지를 드립니다

2023. 3. 30

복제명인 전갑주 드림

김구 자서전 백범일지. 초판본(1947)

발행일 2015년 10월 20일
발행인 전갑주
발행처 한국교과서주식회사
북디자인 김현양(nadoo4445@hanmail.net)
스캔작업 전도연(dy995@hanmail.net)

주소 서울특별시 서초구 논현로 83 (양재동, 삼호빌딩 A동 1916호)
출판등록 2013년 06월 07일(제2013-000098호)
전화 02-815-0114
팩스 02-815-0112
전자우편_ 8150114@naver.com

이 책은 광복_분단 70년 및 국어교과서 탄생 120주년을 기념하고자
32년 수집인생, 교육자료 수집가 전갑주의 소장자료에서 영인한 것입니다.

김구 자서전 백범일지. 복제본 값 29,900원

03810

9 788959 551040

ISBN 978-89-5955-104-0 불법 복제 금지

ISBN 978-89-5955-104-0
Printed in Korea

*잘못된 책은 바꾸어 드립니다.

金九 著

白凡逸志

金九 自敍傳

저자와 아들 신

장주석의 얼굴과 그의 친필
(내가 중경을 떠나 환국할때 작별의 기념으로 받은것)

나는 나라에 충성하는 법을 고 후조 선생께 배우고 어버이께 효도하는 본을 이창매에서 보았다

위우은 後彫高能善선생 아떼는 연안 효자 李昌梅의 무덤을 찾아간 저자

태극긔와 윤봉길 의사와나。윤의사 거사하시기전날
서약식을 마초고。

상해의 나。

내가 중경을 떠나올재 우빈(于斌)——중국인으로 우리의 독립운동을 위하야 극력 협조한분——동지에게 "正義使者" 라고 쓴 내 친필을 작별의 긔념으로 주

나를 위하야 평생을 옥
바라지와 망명생활로 낙은
없고 고생만 하다가 세상
을 떠나신 갸륵하신 어머
님과 불상한 안해다。

우는 중경 화상산의 어머님 묘소。
아레는 상해 묘지의 안해의 무덤。

中華民國三十四年十一月四日
歡送韓國革命領袖回國紀念
敬祝韓國獨立永敦中韓邦交

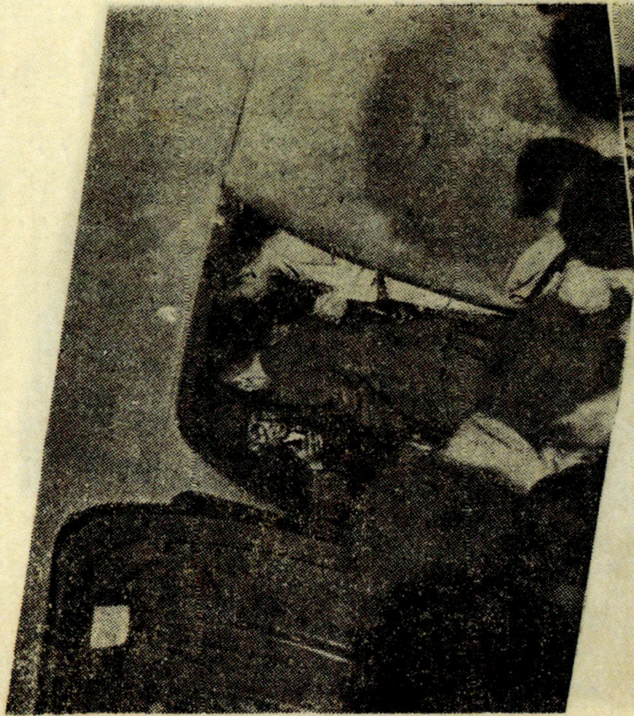

환국하는 길에 중국의 비행기로 상해에 도착한 나。

재류 동포가 반갑게 맞아 주었다。

아래는 서울서 이승만 박사를 그의 돈암장에 찾아 만나는 것

우는 임시정부 환국 환영회석상에서 [illegible]가 인사하는 것(훈련원)

나는 고국에 돌아와 남조선을 순회하였다。이르는 곳마다 동포들은 나를 환영하였다(우)

나는 내 사형을 풀어주신 광무황제의 홍릉에 절하고(가운데)

내 시조 경순왕 능에 제를 드렸다。

앞줄바른편에서부터 車利 趙素 柳東 金 李始 趙琬 宋炳 李青 金朋

뒷줄바른편으로부터 崔東 朴贊 高雲 金學 趙時元 楊宇朝 趙擎韓 金毅漢 嚴恒燮

却來觀世間。
猶如夢中事。
내가 중이 되어 불도를 배우던 마곡사를 사십팔년만에 찾
으니 아는 중은 이믜 다 가고 없었다。

어머님을 모신 저자와 아들 仁(左) 信(右)

大韓民國臨時政府主席金九閣下
尹奉吉 李奉昌 白貞基 三義士追悼式場

서울서 서로 만난 피치 박사 부처와 나。윤봉길의사의 사건 때에 두 분은 위험을 무릅쓰고 나를 그집에 한달이나 숨겨 주었다。

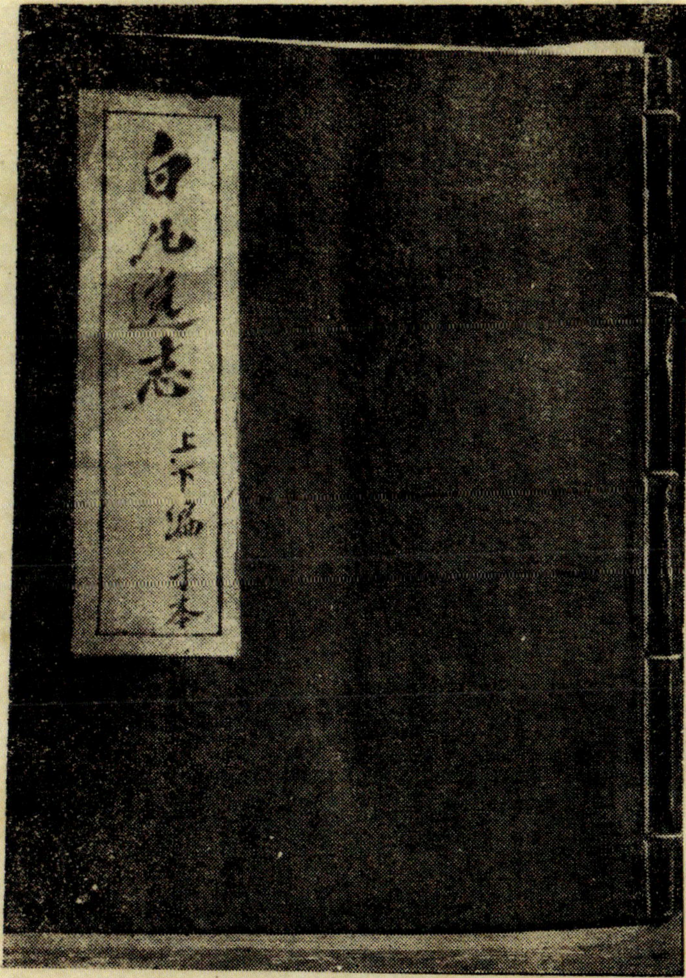

이책의 원본인 「백범일지」 상하편 수본——이것을 순국문으로 번역하여 인쇄한것이 곧 이책이다。

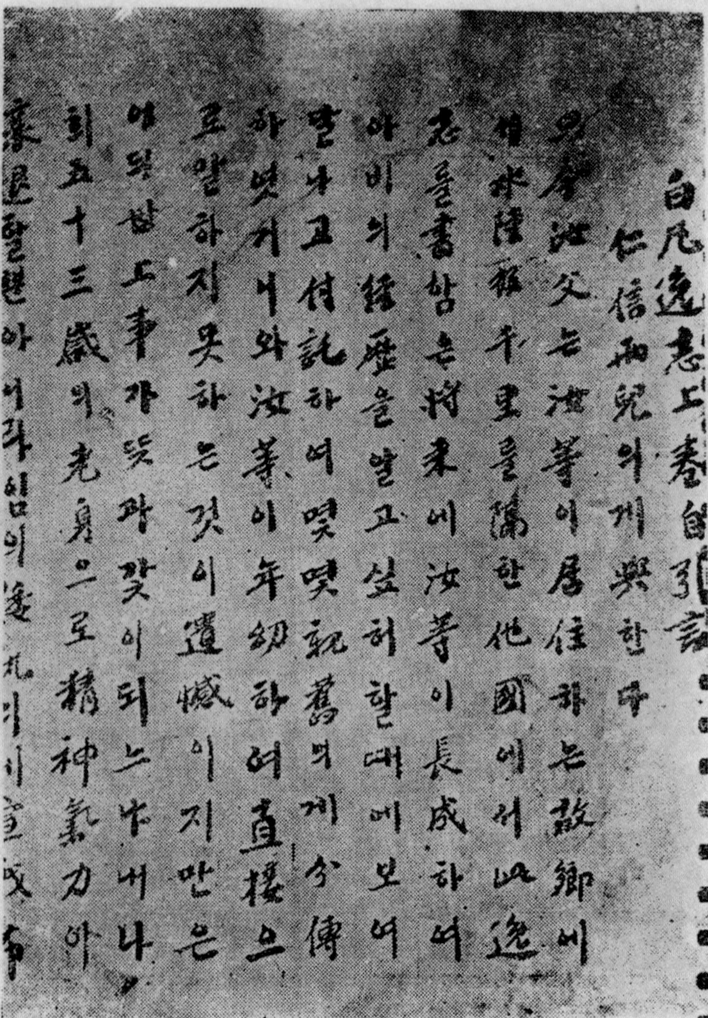
白凡逸志上卷自引言
仁信和兒의게與한다
只今汝父는汝等이居住하는故鄕에
相水陸五千里를隔한他國에서此逸
志를書함은將來에汝等이長成하여
아비의經歷을알고싶허할때에보여
달나고付託하여몇몇親舊의게수傳
하엿거니와汝等이年幼하여直接으
로말하지못하는것이遺憾이지만은
어덧世上事가뜻과갓이되느냐나
회五十三歲의老身으로精神氣力이
衰退할뿐아니라[illegible]의逢札이이미[illegible]

내가 붓으로 써두었든 「백범일지」의 원문의 일면

「백범일지」 원본 일면의 계승과 그 필두제

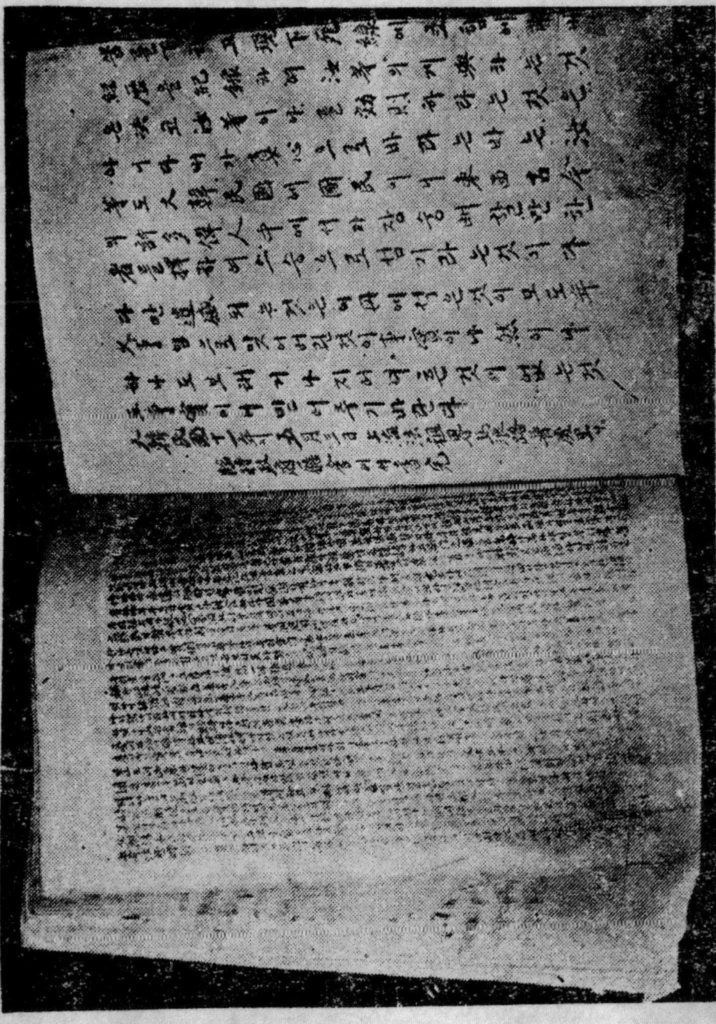

김구 자서전 백범일지 목차

상 편

하 편

——(끝)——

저자의 말

이책은 내가 상해와 중경에 있을때에 써놓은 「白凡逸志」를 한글 철자법에 준하여 국문으로 번역한 것이다。 끝에 본국에 도라온 뒤엣 일을 써 넣었다。

애초에 이 글을 쓸 생각을 낸것은 내가 상해에서 대한민국림시정부의 주석이 되어서 내 몸에 죽음이 언제 닥칠는지 모르는 위험한 일을 시작할 때에 당시 본국에 들어와 있던 어린 두 아들에게 내가 지낸 일을 알리자는 동긔에서였다。 이렇게 유서 대신으로 쓴 것이 이책의 상편이다。 그리고 하편은 윤봉길의사 사건 이후에 중일전쟁의 결과로 우리 독립운동이 긔지와 긔회를 잃어 이 목숨을 던질 곳이 없이 살아 남아서 다시 오는 긔회를 기다리게 되었으나 그 때에는 내 나이 벌서 칠십을 바라보아 앞날이 많지아니함으로 주로 미주와 하와이에 있는 동포를 염두에 두고 민족 독립운동에 대한 나의 경륜과 소회를 고하랴고 쓴 것이다。 이것 역시 유서라 할 것이였다。

나는 내가 살아서 고국에 돌아와서 이 책을 출판할 것은 몽상도 아니 하였였다。 나는 완전한 우리의 독립국가가 선 뒤에 이것이 지나간 이야기로 동포들의 눈에 비초이기를 원하였다。 그런데 행이라 할가 불행이라 할가 아직독립의 일은 일우지 못하고 내 죽지못한 생명 만이 남아서 고국에 돌아와 이 책을 동포의 앞에 내어놓게 되니 실로 감개가 무량하다。

나를 사랑하는 몇 친구들이 이 책을 발행하는 것이 동포에게 다소의 이익을 드림이 있으리라 하기로 나도 허락하였다。 이책을 발행하기 위하야 국사원안에 출판소를 두고 김지림군과 삼종질 홍두가 편즙과 예약 수리의 일을 하고 있는바 혹은 번역과 한글 철자법 수정으로 혹은 비용과 용지의 마련으로 혹은 인쇄로 여러 친구와 여러 기관에서 힘쓰고 수고한 데 대하여서 고마운 뜻을 표하여 둔다。

끝에 붙인「나의 소원」 한편은 내가 우리 민족에게 하고 싶은 말의 요령을 적은 것이다。 무릇 한 나라가 서서 한 민족이 국민생활을 하랴면 반드시 긔초가 되는 철학이 있어야하는 것이니 이것이 없으면 국민의 사상이 통일이 되지 못 하야 더러는 이나라의 철학에 쏠리고 더러는 저 민족의 철학에 끌리어 사상의 독립、 정신의 독립을 유지하지못하고 남을 의뢰하고 저의 끼리는 추태를 날아내는 것이다。 오늘날 우리의 현상으로 보면 더러는 로크의 철학을 믿으니 이는 워싱톤을 서울로 옮기는 자들이오 또 더러는 맑스―레닌―스탈린의 철학을 믿으니 이들은 모스크바를 우리의 서울로 삼자는 사람들이다。 워싱톤도 모스크바도 우리의 서울은 될 수 없는 것이오 또 되어서는 안 되는 것이니 만일 그것을 주장하는 자가 있다 고 하면 그것은 예전 동경을 우리 서울로 하자는 자와 다름이 없을 것이다。 우리의 서울은 오직 우리의 서울이라야 한다。 우리는 우리의 철학을 찾고、세우고、주장하여야한다。이것을 깨닫는 날이 우리 동포가 진실로 독립정신을 가지는 날이오 참으로 독립하는 날이다。

「나의 소원」은 이러한 동기、이러한 의미에서 실린 것이다。다시 말하면 내가 품은、내가 믿는 우리 민족철학의 대강령을 적어본것이다。그럼으로 동포 여러분은 이 한 편을 주의하여 읽어 주셔서 저 마다의 민족철학을 찾아 세우는 데 참고를 삼고 자극을 삼아 주시기를 바라는 바이다。

내가 이 책 상편을 쓸 때에 열 살내외이던 내 두 아들 중에서 큰 아들 인은 그 짧은 안해와 어린 딸 하나를 남기고 연전에 중경에서 죽고、작은 아들 신이가 스물여섯 살이 되어서 미국으로 부터 돌아와 아직 혼몸으로 내 곁을 들고있다。그는 중국의 군인인 동시에 미국의 비행장교다。그는 장차 우리 나라의 군인이 될 날을 기다리고 있다。

이 책에 나오는 동지들 중에 대부분은 생존 하여서 독립의 일에 헌신하고 있으나 이미 세상을 떠난 이도 많다。최광옥、안창호、양긔탁、현익철、이동녕、차이석、이들도 다 이제는 없다。무릇 난 자는 다 죽는 것이니 할 일 없는 일이어니와 개인이 나고 죽는 중에도 민족의 생명은 늘 있고 늘 젊은 것이다。우리는 우리의 시체로 성벽을 삼아서 우리의 독립을 지키고 우리의 시체로 발등상을 삼아서 우리의 자손을 높이고 우리의 시체로 걸음을 삼아서 우리의 문화의 꽃을 피우고 열매를 맺혀야 한다。나는 나 보다 앞서서 세상을 떠나간 동지들이 다 이 일을 하고 간것을 만족하게 생각하고 감사하게 생각한다。내 비록 늙었으나 이 몸둥이를 헛도히 썩히지 아니할 것이다。

나라는 내 나라요 남들의 나라가 아니다。독립은 내가 하는 것이지 따로 어면 사람이 하는 것이 아니다。우리 민족 삼천만이 저 마다 이 이치를 깨달아 이 대로 행한다 면 우리 나라가 독립이 아니 될 수도 없고 또 좋은 나라 큰 나라로 이 나라를 보전하지아니할 수도 없는 것이다。나 김구가 평생에 생각하고 행한 일이 이것이다。나는 내가 못난 줄을 잘 알았다。

그러나 아모리 못났더라도 국민의 하나、민족의 하나라 는 사실을 믿음으로 내가 할 수 있는 일을 쉬지않고 하여 온 것이다。이것이 내 생애요、이 생애의 긔록이 이 책이다。

그럼으로 내가 이 책을 발행하기에 동의한 것은 내가 잘난 사람으로써가 아니라 못난 한 사람이 민족의 한 분자로 살아간 긔록임으로 써이다。백범(白凡)이라 는 내 호가 이것을 의미한다。내가 만일 민족독립운동에 조곰이라도 공헌한 것이 있다 고 하면 그만것은 대한사람이면、하기만 하면 누구나 할 수 있는 것이다。나는 우리 젊은남자와 여자들 속에서 참으로 크고 훌륭한 애국자와 엄청나게 빛나는 일을 하는 큰 인물이 쏟아져 나오기를 믿거니와 그와 동시에 그 보다도 더 간절히 바라는 것은 저 마다 이 나라를 제 나라로 알고 평생에 이 나라를 위하야 있는 힘을 다하게 되는 것이니 나는 이러한 뜻을 가진 동포에게 이「범인의 자서전」을 보내는 것이다。

단군기원 사천 이백 팔십 년 십일월 십오일 개천절날

상 편

머리말 인(仁) 신(信) 두 어린 아들에게

아비는 이제 너희가 있는 고향에서 수륙 오천리를 떠난 먼 나라에서 이 글을 쓰고 있다。 어린 너희를 앞에 놓고 말하여 들릴수 없으매 그 동안 나의 지난일을 대략 기록하여서 몇몇 동지에게 남겨 장래 너희가 자라서 아비의 경력을 알고싶어할 때가 되거든 너희 의게 보여달라 고 부탁하였거니와 너희가 아직 나이 어리기 때문에 직접으로 말하지못하는 것이 유감이지 마는 어듸 세상사가 뜻과 같이 되느냐。

내 나은 벌서 쉰셋이언 마는 너희는 인제 겨오 단 열 살과 일곱 살 밖에 안되었으니 너희의 나이와 지식이 차라질 때에는 내 정신과 기력은 벌서 쇠할 것일 뿐 아니라 이봄은 이믜 원수 왜 의게 선전포고를 나리고 지금 사선에 서 있으니 내 목숨을 어찌 밑어 너희가 자라서 면대하야 말할 수 있을 날을 기다리겠느냐。 이러하기

매문에 지금에 이 글을 써 두랴는 것이다。

내가 내 경력을 긔록하야 너희게 남기는 것은 결코 너희 더러 나를 본받으라 는 뜻은 아니다。 내가 진심으로 바라는 바는 너희도 대한민국의 한 국민이니 동서와 고금의 허다한 위인 중에서 가장 숭배할만한 이를 택하야 스승으로 섬기라 는 것이다。 너희가 자라더라도 아비의 경력을 알길이 없겠기로 내가 이 글을 쓰는 것이다。

다만 유감되는 것은 이 책에 적는 것이 모도 오랜 일이므로 잊어버린 것이 많은 것은 사실이나 하나도 보태거나 지어넣은 것이 없는 것도 사실이니 밑어 주기를 바란다。

대한민국 십일년 오월 삼일

중국 상해에서 아 비

우리 집과 내 어린 적

우리는 안동 김씨 경순왕(敬順王)의 자손이다。신라의 마즈막 임금 경순왕이 어떻게 고려 왕건태조(王建太祖)의 따님 낙낭공주의 부마가 되셔서 우리들의 조상이 되셨는지는 삼국사긔나 안동김씨 족보를 보면 알 것이다。

경순왕의 팔세손이 충렬공(忠烈公)、충렬공의 현손이 익원공인데 이 어른이 우리 과의 시조요 나는 익원공에서 이십일대손이다。충렬공、익원공은 다 고려조의 공신이어니와 이조에 들어와서도 우리조상은 대대로 서울에 살아서 글과 벼슬로 가업을 삼고있었었다。그러다가 우리 방조 김자점이 역적으로 몰려서 멸문지화를 당하게 되매 내게 십일대조 되시는 어른이 처자를 끌고 서울을 도망하야 일시 고향에 망명하시더니 그곳도 서울에서 가까와 안전하지못하므로 해주부중에서 서쪽으로 팔십리 백운방 터골 팔봉산 양가봉(白雲坊基洞八峰山楊哥峰)밑에 숨을 자리를 구하시게 되었다。그 곳 뒷개(後浦)에있는 선영에는 십일대 조부모의 산소를 비롯하야 역대 선산이 계시고 조모님도 이 선영에 모셨다。

그때에 우리 집이 멸문지화를 피하는길이 오직 하나 뿐이었으니 그 것은 양반의 행색을 감추고 상놈행세를 하는일이었다。 텃골에 처음 와서는 조상님네는 농부의 행색으로 묵은장이를 일구어 농사를 짓다가 군역전(軍役田)이라는 땅을짓게 되면서 부터 아주 상놈의 패를 차게 되었다。 이 땅을 부치는 사람은 나라에서 부를 때에는 언제나 군사로 나서는 법이니 그 때에는 나라에서 문을 높이고 무를 낮후워 군사라면 천역 축천한 일이었다。 이것이 우리 나라를 쇠약하게한 큰 원인인 것은 말할것도 없다。 이러하여서 우리는 관에 박인 상놈으로 텃골 근동에서 양반행세하는 진주 강씨、 덕수 이씨들 의게 대대로 천대와 압제를 받아왔다。 우리 문중의 딸들이 저들 의게 시집을 가는 일은 있어도 우리가 저들의 딸 의게 장가 든 일은 없었다。

그러나 중년애는 우리 가문이 패 창성하였던 모양이어서 텃골 우리 터에는 개와집이 즐비하였고 또 선산에는 석물도 크고 많았으며 내가 열아믄 살 적까지도 우리 문중에 혼상대사가 있을 때에는 이정길(李貞吉)이란 사람이 언제나 와서 일을 보았는데 이사람은 본래 우리집의 종으로서 속량받은 사람이라 하니 그는 우리 같은 상놈의 집에 종으로 태어났던 것이라、 참으로 흉악한 팔자라 고 아니 할 수 없다。

우리가 해주에 와서 산 뒤로 역대를 상고하여 보면 글하는이는 없지아니하였으나 이름난 이는 없였고 매양 불평객이 많았다。내 증조부는 가어사질을 하다가 해주 영문에 가쳤다가 서울 어느양반의 청편지를 얻어다 대고 겨우 형벌을 면하셨다는 말을 집안 어룬들께 들었다。암행어사라는 것은 임금이 시골 사정을 알기 위하야 신임하는 젊은 관원 의게 무서운 권세를 주어서 순회시키는 벼슬인데 허름한 과객의 행색으로 차리고 댕기는 것이 상례다。

증조항렬 네 분 중에 한 분은 내가대여섯 살 까지 생존하셨고 조부 형제는 구존하셨고 아버지 사형제는 다 살아계시다가 백부 백영(伯永)은 얼마아니하야 돌아가셔서 나는 다섯 살 적에 종형들과 함께 곡하던 것이 기억된다。

아버지 휘 순영(淳永)은 사형제 중에 둘재 분으로서 집이 가난하야 장가를 못 가고 노총각으로 계시다가 이십사세 때에 삼각혼인이라는 괴퍅한 방법으로 장연에사는 현풍 곽시(玄風郭氏)의 딸 열네 살 된이와 성혼하야 종조부 댁에 부처 살다가 이삼년 후에 독립한 살림을 하시게된 때에 내가 났다。그때 어머님의 나이는 열일곱이오 푸른 밤송이 속에서 붉은 밤 한 개를 얻어서 감초아 둔 것이 태몽이라 고 어머니는 늘 말슴하셨다。

병지년 칠월 십일일 자시(이 날은 조모님 긔일이었다)에 텃골에 있는 웅텅이큰댁이라 고 해서 조부와 백부가 사시는 집에서 태어난 것이 내다。내 일생이 긔구할에조였는지 그것은 유례가 없는 난산이었다。진통이 일어난지 육칠일이 되어도 순산은아니되고 어머니의 생명이 위태하게 되어 혹은 약으로 혹은 예방으로 온갖 시험을 다해도 효험이 없어서 어룬들의 강제로 아버지가 소의 기르마를 머리에 쓰고 지붕에 올라가서 소의 소리를 내고야 비로서 내가 나왔다고 한다。겨우 열일곱 살 되시는 어머니는 내가 구찮아서 어서 죽었으면 좋겠다 고 짜증을 내셨다 는 데 젖이 말라서 암죽을 먹이고 아버지가 나를 품속에 품고 댕기시며 동네 애기있는 어머니의 젖을 얻어먹이셨다。먼촌 족대모 핏개댁(稷浦宅)이 밤중이라도 싫은 빛없이 내게 젖을 불리셨단 말을 듣고 내가 열 살 갓 넘어 그 어룬이 작고하신 뒤에는 나는 그 산소 앞을 지낼 때 마다 경의를 표하였다。내가 마마를 치른 것이 세 살 아니면 네 살 적인데 몸에 돋은 것을 어머니가 예사 부스럼 다스리듯 죽침으로 따서 고름을 빼었으므로 내 얼굴에 굵은 벼슬자욱이 생긴 것이다。

내가 다섯 살 적에 부모님은 나를 다리시고 강령 삼거리(康翎三街里)로 이사하셨다。거긔는 뒤는 산이오 앞은 바다였다。종조、재종조、삼종조 여러 댁이 그리로 떠나오시기 때문에 우리 집도 따라간 것이였다。어긔서 이태를 살았는 때、우리 집이 어떻게나 호젓한지 호랑이가 사람을 물고 우리 문전으로 지나갔다。산어구 호랑이 길목에 우리 집이 있던 것이다。그러므로 밤이면 한 거름도 문밖에는 나가지 못하였다。낮이면 부모님은 농사하러 나가시거나 혹은 바다에 무엇을 잡으러 가시고 나는 거긔서 그중 가까운 신풍 이생원(新豐李生員) 집에 가서 그 집 아이들과 놀다가 오는 것이 일과였다。그 집 아이들 중에는 나와 동갑 되는 아이도 있었으나 두세 살 우이 되는 아이들도 있었다 하로는 그 애들이 이 놈 해줏 놈 따려 주자 고 공모하야 나는 무리하게도 한 차례 매를 맞었다。그리고는 분해서 나는 집에 와서 부엌에서 큰 시칼을 가지고 다시 이생원집으로 가서 기습으로 그놈들을 다 찔러죽일 생각으로 울파주를 뜯고, 있는 것을 열닐여덟 살 된 그 집 딸이 보고 소리소리 질러 오라비들을 불렀기 때문에 나는 목적을 달치못하고 또 그 놈들에게 부뜰려 실컨 얻어 맞고 칼만 빼앗기고 집으로 돌아왔다。시칼을 잃은 죄로 부모님께 매를 맞을 것이 두려워서 어머니께서 시칼이 없다 고 찾으실 때에도 나는 시침이를 떼고 있었다。

또 하로는 집에 혼자 있노라 니까 엿장사가 문전으로 지나가면서

「헌 유기나 부러진 수저로 엿들 사시오」

하고 외웠다。

나는 엿은 먹고 싶으나 엿장사가 아이들의 자지를 잘라 간다 는 말을 어른들 께 들은 일이 있으므로 방문을 꽉 닫아걸고 엿장사를 부른 뒤에 아버지의 성한 숫가락을 발로 디디고 분질러서 반은 두고 반만 창구멍으로 내어밀었다。헌 숟갈이라야 엿을 주는 줄 알었기 때문이다。엿장사는 내가 내어미는 반동강 숫갈을 받고 엿을 한 주먹 뭉쳐서 창구멍으로 드려밀었다。나는 반동강 숟가락을 옆에 놓고 한창 맛있게 엿을 먹고 있을 즈음에 아버지께서 돌아오셨다。나는 사실 대로 아뢰었더니 다시 그런 일을 하면 경을 치운다 고 걱정 만 하시고 때리지는 아니 하였다。

또 한번은、역시 그 때엣 일로、아버지께서 엽전 스므냥을 방 아렛목 이부자리 속에 두시는 것을 보았다。아버지가 나가시고 나 혼자 만 있을 때에 심심은 하고 동구밖 거릿집에 가서 떡이나 사 먹으리라 하고 그 스므냥 꾸러미를 온통 꺼내어 허

리에 감고 문을 나섰다。얼마를 가다가 마츰 우리 집으로 오시는 삼종조를 만났다。

「너 이 녀석。돈은 가지고 어디를 가느냐」

하고 내 앞을 막아 서신다。

「떡 사 먹으러 가요。」

하고 나는 천연덕스럽게 대답히였다。

「네 애비가 보면 이 녀석 매맞는다。어서 집으로 들어가거라」

하고 삼종조는 내 몸에 감은 돈을 빼앗이다가 아버지를 추셨다。먹고 싶은 떡도 못 사 먹고 마음이 자못 불평하야 집에 와 있노라니 뒤따라 아버지께서 돌아오서서 아모 말슴도 없이 빨래줄로 나를 꽁꽁 동여서 들보 우에 매어달고 회차리로 후려갈기시니 아파서 죽을 지경이었다。어머니도 밭에서 아니 돌아오신 때라 말려줄 이도 없이 나는 매를 맞고 달려 있었다。이때에 마츰 장련(長連)하라버지라 는 재종조께서 들어오셨다。이 어룬은 의술을 하는 이로서 나를 귀애하시던 이다。내게는 참말 천행으로 이 어룬이 우리 집 앞을 지나시다가 내가 악을 쓰고 우는 소리를 듣고 달려 들어오신 것이었다。장련하라버지는 들어오시는 길로 불문곡직하고 들보에 달린 나를 끌러 내려 놓으신 뒤에야 아버지께 까닭을 물으셨다。아버지가 내 죄를 고하시는 말슴을 다 듣지도 아니 하시고 장련하라버지는 나이는 아버지와 동갑이시지 마는 아저씨의 위엄으로 아버지께서 나를 치시던 회차리를 빼앗아서 아버지의 머리와 다리를 함부로 한참동안이나 따리시고 나서야 비로소

「어린 것을 그렇게 무지하게 따리느냐」하고 말슴으로 책망하셨다。아버지께서 매를 맞으시는 것이 퍽도 고소하고 장련하라버지가 퍽도 고마웠다。

장련하라버지는 나를 업고 들로 나가서 참외와 수박을 실컨 사 먹여서 또 그 하라버지 댁으로 업고 가셨다。

장련하라버지의 어머니 되시는 종증조모께서도 그 아드님께서 내가 아버지 한테 매맞은 연유를 들으시고、

「네 애비 밉다。집에 가지 말고 우리 집에서 살자」

하고 아버지의 잘못을 누누히 책망하시고 밥과 반찬을 맛있게 하여 주셨다。나는 엄마큼 마음이 기쁘고 아버지가 그 하라버지 한테 맞던 것을 생각하니 상쾌하기 짝이 없었다。이 모양으로 이댁에서 여러 날을 묵어서 집에 돌아왔다。

한번 장마 비가 많이 와서 근처에 샘들이 솟아서 여러 갈래 적은 시내를 일우었다。나는 빨강이 파랑이 물감통을 집에서 꺼내어다가 한 시내에는 빨강이를 풀고 또 한 시내에는 파랑이를 풀어서 붉은 시내 푸른 시내가 한 데 모여서 어울어지는 양을 장난으로 구경하고 좋아하다가 어머니께 몹시 매를 맞았다。

종조께서 이 땅에서 작고하셔서 백여리나 되는 해주 본향으로 힘들어 행상한 것이 빌미가 된 것인지、내가 일곱살 되던 해에 이르러서는 여기 와서 살던 밭은 일가들이 한 집 두집 해주 본향으로 돌아갔다。우리 집도 이 통에 텃골로 돌아올 때에 나는 어룬들의 등에 엽혀 오든 것이 긔억된다。

고향에 돌아와서는 우리 집은 농사로 살아가게 되었으나 아버지께서 비록 학식은 기성명 정도이지 마는 허위대가 좋고 성정이 호방하고 술이 한량이 없으셔서 강씨 이씨라면 만나는 대로 막 따려 주고는 해주 감영에 잡혀 가치기를 한 해에도 몇 번씩 하셔서 문중에 소동을 일으키셨다。인근 양반들이 아버지를 미워하지 마는 어찌할 도리가 없는 모양이었다。그때 시골 습관에 누가 사람을 따려서 상처를 내면 맞은 사람을 따린 사람의 집에 떠메어다가 누이고 그가 죽나 살아나나를 기다리는 것이었다。 그래서 우리 집에는 한 달에도 몇 번 씩 피루성이가 되어서 다 죽게 된 사람을 메어다가 사랑에 누이는 때도 있었다。 아버지가 이렇게 사람을 따리시는 것은 비록 취중에 한 일이라 하더라도 다 무슨 불평에서 나온 것이었다。 아버지는 당신께 아모 상관도 없는 사람이라도 양반이나 강한자들이 약한자를 능멸하는 것을 보시고는 참지못하여서 수허지에 나오는 호걸들 식으로 친불친을 막론하고 패어주셨다。 이렇게 아버지가 불같은 성정이신 줄을 알므로 인근 상놈들은 두려워 공경하고 양반들은 무서워서 피하였다。

해 마다 세말이 되면 아버지는 닭의 알、담배 같은 것을 많이 장만하여서 감영의 영리청、사령청에 선사를 하였다。 그러면 그 회사로 책력이며 해주먹 같은 것이 왔다。 이것은 강씨 이씨 같은 양반들이 감사나 판관에게 가 붙는것에 대응하는 수였다。 영리청이나 사령청에 친하게 하는 것을 계방(契房)이라고 하는데 이렇게 계방이 되어 두면 감사의 영문이나 본아에 잡혀가서、영청이나 옥에 가치는 일이 있더라도 영리와 사령들이 사정을 두기때문에 가친다는 것은 명색 뿐이오 기실은 영리、사령들과 같은 방에서 같은 밥을 먹고 편히 있고、또 설사 태장、곤장은 맞는 일이 있다。

하더라도 사령들은 매오 치는 시늉을 하고 맞는 편에서는 죽어가는 엄살 만 하면 고만인 것이다。 그뿐더러 만일 아버지께서 되잡아 양반들을 걸어서 소송을 하여서 그들이 잡혀오게 되면 제 아모리 감사나 판관 의게 뇌물을 써서 모면한다 하더라도 아버지의 편인 범갈은 영속들에게 호되게 경을 츠고 많은 재물을 허비하게 된다。 이렇게 망한 부자가 일년동안에 십여인이나 되었다 는 말을 들었다。

아버지를 무서워하는 인근 양반들은 그를 달래려함인지 아버지를 도존위(都尊位)에 천하였다。 그러나 아버지는 도존위 행공을 할 때에는 다른 도존위와는 반대로 양반에게 용서없이 엄하고 빈천한 사람들에게는 후하였다。 세금을 받는 데도 빈천한 사람의 것은 자담하여 내는 수도 있었지 마는 그들에게 가혹히 하는 일은 없었다。 이 때문에 삼년이 못 되어서 아버지는 공전흠포(公錢欠逋)로 면직을 당하셨다。 그래서 아버지는 인근에 사는 양반들의 꺼리고 미움을 받아서 그들의 안악네와 아이들 까지도 김순영이라 는 이름 만 들어도 치를 떨었다。

아버지의 아이적 별명은 효자였다。 그것은 할머니께서 돌아가실 때에 아버지께서 원손 무명지를 칼로 잘라서 할머니의 입에 피를 흘려 넣으셨기 때문에 소생하셔서 사

훌을 더 사셨다 는 것이었다。

아버지 사형제 중에 백부(휘 백영)는 보통 농군이셨고 셋째 숙부도 특기할 일이 없으나 넷째 계부(휘 준영)가 아버지와 같이 특이한 편이셨다。 계부는 국문을 배우는 데도 한 겨울 동안에 가짜에 기억 각도 못 깨치고 말았으되 술은 무량으로 자시고 또 주사가 대단하여서 취하기 만 하면 꼭 풍파를 이르키는 데 아버지는 양반에게 만 주정을 하셨지 마는 준영계부는 아모리 취하여도 양반에게는 감히 손을 못 대고 일가 사람에게 만 덤비셨다。 그러다가 조부님께 매를 얻어 맞으시든 것을 나는 기억한다。

내가 아홉살 적에 조부님 상사가 났는 데 장례날에 이 삼촌이 상여메는 사람들에게 야료를 하여서 결국은 그를 결박을 지어놓고야 장례를 모셨다。 장례를 지난 뒤에 종증조의 발의로 문회를 열고 이러한 패류는 그대로 둘 수가 없으니 단단히 징치를 하여서 후환을 막어야 한다 하야 의논한 결과로 준영삼촌을 안즘방이를 만들기로 작정하고 발뒤꿈치를 버혔으나 분김에 한 일이라 힘줄은 다 끊어지지 아니하여서 병신 까지는 안 되었다。 그러나 그가 조부댁 사랑에 누어서 호랑이 처럼 영각을 하는 바람에 나는 무서워서 그 근처에도 못 가든 것이 생각난다。 지금 생각하니 상놈의 소위라고 아니 할 수 없다。 그때에 어머니는 내게 이런 말씀을 하셨다。

「너의 집에 허다한 풍파가 모두 술 때문이니 두고보아서 네가 또 술을 먹는다 변 나는 자살을 하여서 네 꼴을 안 보겠다」

나는 이 말씀을 깊이 새겨들었다。

이때쯤에는 나는 국문을 배와서 이야기책은 읽을 줄 알았고 천자도 이 사람 저사람에게 얻어 배워서 다 떼었다。 그러나 내가 글공부를 하리라 고 결심한 데는 한 동긔가 있었다。

하로는 어룬들에게 이러한 말씀을 들었다。 몇해 전 일이다。 문중에 새로 혼인한 집이 있었는 데 어느 하라버지가 서울갔든 길에 사다가 두셨든 관을 밤에 내어 쓰고 재 사돈을 대하였던 것이 양반들에게 발각이 되어서 그 관은 열파를 당하고 그로부터는 다시는 우리 김씨는 관을 못 쓰게 되었다 는 것이다。 나는 이 말을 듣고 몹시 울었다。 그러고 그 사람들은 어찌해서 양반이 되고 우리는 어찌해서 상놈이 되었는가 고 물었다。 어룬들이 대답하는 말은 이러하였다。 방아메 강씨도 그 조상은 우리

조상 만 못 하였지 마는 일문에 진사가 셋이나 살아있고 자라소 이씨도 그러니라고。나는 어떻게 하면 진사가 되느냐 고 물었다。진사나 대과나 다 글을 잘 공부하여서 큰 선비가 되어서 과거에 급제를 하면 된다 는 대답이었다。이 말을 들은 뒤로 나는 부쩍 공부할 마음이 생겨서 아버지 께 글방에 보내어 달라 고 졸랐다。그러나 아버지도 주저하지아니할 수 없으셨다。우리 동네에는 서당이 없으니 이웃 동네 양반네 서당에를 갈 길 밖에 없다。그런데 양반네 서당에서 나를 받아줄지 말지도 알 수 없는 일이어니와 또 거기 들어간다 하더라도 양반의 자식들의 등쌀에 견디어내일 것 같지 아니 하였다。그래서 얼른 결단을 못 하다가 마츰내 우리 동네 아이들과 이웃 동네 상놈의 아이들을 모와서 새로 서당을 하나 만들고 청수리 이생원이라 는 양반 한분을 선생으로 모셔 오기로 하였다。이생원은 지체는 양반이지 마는 글이 밭아서 양반서당에서는 다려가는 데가 없기 때문에 우리 서당으로 오신 것이었다。

이선생이 오신다 는 날 나는 머리를 빗고 새 옷을 갈아입고 아버지를 따라서 마중을 나갔다。저터로서 나이가 쉰아믄 되어보이는 키가 후리후리한 노인 한 분이 오시는데 아버지께서 몬저 인사를 하시고 나서 날 더러、

「창암(昌岩)아 선생님께 절하여라」 하셨다。 나는 공손하게 너붓이 절을 하고 나서 그 선생을 우러러보니 신인이라 할쩌 하나님이라 할쩌 어떻게나 거룩해 보이는지 몰랐다。

우선 우리 사랑을 글방으로 정하고 우리 집에서 선생의 식사를 바뜰기로 하였다。

그때에 내 나이가 열두 살이었다。

개학하던 첫날 나는 「馬上逢寒食」 다섯자를 배왔는 데 뜻 은 알든 모르든 기쁜 맛에 자꾸 읽었다。 밤에도 어머니께서 밀매가리하시는 것을 도와드리면서 자꾸 외왔다。 새벽에는 일쪽 일어나서 선생님 방에 나가서 누구 보다도 먼저 배와서 밥그릇망태를 메고 먼데서 오는 동무들을 가리쳐 주었다。

이 모양으로 우리 집에서 석달을 지나고는 산끌 신존위집 사랑으로 글방을 옮가게 되어서 나는 밥그릇망태를 메고 고개를 넘어서 댕겼다。 집에서 서당에 가기 까지、서당에서 집에 오기 까지 내입에는 글 소리가 끊어지는 일이 없었다。 글동모들 중에는 나보다 정도가 높은 아이도 있었으나 배운 것을 강을 하는 데는 언제나 내가 최우등이었다。 이러한지 반년 만에 선생과 신존위와 사이에 반목이 생겨서 필경 이선생을 내어보내게 되었는 데 신존위가 말하는 이유는 이선생이 밥을 너머 많이 자신다 는 것이어니와 사실은 그 아들이 둔재여서 공부를 잘 못 하는 데 내 공부가 일취월장하는 것을 시기함이였다。한 번은 월강(한 달에 한 번 하는 시험) 때에 선생이 내게 종용히 부탁하신 일이 있었다。내가 늘 우등을 하였으니 이번에는 일부러 잘 못 하고 선생이 뜻 을 물어도 일부러 모르라 하시는 것이었다。나는 그리하오리다 하고 약속하고 그대로 하였다。이리하여서 이 날에 신존위의 아들이 처음으로 한 번 장원을 하였다。신존위는 대단히 기뻐서 이날 닭을 잡고 한 턱을 잘 내었다。그러나 번번이 신존위의 아들을 장원을 시키지 못 한 죄로 이선생이 툇자를 맞은 것이니 참으로 상놈의 행사라 고 아니 할 수 없다。하로는 내가 아직 아츰밥을 먹기 전에 선생님이 우리 집에 오셔서 나를 불러 작별인사를 하실때에 나는 정신이 아뜩하여서 선생님의 품에 매어달려서 소리를 내어 울었다。선생님도 눈물이 비오듯하였다。나는 며츨동안은 밥도 잘 아니 먹고 울기 만 하였다。그후에도 어떤 돌림 선생 한분을 모셔다가 공부를 계속하게 되었었으나 이번에는 아버지께서 갑작이 전신불수가 되어서 자리에 누우시기 때문에 나는 공부를 전폐하고 아버지 심부름을 하지아니하면 아니 되게되었다。

근본 빈한한 살림에 의원이야 약이야 하고 가산을 탕진한 끝에 겨오 아버지는 반신불수로 변하여서 한 편 팔과 다리를 쓰시게 된 것 만도 천행이라 고 생각하였다。

그러나 아버지가 반신불수시고 는 살수가 없으니 아모리하여서라도 병은 고쳐야 하겠다 하야 어머니는 병신 아버지를 모시고 무전여행을 나서시게 되었다。 문전걸식을 하면서 고명 의원을 찾아서 남편의 병을 고치자 는 것이었다。

집도 가마솥도 다 팔아 없어지고 나는 백모님 댁에 맡긴 몸이 되어서 종형들과 소고삐를 끌고 산과 들로 다니며 세월을 보내었다。

부모님은 안악、신천、장연등지로 유리하시는 동안에 아버지 병환이 신긔하게도 차도가 있어서 못 쓰던 팔다리도 잘은 못 해도 쓰게 되셨다。 그래서 내공부를 시키실 목적으로 다시 본향으로 돌아오셨다。 일가들이 얼마씩 추렴을 내어서 의지를 작만하고 나는 또 서당에를 댕기게 되었다。

책은 남의 것을 빌어서 읽는다 하더라도 지필묵 값이 날 데가 없었다。 어머님이 김품과 질삼품을 팔아서 지필묵을 사 주실 때에는 어찌나 고마운지 이로 말로 형용한 수 없었다。

내 나이가 열네 살이 되매 선생이라는 이가 모두 고루해서 내 마음에 차지아니하였다。벼 열 섬 자리、닷 섬 자리 하고 훈료가 많고 적은 것으로 선생의 학력을 평가하였다。그들이 다만 글 만 부족할 뿐 아니라 그 마음씨나 일하는 것에 남의 스승이 될 자격이 보이지아니하였다。

그때에 아버지는 내게 이런 말씀을 하셨다。밥벌어먹기는 장타령이 제일이라고 큰 글하랴 고 애쓰지 말고 행문이나 배우라 시는 것이었다。「右明文標事段」하는 땅문서 쓰기、「右謹陳訴旨段」하는 소장쓰기、「維歲次敢昭告于」하는 축문 쓰기、「僕之第幾子未有伉儷」라 는 혼서지 쓰기、「伏未審此時」하는 편지 쓰기를 배우라 하심으로 나는 틈틈이 이 공부를 하여서 무식촌중에 문장이 되어서 문중에서는 내가 장차 존위 하나는 하리라고 촉망하게 되었다。그러나 내글은 이제 겨오 속문 정도에 지나지못하지 마는 뜻은 한 동네ㅣ 존위에는 있지아니하였다。통감、사략을 읽을 때에「王候將相寧有種乎」하는 진승(陳勝)의 말이나 칼을 빼어서 뱀을 버였다 는 유방(劉邦)의 일이나 빨래하는 안악네에게 밥을 빌어먹은 한신(韓信)의 사적을 볼매에는 저도 모르게 어깨에서 바람이 나는 것이었다。

그러나 우리 가세로는 고명한 스승을 찾아갈 수는 없어서 아버지 께서도 무척 걱정을 하시는 모양이었다。 그런데 마츰 공부할 길이 하나 뚫렸다。 우리 동네에서 동북으로 십리 쯤 되는 학골이라 는 곳에 정문재(鄭文哉)라 는 이가 글을 가라치고 계셨다。 이 이는 문벌은 우리 집과 마찬가지로 상놈이었으나 과문(과거하는 글)으로는 당시에 굴지되는 큰 선비어서 그 문하에는 사처로서 선비들이 모여들었다。 이 정선생이 내 백보와 재종간 임으로 아버지 께서 그에게 간청하야 훈료(월사)없이 통학하며 배우는 허락을 얻으셨다。 이에 나는 날 마다 밥망태를 메고 험한 산길을 십리나 걸어서 긔숙하는 학생들이 일어나기도 전에 대어가는 일이 많았다。

제작으로 과문의 초보인 대고풍 십팔구(大古風十八句)요 학과로는 한당시와 대학 통감등이오 습자에서 분판 만을 썼다。

이 때에 임진경과(壬辰慶科)를 해주에서 보인다 는 공포가 났으니 이 것이 우리 나라의 마즈막 과거였다。 어떤 날 정선생은 아버지 께 이런 말슴을 하시고 나도 과거를 보기 위하야 명지(과거에 글 지어 바치는 조희)를 쓰는 연습으로 정지를 좀 썼,

필요가 있다 고 하셨다。아버지는 천신만고로 정지 다섯정을 구해 오셔서 나는 그 다섯 정 조희가 까맣게 되도록 글씨를 익혔다。

과거 날이 가까와 오매 우리 부자는 돈이 없으므로 과거중에 먹을만치 좁쌀을 지고 정선생을 좇아 해주로 갔다。여관에 는 형편이 못 되므로 전에 아버지 께서 친해두셨던 계방에 사처를 정하였다。

과거날이 왔다。선화당 옆에 있는 관풍각(觀風閣)주위에는 새끼줄을 둘러 느렸다。정각에 부문(赴門)을 한다 는 데 선비들이 접을 따라서 제 접 이름을 쓴 백포기를 장대끝에 높이 들고 모여들었다。산동접(山洞接)、석담접(石潭接)、이 모양이었다。선비들은 거문 뵈로 만든 유건(儒巾)을 머리에 쓰고、도포를 입고 접기를 따라 꾸역꾸역 밀려들어 좋은 자리를 몬저 잡으랴 고 앞장선 용사패들이 아우성을 하는 것도 볼만하였다。원래 과장에는 노소도 없고 귀천도 없이 무질서한 것이 유풍이라 한다。

또 가관인 것은 늙은 선비들의 걸과(과거에 급제를 시켜 달라 고 비는것)라 는 것이다。둘러 느린 새끼 그물 구멍으로 목아지를 쑥 드려밀고 이런 소리를 웨치는 것이나

「소생의 성명은 아모이옵는 데、먼 시골에 거생하면서 과거 마다 참예하였사옵는 데 금년이 일흔몇 살이올시다。요다음은 다시 참과 못 하겠사오니 이번에 초시라도 한 번 합격이 되오면 죽어도 한이 없겠습니다。」

이 모양으로 혹은 큰 소리로 부르짖고 혹은 방성대곡도 하니 한끝 비루도하거니와 또 한글 가련도 하였다。

내 글은 짓기는 정선생이 하시고 쓰기 만 내가 하기로 하였었으나 내가 과거를 내 이름으로 아니 보고 아버지의 이름으로 명지를 느린다 는 말에 감복하여서 접장 한 분이 내 명지를 써 주기로 하였다。나 보다는 글씨가 낫기 때문이었다。제 글과 제 글씨로 못 하는것이 유감이었으나 차작으로라도 아버지가 급제를 하셨으면 좋을것 같았다。

차작으로 말하면 누구나 차작 아닌 것이 없었다。세력있고 재산 있는 사람들은 다들 글잘하는 사람에게 글을 빌고 글씨 잘쓰는 사람에게 글씨를 빌어서 과거를 하였다。그러나 이것도 좋은 편이었다。글은 어찌 갔든지 서울 권문세가의 청편지 한장이나 시관의 수청기생에게 주는 명주 한 필이 진사나 급제가 되기 에는 글 잘하는 큰 선비의 글 보다도 속하였다. 무론 우리 글 따위는 통인의집 식지 감이나 되었을 것이오 시관의 눈에도 띄이지 아니 하였을 것이다. 진사 급제는 미리 정해놓고 과거는 나종 보는 것이었다.

이번 과거에 나는 크게 실망하였다. 아모리 글공부를 한댔자 그것으로 발천하야 양반이 되기는 글른 세상인 줄을 깨달았다. 머처럼 글을 잘해서 세도있는 자제들의 대서인 되는 것이 상지상일 것이었다.

나는 집에 돌아와서 과거에 실망한 뜻을 아뢰었더니 아버지도 내가 바로 깨달았다고 옳게여기시고 이렇게 말슴하셨다.

「너 그러면 풍수공부나 관상공부를 하여 보아라. 풍수를 잘 배우면 명당을 얻어서 조상님네 산수를 잘 써서 자손이 복록을 누릴 것이오 관상에 능하면 사람을 잘 알아보아서 선인군자를 맞날수 있는 것이다.」

나는 이 말슴을 매우 유리하게 여겨서 아버님께 청하야 마의상서(麻衣相書)를 빌어다가 독방에 석달 동안 꼼작아니 하고 공부하였다. 그 방법은 면경을 앞에 놓고 내 얼굴을 보면서 일변 얼굴의 여러 부분의 이름을 배우고 일변 내 상의 길흉을 연구하는 것이었다。아모리 내 얼굴은 관찰해 보아도 귀격이나 부격과 같은 좋은 상은 없고 천격、빈격、흉격 뿐이었다。전자에 과정에서 실망하였든 것을 상서에서나 회복하며 하였더니 제 상을 보니 그 보다도 더욱 낙심이 되었다。즘생모양으로 그저 산기나 위해서 살다가 죽을가。세상에 살아있은 마음이 조곰도 없었다。

이렇게 절망에 빠진 나에게 오직 한 가지 희망을 주는 것은 마의상서 중에 있는 이 구절이었다——

「相好不如身好。身好不如心好（얼굴 좋음이 몸 좋음 만 못 하고 몸 좋음이 마음 좋음 만 못 하다）」

이것을 보고 나는 마음좋은 사람이 되기로 굳게 결심하였다。그러나 마음이 좋지 못하던 사람으로 마음이 좋은 사람이 되는 법이 무엇인가。여기 대하여서는 마의상서는 아모 대답도 주지못하였다。이래서 상서는 덮이버리고 지가서를 좀보았으나 거기도 취미를 얻지못하고 이번에는 병서를 읽기를 시작하였다 손무자(孫武子)、오기자(吳起子) 삼략(三略)、육도(六韜)등을 읽어 보았다。알지못할 것도 많으나 장수의 재목을 말한 곳에、「태산이 문어지더라도 마음이 동치말고 사졸로 더불어 달고 씀을 같이하며、나아가고 물러감을 범과 같이하며 남을 알고 저를 알면 백번 싸와도 지지아니하리라(秦山覆於前。心不妄動。與士卒同甘苦。進退如虎。知彼知己。百戰不敗)같은 구절이 내 마음을 끌었다。이때에 내 나이가 열일곱 살。나는 일가 아이들을 모와서 훈장질을 하면서 잘 알지도 못하는 병서를 읽고 일년의 세월을 보내었다。

이때에 사방에는 여러가지 괴설이 돌았다。어듸서는 진인이 나타나서 바다에 달리는 화륜선(기선)을 못 가게 딱 붙여 놓고 세금을 받고야 놓아 주었다는 등、머지아니하야 계룡산에 정도령이 도읍을 할 터이니 밭은 목에 가있어야 새 나라에 양반이 된다 하야 세간을 팔아가지고 아모게는 계룡산으로 이사를 하였다 는 등、이러한 소리 있다。

그런데 우리 동네에서 남쪽으로 이십리쯤 가서 갯골이란 곳에 사는 오응선(吳膺善)과 그 이웃 동네에 사는 최류현(崔琉鉉)이라 는 사람이 충청도 최도명(崔道明)이라는 동학선생에게서 도를 받아가지고 공부를 하고있는 데 방에 들고 나기에 문을 열지아니하며、문득 있다가 문득 없어지며、능히 공중으로 걸어댕기므로 충청도 그 선생 최도명 헌테 밤 동안 댕겨온다 고 하였다。나는 이 동학이라 는 것에 호기심이 생겨시 이 사람들을 찾아가 보기로 결심하였다。

나는 남에게 들은 말 대로 누린것 비린것을 끊고 목욕하고 새옷은 입고 나섰다。 이렇게 하여야 받아 준다 는 것이었다。 내 행색으로 말하면 머리를 빗어서 땋아느리고 옥색 도포에 끈목띄를 띄었다。 때는 내가 열 여덟 잔 되는 정초였다。

갯골 오씨 집 문전에 다다르니 안으로서 무슨 글을 읽는 소리가 나오는 데 그것은 보통 경전이나 시를 외이는 소리와는 달라서 마치 노래를 합창하는 것과 같았다。 공문에 나아가 주인을 찾았더니 통천관을 쓴 말쑥한 젊은 선비 한 사람이 나와서 나를 맞는다。 내가 공손히 절을 한 즉 그도 공손히 맞절을 하기로 나는 황공하여서 내 성명과 문벌을 말하고 내가 비록 성관을 하였더라도 양반댁 서방님인 주인의 맞절은 받을 수 없으려든 하물며 편발 아이에게 이런 대우가 과도한 것을 말하였다。 그랬더니 그 선비는 감동하는 빛을 보이면서, 그는 동학도인이라 선생의 훈계를 지켜 빈부귀천에 차별이 없고, 누구나 평등을 대접하는 것이니 미안해할 것 없다 고 말하고 내가 찾아 온 뜻을 물었다。 나는 이말을 들으매 별세계에 온 것 같았다。 내가 도를 들으러 온 뜻을 고하니 그는 쾌히 동학의 내력과 도리의 요령을 설명하였다。 이 도는 용담 최수운(龍潭崔水雲)선생께서 천명하신 것이나 그 어른은 이미 순교하셨고 지금은 그 조카님 최해월(崔海月)선생이 대도주가 되셔서 포고를 하신다는 것이며 이 도의 종지로 말하면 말세의 간사한 인류로 하여끔 개과천선하여서 새 백성이 되어가지고 장래에 진주(참 임금)을 뫼시어 계룡산에 새나라를 세우는 것이라 하는 것 등을 말하였다。 나는 한 번 들으매 심히 환희심이 발하였다。 내 상호가 나쁜 것을 깨닫고 마음좋은 사람이 되기로 맹세한 나에게는 하느님을 몸에 모시고 하늘도를 행하는 것이 가장 요긴한 일일 뿐더러 상놈된 한이 골수에 사모친 나로서는 동학의 평등주의가 더할 수 없이 고마웠고 또 이씨의 운수가 진하였으니 새나라를 세운다는 말도、해주의 과거에서 본 바와 같이 정치의 부패함에 실망한 나의게는 적절하게 들리지 아니 할 수가 없었다。 나는 입도할 마음이 불같이 일어나서 입도절차를 물은 즉 쌀 한말 백지 세 권、황초 한 쌍을 가지고 오면 입도식을 행하여 준다고 하였다。 동경대전(東經大全)、팔편가사(八編歌詞)、궁을가(弓乙歌)등 동학의 서적을 열람하고 집에 돌아왔다 아버지께 오씨의게서 들은 말을 여쭙고 입도할 의사를 품하였더니 아버지께서는 곧 허락하시고 입도식에 쓸 예물을 준비하여 주셨다。 이렇게하여서 내가 동학에 입도한 것이었다。

동학에 입도한 나는 열심으로 공부를 하는 동시에 포덕(전도)에 힘을 썼다。아버지께서도 입도하셨다。이 때의 형편으로 말하면 양반은 동학에 오는 이가 적고 나와 같은 상놈들이 많이 모여들었다。내가 입도한지 불과 수월에 연비(連臂라 고 쓰니 포덕하여 얻은 신자라 는 뜻)가 수백 명에 달하였다。이렇게 되어 내 이름이 널리 소문이 나서 도를 물으러 찾아 오는 이도 있고 내게 대한 무근지설을 전파하는 사람도 있었다。

「그대가 동학을 하여 보니 무슨 조화가 나던가」

하는 것이 가장 흔히 내게 와서 묻는 말이었다。사람들은 도를 구하지 아니하고 요술과 같은 조화를 구하는 것이었다。그런 질문을 받을 때에는 나는 이렇게 대답하였다――

「악을 짓지 말고 선을 행하는 것이 이 도의 조화이니라」

이것이 나의 솔직하고 정당한 대답이언 마는 듣는 이는 내가 조화를 감추고 자기네에게 아니 보여주는 것이라 고 생각하는 모양이었다。김창수(金昌洙――昌巖)이라 던

아명을 버리고 이 때 부터 이 이름을 썼다)는 한 길이나 떠서 걸어댕기는 것을 보았노라 고 말하는 사람도 있었다。이 모양으로 있는 소리 없는 소리 섞어 전하여서 내 명성이 황해도 일때 뿐이 아니라 멀리 평안남북도에 까지 헌자하여서 당년에 내 밑에 연비가 무려수천에 달하였다。당시 황평양서 동학당 중에서 내가 나이가 어린 사람으로서 많은 연비를 가졌다 하야 나를 애기접주라 고 별명지었다。접주라 는 것은 한접에 수령이란 말로써 우에서 나리는 직함이다。

이듬해인 계사년 가을에 해월대도주로 부터 오응선、최류현등에게、각기 연비의 성명단자(명부)를 보고하라 는 경통(敬通이라 고 쓰니 공함이라 는 뜻이다)이 왔으므로 황해도내에서 직접 대도주를 찾아갈 인망높은 도유(道儒) 열 다섯명을 뽑을 때에 나도 하나로 뽑혔다。편발로는 불편하다 하야 성관하고 떠나게 되었다。연비들이 내노자를 모와내고 또 도주님 께 올릴 예물로는 해주향묵도 특제로 마초와 가지고 육로 수로를 거쳐서 충청도 보은군 장안(報恩郡長安)이라 는 해월선생 계신 데 다달았다。동네에 쑥 들어서니 이 집에서도 저 집에서도

「至氣今至願爲大降。

始天主造化定。
永世不忘萬事知」
하는 주문을 외오는 소리가 들리고 또 일변으로는 해월대도주를 찾아서 오는 무리、일변으로는 뵈옵고 가는 무리가 연락부절하고 집이란 집은 어디나 사람으로 꼭꼭 찼였다。우리는 접대인에게 우리 일행 십오 명의 명단을 부탁하야 대도주 께 우리가 온 것을 통하였더니 한 시간이나 지나서 황해도에서 온 도인을 부르신다 는 통지가 왔다。우리 일행 열다섯은 인도자를 따라서 해월선생의 처소에 이르러 선생 앞에 한꺼번에 절을 드리니 선생은 앉으신 채로 상체를 굽히고 두 손을 방바닥에 짚어 답배를 하시고 먼 길에 수고로히 왔다 고 간단히 위로하는 말슴을 하셨다。우리는 가지고 온 예물과 도인의 명단을 들이니 선생은 맡은 소임을 부르셔서 처리하라 고 명하셨다。우리가 불원천리하고 온 뜻은 선생의 선풍도골도 뵈으려니와 선생 께서 무슨 신통한 조화줌치나 받을가 함이었으나 그런 것은 없었다。선생은 연기가 육십은 되어 보이는데 구레나룻이 보기좋게 났는데 약간 섬은 터럭이 보이고 얼굴은 여의었으나 맑은 맵시다。큰 검은 갓을 쓰시고 동저고리 바람으로 일을 보고 계셨다。방문 앞에 놓인 수철화로에 약탕관이 김이 나고 끓고 있는 데 독삼탕 냄새가났다。선생이 잡수시는 것이라 고 한다。방 내외에는 여러 제자들이 옹위하고 있다。그 중에도 가장 친근하게 모시는 이는 손응구(孫應九)、김연국(金演局)、박인호(朴寅浩)같은 이들인 데 손응구는 장차 해월선생의 후계자로 대도주가될 의암 손병희(義菴孫秉熙)로서 깨끗한 청년이였고、김은 연긔가 사십은 되어보이는 데 순실한 농부와 같았다。이 두 사람은 다 해월선생의 사위라 고 들었다。손씨는 유식해 보이고 「天乙天水」라 고 쓴 부적을 보건댄 글씨 재조도 있는 모양이였다。

우리 일행이 해월선생 앞에 있을 때에 놀라운 보고가 들어왔다。전라도 고부(古阜)에서 전봉준(全琫準)이가 벌서 군사를 일으켰다 는 것이였다。뒤이어 또 후보가 들어왔다。어떤 고을 원이 도유(동학 도를 닦는 선비)의 전가족을 잡아 가두고 가산을 강탈하였다 는 것이였다。이 보고를 들으신 선생은 진노하는 낯빛을 띄고 순 경상도 사투리로、

「호랑이가 물려 들어오면 가만이 앉아 죽을가 참나무몽둥이라도 들고 나서서 싸호자」

하시니 선생의 이 말슴이 곧 동원령이 었다。각지에서 와서 대령하던 대접주(大接主)들이 물끓듯 살기를 띄고 물러가기 시작하였다。각각 제 지방에서 군사를 일으켜 싸호자 는 것이었다。

우리 황해도에서 온 일행도 각각 접주라 는 첩지를 받았다。거긔는 두군속에「海月印」이라 고 전자로 새긴 인이 찍혀있었다。선생께 하직하는 절을 하고 물러나와 잠시 속리산을 구경하고 고향으로 돌아오는 길에 들어섰다。

벌서 곧곧에 사람들이 떼를 지어 모이고 평복에 칼찬 사람을 가끔 만나게 되어 있었다。광혜원(廣惠院)장거리에 오니 만명이나 되엄즉한 동학군이 진을 치고 행인을 검사하고 있었다。가관인 것은 평시에 동학당을 학대하던 양반들을 잡아다가 길가에 앉히고 집신을 삼기는 것이었다。우리 일행은 증거를 보이고 무사히 통과하였다。부근 촌·락에서 밥을 짐으로 지어가지고 도소(都所니 이를테면 사령부다)로 날라오는 것을 무수히 길에서 만났다。논에 벼를 비든 농부들이 동학군이 물밀듯 모여드는 것을 보고 낫을 버리고 다라나는 것도 보았다。서울에 이르러 경군(서울 군사)이 삼남을 향하여서 행군하는 것과 만났다。구월에 해주에 돌아왔다。

황해도 동학당들도 들먹들먹하고 있었다。 첫재로는 양반과 관리의 압박으로 도인들이 생활이 불안하였고 둘재로는 삼남(충청도、전라도、경상도)으로 부터 향응하라 는 경통이 빗발치듯 왔다。 그래서 시오 접주로 위시하야 여러 두목들이 회의한 결과 거사하기로 작정하고 제일회 총소집의 위치를 해주 죽천장(竹川場)으로 정하고 각처 도인에게 경통을 발하였다。 나는 팔봉산 밑에 산다 고 하여서 접 이름을 팔봉이라 고 짓고 푸른 갑사에「八峰都所」라 고 크게 쓴긔를 만들고 표어로는「斥洋斥倭」넉자를 써서 높이 달았다。 그리고는 서울서 토벌하러 나려올 경군과 왜병과 싸우기 위하야 연비 중에서 총긔를 가진 이를 모아서 군대를 편제하기로 하였다。 나는 본시 산협장생이오 또 상놈인 까닭에 산포수 연비가 많아서 다 모와 본 즉 총을 가진 군사가 칠백 명이나 되어 무력으로는 누구의 접 보다도 나았다。 인근 부호의 집에 간직하였던 약간의 호신용 무긔도 모아드렸다。

최고회의에서 작정한 전략으로는 우선 황해도의 수부인 해주성을 빼았아 탐관오리와 왜놈을 다 잡아 죽이기로 하고 팔봉접주 김창수로 선봉장을 삼는다 는 것이었다。 이것은 내가 평소에 병서에 소양이 있고 또 내 부대에 산 포수가 많은 것도 이유겠지 마는 자기네가 앞장을 서서 총알받이가 되기 싫은 것이 아마 가장 큰 이유일 것이다。 그러나 나는 쾌히 선봉이 되기를 허락하고 다른 부대 더러 뒤로 따라오라 하고 나는 「先鋒」 이라 고 쓴 사령기를 들고 말을 타고 선두에 서서 해주성을 향하고 전진하여서 해주성 서문 밖 선녀산에 진을 치고 총공격령이 나리기를 기다리고 대기하고 있었다。 이윽고 총지휘부에서 총공격령이 나리고 작전계획은 선봉장인 나에게 일임한다 는 명령이 왔다。 나는 이렇게 계획을 세워서 본부에 아로이고 곧 작전을 개시하였다。 지금 성내에 아직 경군은 도착하지아니하고 오합지중으로 된 수성군 이백명과 왜병 일곱 명이 있을뿐이니 선발대로 하여금 몬저 남문을 엄습케하야 수성군의 힘을 그리로 끌게 한 후에 나는 서문을 깨트릴 터인즉 총소(總所—도소에 대한 말이니 총사령부라 는 뜻) 에서 형세를 보아서 허약한 편을 도우라 는 것이었다。 총소에서는 내 계획을 채용하여 한 부대를 남문으로 향하야 행진케하였다。 이때에 수명의 왜병이 성우에 올라 대 여섯 방이나 시험사격을 하는 바람에 남문으로 향하던 선발대는 도망하기를 시작하였다。 왜병은 이것을 보고 남문으로 돌아와서 다라나는 무리에게 총을 연발하였다。 나는 이에 전군을 지휘하여서 서문을 향하야 맹렬한 공격을 개시하였는 데 돌연 총소에서 퇴각하라 는 명령이 나리고 우리 선봉대는 머리도 돌리기 전에 뒤에 따르던 군사가 산으로 들로 달아나는 것이 보였다。한 군사를 부뜰어 퇴각하는 까닭을 물으니 남문 밖에 도유 서너 명이 총을 맞어 죽은 까닭이라 고 한다。

이렇게 되니 선봉대 만 혼자 머물 수도 없어서 비교적으로 질서있게 퇴각하야 해추서 서쪽으로 팔십리 되는 회학동 곽감역(回鶴洞郭監役)댁에 유진하기로 하였다。무장한 군사는 축이 안 나고 거의 전부 따러와 있는 것이 대견하였다。

나는 이번의 실패에 분개하여서 잘 훈련된 군대를 만들기에 힘을 다하기로 하였다。동학 도유거나 아니거나 전에 장교의 경험이 있는 자는 비사후페로 초빙하여다가 군사를 훈련하는 교관을 삼았다。총쏘기는 말할 것도 없고 행보하는 법이며 체조며 온갖 조련을 다하였다。좋은 군대를 만드는 것이 싸움에 이기는 비결이라 고 믿은 것이였다。

하로는 어떤 사람 둘이 내게 면회를 청하였다。구월산 밑에 사는 정덕현(鄭德鉉)、우종서(禹鍾瑞)라 는 사람들이였다 찾아온 까닭을 물었더니 그 대답이 놀라왔다。농학군이란 한 놈도 쓸 것이 없는 데 들은즉 그대가 좀 났단 말을 듣고 한번 보려 왔다 는 것이다。 옆에 있던 내 부하들이 두 사람의 말이 심히 불공함을 분개하였다。 나는 도로혀 부하를 책망하야 밖으로 내어보내고 나는 이상한 손님과 단 셋이서 맞오 앉았다。 나는 공손히 두 사람을 향하야 선생이라 고 존칭하고 이처럼 찾아와 주시니 무슨 좋은 계책을 가라쳐 주시기를 바란다 고 하였다。 그런즉 정씨가 더욱 교만한 태도로 말하기를 비록 계책을 말하기로니 네가 알아듣기나 할까、실행할 자격이 없으리라 고 비웃은 뒤에、더욱 호긔있는 어성으로、동학접주나 하는 자들은 어쩝지않게 호긔가 충천하야 선비를 초개와 같이 보니 너도 그런 사람이 아니냐 고 나를 노려보았다。 나는 더욱 공손한 태도로、

「이접주는 다른 접주와 다를는지 선생 께서 한번 가르쳐보신 뒤에야 알 것이 아닙니까」

하였다。 그들은 둘이다 나보다 십년장은 될 것 같았다。

그제야 정씨가 흔연히 내 손을 잡으며 계책을 말하였다。 그것은 이러하였다。

一、군긔를 정숙히 하되 비록 병졸을 대하더라도 하대하지아니하고 경어를 쓸것、

二、인심을 얻을 것이니 동학군이 총을 가지고 민가로 다니며 집곡이니 집전이니 하고 강도적 행위를 하는 것을 엄금할 것、

三、초현(招賢)이니 어진이를 구하는 글을 돌려 넓히 좋은 사람을 모을것、

四、전군을 구월산에 모으고 훈련할 것、

五、재령、신천 두 고을에 왜가 사서 쌓아 둔 쌀 이천 석을 몰수하야 구월산 패엽사에 쌓아 두고 군량으로 쓸 것 이었다。

나는 곧 이 계획을 실시하기로 하고 즉시 전군을 집합장에 모와 정씨를 모주(謀主)라、우씨를 종사(從事)라 고 공포하고 전군을 지휘하야 두 사람에게 최경례를 시켰다。그러고는 구월산으로 진을 옮길 준비를 하던 차에 어떤날 밤에 신천 청계동 안진사(信川淸溪洞安進士)로 부터 밀사가 왔다。안진사의 이름은 태훈(泰勳)이니 그의 맏아들 중근(重根)은 나종에 이등박문을 죽인 그안중근이다。그는 글 잘하고 글씨 잘 쓰기로 이름이 서울에 까지 떨치고 또 지략도 있어 당시 조정의 대관들 까지도 그를 무섭게 대우하였다。동학당이 일어나매 안진사는 이를 토벌하기 위하야 그의 고향인 청계동 자택에 의려소(義旅所)를 두고 그의 자제들로 하여끔 모도 의병이 되게 하고 포수 삼백명을 모집하여서 벌서 신천 지경 안에 있는 동학당을 토벌하기에 많은 성공을 하여서 각 접이 다 이를 두려워하고 경계하던 터이였다。

나는 정모주로 하여곰 이 밀사를 만나게하였다。 그의 보고에 의하면 나의 본진이 있는 회학동과 안진사의 청계동이 불과 이십리 상거이니 만일 내가 무모하게 청계동을 치랴 다가 패하면 내 생명과 명성을 보장하기 어려울 것이니 그러하면 좋은 인재를 하나 잃어버리게 될 것인즉 인진사가 나를 위하는 호의로 이 밀사를 보내었다 는 것이었다。 이에 곧 나는 참모회의를 열어서 의논한 결과 저 편에서 나를 치지 아니 하면 나도 저 편을 치지 아니 할 것, 피차에 어려운 지경에 빠질 경우에는 서로 도을 것이라 는 밀약이 성립되었다。

예정 대로 나의 군사는 구월산으로 집결하였다。 재령、신천에 있던 쌀도 패엽사로 옴겨왔다。 한 섬을 져오면 서 말을 준다 고 하였더니 당일로 다 옮겨졌다。 날 마다 군사훈련도 어행하였다。 또 인근 각동에 훈령하야 동학당이라 고 자칭하고 민간에 행패하는 자를 적발시켜서 엄벌하였더니 며츨이 안지나서 질서가 회복되고 백성이 안도하였다。 또 호현문을 발표하야 널리 인재도 수탐하였다。 송종호(宋宗鎬)、허곤(許坤)같은 유식한 사람을 얻었다。패엽사에는 하은당(荷隱堂)이라 는 도승이 있어서 수백명 남녀 승도를 거느리고 있었는 데 나는 가끔 그의 법설을 들었다。

이러는 동안에 경군과 일병이 해주를 점령하고 옹진、강령등지를 평정하고 학령을 넘어온다 는 기별이 들렸다。그들의 목표가 구월산일 것은 상상하기 어렵지아니하였다。그러나 화근은 경군이나 일병에 있지아니하고 나와 같은 동학당인 이동엽(李東燁)의 군자에 있었다。이동엽은 구월산 부근 일대에 가장 큰 세력을 잡은 접주로서 그의 부하는 나의 본진 가까이 까지 침입하야 노략질을 함부로 하였다。우리 군에서는 사정없이 그들을 체포하야 처벌하였기 때문에 피차간에 반목이 깊어진 데 다가 우리 군사들 중에 우리 군률에 의한 형벌을 받고 앙심을 품은 자와 노략질을 마음 대로 하고 싶은 자들이 이동엽의 군대로 달아나는 일이 날로 늘었다。이리하야 이동엽의 세력은 날로 커지고 내 세력은 날로 줄었다。이에 나는 최고회의를 열고 의논한 결과 나는 동학접주인 칭호를 버리기로 하고 군대를 허곤에게 맡기기로 하였다。이는 나의 병권을 빼앗으려함이 아니오 나를 살려내고저 하는 계책이었다。이에 허곤은 송종호로 평양에 있는 장호민(張好民)에게 보내는 소개 편지를 가지고 평양으로 떠났으니 이것은 황주병사의 양해를 얻어서 일을 정치적으로 해결하려함이었다。

이때는 내 나이가 열아홉、갑오년 섣달이었다。나는 몸에 열이 나고 두통이 심하여서 자리에 눕게 되었다。하은당대사는 나를 그의 사처인 조실에 혼자 있게 하고 몸소 병구완을 하였다。수일만에 내 병이 홍역인 것이 판명되어서 하은당은、

「홍역도 못 한 대장이로군」

하고 웃었다。그러고는 홍역을 다스린 경험이 있는 늙은 승수자 한 분을 가리어 내 조리를 말게 하였다。

이렇게 병석에 누어있노라니 하루는 이동녑이 전군을 이끌고 패엽사로 처 들어온다는 급보가 있고 뒤이어 어지러히 총소리가 나며 순식간에 절 경내에는 양군의 육박전이 생겼다。그러나 원래 사긔가 저상한 데 다가 장수를 잃은 나의 군사들은 불의의 습격을 받아서 일패도지하고 나의 본진은 적의 제압한、바 되고 말았다。나의 군사들은 보기도 숭업게 도망하여 흩어지는 모양이었다。

이윽고 이동엽의 호령이 들렸다。

「김접주에게 손을 대는 자는 사형에 처한다。연장 이종선(領將李鍾善)이 놈 막 잡아 죽여라」

이 말을 듣고 나는 이불을 차고 마루끝에 뛰어 나서서、

「이종선은 내 명령을 받아서 무슨 일이나 한 사람이니 만일 이종선이가 죽을 죄를 지었거든 나를 죽여라」

하고 웨쳤다。

이동녑이 부하에게 명하야 나를 꼭 껴안아서 수족을 놀리지못하게 하고 이용선 만을 끌고 나가더니 이윽고 동구에서 총소리가 들리자、 이동녑의 부하는 다 물러가고 말았다。

이종선이 죽었다 는 말을 듣고 나는 동구로 달려나려갔다。 과연 그는 총을 맞아 쓸어지고、 그의 몸에 입은 옷이 아직도 불이 붙고 있었다。 나는 그의 머리를 안고 통곡하다가 내 저고리를 벗어 그 머리를 싸 주었다。 이 저고리는、 내가 남의 옷사람이 되었다 하야 어머니 께서 지어 보내신 평생에 처음 입어보는 명지저고리었다。 동민들은 백설 우에 내가、 빨거벗고 통곡하고 앉었는 것을 보고 의복을 가져다가 입혀 주었다。 나는 동민들을 지휘하야 이종선의 시체를 매장하였다。

이종선은 함경도 정평 사람으로서 장사차로 황해도에 와서 살던 사람이다。 총사냥을 잘하고 비록 무식하나 사람을 거느리는 재조가 있음으로 내가 그로 화포령장(火砲領將)을 삼았던 것이다。

이종선을 매장한 나는 패엽으로 돌아가지아니하고 부산동 정덕현(鄭德鉉)집으로 갔다。 내게서 그 동안 지낸 일을 들은 정씨는 태연한 태도로、

「인제 형은 할일다한 사람이니 편안히 쉬어서 유람이나 떠나자」

하고 내가 이종선의 원수 갚을 말 까지도 눌러비리고 말았다。 이동엽이가 패엽사를 친 것은 제 손으로 저를 친 것과 마찬가지다。 경군과 왜병이 이동엽을 치기를 재촉한 것이라 고 하던 정씨의 말이 고대로 맞아서 정씨와 내가 몽금포 근처에 숨어있는 동안에 이동엽은 잡혀가서 사형을 당하였다。 구월산의 내 군사와 이동엽의 군사가 소탕되니 황해도의 동학당은 전멸이 된 심이었다。

몽금포 근동에 석달을 숨어있다가 나는 정씨와 작반하야 텃골에 부모를 찾아 뵈옵고 정씨의 의견을 좇아 청계동 안진사를 찾아 몸을 의탁하기로 하였다。 나는 패군지장으로 일즉 적군이던 안진사의 밑에 들어가 포로의 대우를 받을 것을 불쾌히 생각하였으나 정씨는 안진사의 위인이 그렇지아니하야 심히 인재를 사랑한다 는 말과 전에 안진사가 밀사를 보낸 것도 이런 경우를 당하면 자기게로 오라 는 뜻이라 고 역설함으로 나는 그 말대로 한 것이었다。

텃골 본향에서 부모 께 뵈온 이튿날 정씨와 나는 곧 천봉산(千峰山)을 넘어 청계동에 다달았다。 청계동은 사면이 험준하고 수려한 봉란으로 에워있고 동내에는 띄엄띄엄 사오십 호의 인가가 있으며 동구 앞으로 한 줄기 개울이 흐르고 그 곳 비위 우에는「淸溪洞天」이라 는 안진사의 자필 각자가 있었다。 동구를 막는 듯이 적은 봉오리 하나가 있는 데 그 우에는 포대가 있고 길어구에 파수병이 있어서 우리를 보고 누구냐 고 물었다。 명함을 드리고 얼마 있노라 니 의려장(義旅長)의 허가가 있다 하야 한 군사가 우리를 안내하야 의려소인 안진사댁으로 갔다。 문전에는 연당이 있고 그 가운데는 적은 정자가 있는 데 이것은 안진사 육형제가 평일에 술을 마시고 시를 읊는 곳이라 고 한다。 대청 벽상에는 의려소 석 자를 횡액으로 써 붙였다。 안진사는 우리를 정청에 영접하야 수인사를 한 후에, 제일 첫 말이,

「김석사가 패엽사에서 위험을 면하신 줄을 알았으나 그 후 사람을 놓아서 수탐하

여도 세신 곳을 몰라서 우려하였더니 오늘 이처럼 찾아 주시니 감사하외다」

하시고 나서,

「들으니 구경하라 하시던 데 양위분은 안접하실 곳이 있으시오?」

하고 내 부모에 관한 것을 물으신다。

내가 별로 안접하실 곳이 없는 뜻을 말하였더니 안진사는 즉시로 오일선(吳日善)에게 총 멘 군사 삼십 명을 말기며,

「오늘 안으로 텃골로 가서 김석사 부모 양위를 뫼셔 오되 근동에 있는 우마를 징발하야 그 댁 가산 전부를 반이해 오렸다」

하고 영을 내렸다。

이리하야 우리 집이 청계동에 우접하게 되니 내가 스므살 되는 을미년 이월 일이었다。

내가 청계동에 머믄 것은 불과 사오삭이지 마는 이 동안은 내게는 심히 중요한 시기었다。그것은 첫재로는 내가 안진사와 같은 큰 인격에 접한 것이오 둘재로는 고산림과 같은 의기있는 학자의 훈도를 받게 된 것이었다。

안진사는 해주부중에 십여대나 살아오던 구가의 자제였다。그 조부 인수(仁壽)가 진해현감을 지내고는 세상이 차차 어지러워짐을 보고 세상에서 숨을 뜻을 두어 많은 재산을 가난한 일가에게 난호아주고 약 삼백석 추수하는 재산을 가지고 청계동으로 들어오니 이는 그 곳이 산천이 수려함과 족히 피란처가 될만한 것을 취함이었다。이 때는 장손인 중근이 두 살 적이었다。안진사는 과거를 하랴고 서울 김종한(金宗漢)의 문객이되어 다년 유경하다가 진사가 되고는 벼슬할 뜻을 버리고 집으로 돌아와서 형제 여섯 사람이 술과 시로 세월을 보내고 뜻있는 벗을 사고이기로 낙을 삼고 있었다。안씨 육형제가 다 문장재사라 할만하지 마는 그 중에도 셋재인 안진사가 눈에 정긔가 있어 사람을 누르는 힘이 있고 긔상이 뇌락하야 비록 조정의 대관이라도 그와 면대하면 자연 외경하는 마음이 일어났다。내가 보기에는 그는 퍽 소탈하여서 비록 무식한 하류들의게 까지도 조곰도 교만한 빛이 없이 친절하고 정녕하여서 상류나 하류나 다 그의게 호감을 가졌다。얼굴이 매우 청수하나 술이 과하야 코끝이 붉은 것이 흠이였다。그는 율을 잘하여서 당시에도 그의 시가 많이 전송되었고 내게도 그가 득의의 작을 흥있게 읊어 주는 일이 있었다。그는 황석공소서(黃石公素書)를 자필로 써서 벽장문에 붙이고 취흥이 나면 소리를 높여서 그것을 낭독하였다。

그때에 안진사의 맏아들 중근은 열세살로서 상투를 짜고 있었는데 머리를 자주수건으로 질끈 동이고 돔방총이라 는 짧은 총을 메고 날 마다 사냥을 일 삼고 있어 보기에도 영귀가 발발하고 청계동 군사들 중에 사격술이 제일 이어서 즘생이나 새나 그가 겨눈 것은 놓지는 일이 없기로 유명하였다。 그의 계부 태건과 언제나 함께 사냥을 다니고 있었다。 그들이 잡아오는 노루의 고라니로는 군사들을 멕이고 또 진사 육형제의 주연의 안주를 삼았다。 진사의 둘재아들 정근(定根)과 셋재 공근(恭根)은 다 붉은 두루막을 입고 머리를 땋아 느린 도련님들로 글을 읽고 있었는 데 진사는 이 두 아들의게 대하여서는 글을 아니 읽는다 고 걱정도 하였으나 중근의게 대하여서는 아모 간섭도 아니하는 모양이었다。

고산림의 이름은 능선(能善)인데 그 는 해주 서문 밖비동에 세거하던 사람으로서 중암 조중교(重菴趙重敎)의 문이오 의암 류린석(柳麟錫)과 동문으로서 해서에서는 행검으로 굴지되는 학자였다。 이도 안진사의 초청으로 이 청계동에 들어와 살고 있었다。

내가 고산림을 처음 대한 것은 안진사의 사랑에서여니와 그는 날더러 자기의 사랑에 놀러 오라 는 말을 함으로 나는 크게 감복하여서 이튿날 그의 집에 찾아갔다。 선생은 늙으신 낯에 기쁜 빛을 띄우시고 친절하게 나를 영접하시고 맏아드님 원명(元明)을 불러 나와 상면케하였다。 원명 나이 설흔 살 쯤 되어보이는 데 자품은 명민한듯하나 크고 넓음이 그 부친의 뒤를 이을 것 같지는 아니 하였다。 원명에게는 십오륙세나 된 맏딸이 있었다。

고선생이 거처하시는 사랑은 적은 방하나인 데 방 안에는 가뜩 서적이 쌓이고 네벽에는 옛날에 이름난 사람들의 좌우명과 선생자신의 심득 같은 것을 돌라붙였으며 선생은 가많이 꿇어 앉아서 마음을 잡는 공부를 하시며 간간히 손무자、삼략 같은 병서도 읽으셨다。

고선생은 날 더러、내가 매일 안진사집 사랑에 가서 놀더라도 정신수양에는 효과가 적을 뜻하니 매일 선생의 사랑에 와서 같이 세상사도 말하고 학문도 토론함이 어떠냐 고 하였다。 나는 이러한 대 선생이 내게 대하야 이처럼 특별한 지우를 주시는 것을 눈물겹게 황송하고 감사하게 생각하고 나는 좋은 마음 가진 사람이 되랴 던 소원을 말슴하고 모든 것을 고선생의 지도에 맡긴다 는 성의를 표하였다。 과거에 낙심하고 관상에 낙심하고 동학에 실패한 나는 자포 자기에 가까운 심리를 가지게 되었었다。나 같은 것도 고선생과 같으신 큰 학자의 지도로 한 사람 구실을 할 수가 있을까、스스로 의심하지아니할 수 없었다。이런 말슴을 아뢰었더니 고선생은 이렇게 말슴하셨다——

「사람이 저를 알기도 쉬운 일이 아니어든 하물며 남의 일을 어찌 알랴。그러므로 내가 그대의 장래를 관단할 힘은 없으나 내가 한 가지 그대에게 확실히 말할것이 있으니 그것은 성현을 목표로 하고 성현의 자취를 밟으라 하는 것이다。이렇게 힘써 가노라 면 성현의 지경에 달하는 자도 있고 못 밋는 자도 있거니와 이왕 그대가 마음 좋은 사람이 될 뜻을 가졌으니 몇번 길을 잘못 들더라도 본심 만 변치 말고 고치고 또 고치고 나아가고 또 나아가면 목적지에 달할 날이 반드시 있을 것이니 괴로워하지 말고 행하기 만 힘쓰라。」

이로 부터 나는 매일 고선생 사랑에 갔다。석생은 내게 고금의 위인을 비평하여 주고 당신의 연구하여 깨달은 바를 가라쳐 주고 화서아언(華西雅言)이며 주자백선(朱子百選)에서 긴요한 절구를 보여주셨다。선생이 특히 역설하시는 바는 의리에 관하여서

였다。비록 뛰여난 재능이 있더라도 의리에서 벗어나면 그 재능이 도로혀 화단이 된다 고 하셨다。

선생은 경서를 차례로 가라치는 방법을 취하지아니하고 내 정신과 재질을 보셔서 뚫어진 곳을 집고 뷔인 구석을 채워주는 구전심수의 첩경을 택하심이었다。선생은 내게 결단력이 부족하다 고 보셨음인지、아모리 밝히 보고 잘 판단 하였더라도 실행할 과단력이 없으면 다 쓸데 없단 말슴을 하시고、

「得樹攀枝無足奇。懸崖撒手丈夫兒」

라 는 글구를 힘있게 설명하셨다。

가끔 안진사가 고선생을 찾아오셔서 두 분이 고금의 일을 강론하심을 옆에서 듣는 것은 참으로 비할 데 없이 취미있는 일이었다。

나는 가끔 고선생 댁에서 놀다가 저녁밥을 선생과 같이 먹고 밤이 깊고 인적이 고요할 때 까지 국사를 논하는 일이 있었다。

고선생은 이런 말슴도 하셨다。예로 부터 천하에 흥해보지아니한 나라도 없고 망해보지아니한 나라도 없다。그런데 나라가 망하는 데도 갸륵하게 망하는 것이 있고 더럽게 망하는 것이 있다。 어느 나라 국민이、의분써 싸우다가 힘이 다하야 망하는 것은 거룩하게 망하는 것이오、그와 달라서 백성이 여러 패로 갈려서 한 편은 이 나라에 붙고 한 편은 저 나라에 붙어서 외국에는 아첨하고 제、동포와는 싸와서 망하는 것은 더럽게 망하는 것이다。이제 왜의 세력이 전국에 충만화야 궐내에 까지 침입하여서 대신도 적의 마음 대로 내고 들이게 되었으니 우리 나라가 제이 왜국이 아니고 무엇인가。만고에 망하지아니한 나라이 없고 천하에 죽지아니한 사람 있던가。이제 우리에게 남은 것은 일사보국의 일건사가 남아있을 뿐이다。

이 말슴을 하시고 선생은 비감한 낯으로 나를 보시고 나는 비분을 못 이기어서 울었다。

망하는 우리 나라를 망하지않도록 부뜰 도리는 없는가 하는 내 물음에 대하여서는 선생은 청국과 서로 맺는 것이 좋다 하시고 그 이유로는 이렇게 말슴하셨다──

청국이 갑오년 싸움에 진 원수를 반드시 갚으려할 것이니 우리 중에서 상당한 사람이 그 나라에 가서 그 국정도 조사하고 그 나라 인물과도 교의를 맺아 두었다가 후일에 기회가 오거든 서로 응할 준비를 하여 누는 것이 필요하다。

나는 선생의 이 말씀에 감동하야 청국으로 갈 마음이 일어났다。그러나 나와 같이 어린 것이 하나 가기로 무슨 일이 되랴 하는 뜻을 말슴한 즉 선생은 그렇게 생각하는 것을 책망하시고 누구나 제가옳다 고 믿는 것을 혼자 만이라도 실행하는 것이 필요하니 저 마다 남이 하기를 바랄 것이 아니라 저 마다 제 일을 하면 자연 그 일을 하는 사람이 많아지는 것이라、어떤 사람은 정계에、또 어떤 사람은、학계나 상계에 이 처럼 제가 합당한 방면으로 활동하여서 그 결과가 모이면 큰 일이 일러지는 것이라 고 하셨다。

이 말슴에 나는 청국으로 갈 결심을 하고 그 뜻을 고선생 께 아뢰었다。선생은 크게 기뻐하셔서 내가 떠난 뒤에는 내 부모 까지도 염려말라 하셨다。

나는 의리로 보아 이 뜻을 안진사에게 통함이 옳을가 하였으나 고선생은 이에 반대하셨다。안진사가 천주학을 믿을 의향이 있는 모양인 데 만일 그렇다 하면 이는 양이(서양 오랑캐)를 의뢰하며 함이니 대의에 어그러지는 일인 즉 지금 이런 큰 일을 의논할 수 없다。그러나 안진사는 확실한 인재니 내가 청국을 유력한 뒤에 좋은 일이 있을 때에 서로 의논하는 것도 늦지아니하니 이번에는 말없이 떠나라 는 것이었다。나는 무엇이나 고선생의 지시 대로 하기로 결심하고 먼 길을 떠날 준비를 하였다。

긔구한 젊은 때

내가 청국을 향하야 방랑의 길을 떠나기로 작정한 바로 전 날 나는 넌즛이 안진사를 마즈막으로 한 번 보고 속으로 만 이라도 하직하는 정을 표하랴 고 안진사집 사랑에를 갔다가 참빗장사 한 사람을 만났다。그 언어동작이 아모리 보아도 예사 사람이 아닌듯하기로 인사를 청한즉 그는 전라도 남원 귓골 사는 김형진(金亨鎭)이란 사람이오 나와 같이 안동김씨오 연치는 나 보다 팔구세 우이였다。나는참빗을 사겠노라고 그를 내 집 으로 다리고 가서 하로밤을 같이 자면서 그의 인물을 떠 보았다。

과연 그는 보통 참빗장사가 아니오 안진사가 당시에 대문장、대영웅이라 는 말을 듣고 한 번 찾아보러 일부러 떠나온 것이라 고 한다。인격이 그리 뛰어나거나 학식이 도저한• 인물은 못 되나 시국에 대하여서 불평을 품고 무슨 일이나 하여 보자는 결심은 있어 보였다。이튿날 그를 다리고 고선생을 찾아 선생에게 인물감정을 청하였더니 선생은、 그가 비록 주뇌가 될 인물은 못 되나 남을 도와서 일할만한 소질은 있어 보인다 는 판단을 내리셨다。 이에 나는 김씨를 내 길동무를 삼기로 하고 집에서 먹이던 말 한 필을 팔아서 여비를 만들어 가지고 청국에 가는 길을 떠났다。

우리의 계획은 백두산을 보고 동삼성(만주)를 돌아서 북경으로 가자는 것이었다。 평양 까지는 예사 대로 가서 거기서 부터는 나도 김형진 모양으로 참빗과 황화장사로 차리기로 하고 참빗과 붓、 먹과 기타 산읍에서 팔릴만한 물건을 사서 둘이서 한 짐씩 걸머졌다。 그리고 평양을 떠나서 을밀대와 모란봉을 잠시 구경하고 강동、 양덕、 맹산은 거쳐 함경도로 넘어서서 고원、 정평을 지나 함흥감영에 도착하였다。 강동 어느 장거리에서 하로밤을 자다가 칠십늙은이 주정방이 한테 까닭 모를 매를 얻어맞고 한신(韓信)이 회음(淮陰)에서 어떤 젊은 놈에게 봉변하던 것을 이야기하고 웃은 일이 있었다。 고원 함관령의 이태조가 말갈을 쳐 물린 승전비를 보고 함흥에서는 우리 나라 에서 제일 길다는 남대천 나무 다리와 또 네 가지 큰 것중에 하나라 는 장승을 보았다。 이 장승은 큰 나무에 사람의 얼굴을 새긴 것인 데 머리에는 사모를 쓰고 얼굴에는 주홍칠을 하고 눈을 부릅뜨고 있는 것이 매우 위엄이 있었다。 이런 것 넷이 둘씩 둘씩 남대천 다리 머리에 갈라서 있었다。 옛날은 장승이란 것이 큰 길목에는 어데나 서있었으나 함흥의 장승이 그중 크기로 유명하여서 경주의 인경과 은진의 돌미력과 련산의 쇠가마와 함께 사대물이라 고 곱히던 것이었다。

함흥의 락민루(樂民樓)는 이태조가 세운 것으로 아직도 성하게 남아있었다。

홍원 신포에서 명태잡이하는 것을 보고 어떤 튼튼한 안악네가 광주리에 꽃게 한 마리를 담아서 힘껏 이고 가는데 궤의 다리 한 개가 내 팔뚝 보다도 굵은 것을 보고 놀랐다。

함경도에 들어서서 가장 감복한 것은 교육제도가 황해도나 평안도 보다 발달 된 것이었다。 아모리 초가집 만 있는 가난한 동네에도 서재와 도청은 개와집이었다。 홍원 지성 어느 서재에는 선생이 세 사람이 있어서 학과를 고등、중등、초등으로 난호와서 각각 한 반 씩 담당하야 가라치는 것을 보았다。 이것은 옛날 서당으로서는 드문 일이었다。 서당 대청 좌우에는 북과 종을 달고 북을 치면 글읽기를 시작하고 종을 치면 쉬었다。 더구나 북청은 함경도 중에서도 글을 숭상하는 고울이어서 내가 그 곳을 지낼 때에도 살아있는 진사가 삼십여 명이오、대과에 급제한 조관이 일곱이나 있었다。

가위 문향이라 고 나는 크게 탄복하였다。

도청이란 것은 동네에서 공용으로 쓰는 집이다。 여염집 보다 크기도하고 화려도하다。 사람들은 밤이면 여긔 모여서 동네 일을 의논도 하고 재끼꼬기、신삼기도 하고、이야기책도 듣고 놀기도 하고、또 동네안에 뉘 집에나 손님이 오면 집에서 식사만 대접하여서 자기는 도청에서 하게 하니 이를테면 공동 사랑이오、여관이오 공회당이다。 만일 돈없는 나그내가 오면 도청 예산중에서 식사를 공궤하기로 되어있다。 모도 본받을 미풍이라 고 생각하였다。

우리가 단천 마운령을 넘어서 갑산읍에 도착한 것이 을미년 칠월이었다。 여긔 와서 놀란 것은 개와을 인 관청을 제하고는 집〻 마다 집웅에 풀이 무성 하여서 마치 사람 아니 사는 뷔인 터와 같은 것이였다。 그러나 뒤에 알고 보니 이것은 집웅을 덮은 봇껍질을 흙덩이로 눌러놓으면 거긔 풀이 무성하여서 아모리 악수가 퍼부어도 흙이 씻기지아니하게 된 것이라 고 한다。 봇껍질은 희고 빤빤하고 단단하여서 개와 보다도 오래간다 하며 사람이 죽어 봇껍질로 싸서 묻으면 만년이 가도 해골이 흩어지는 일이 없다 고 한다。

혜산진에 이르니 바로 압록강을 새에두고 만주를 바라보는 곳이라 건너편 중국사람의 집에 짖는 개의 소리가 들렸다。 압록강도 여기서는 걷고 건널만하였다。

혜산진에 있는 제천당(祭天堂)은 우리나라 산매의 조종이 되는 백두산 밑에있어、 예로부터 나라에서 제관을 보내어 하늘과 백두산신께 제사를 드리는 곳이다。 그 주련에는 이렇게 써있었다——

「六月雪色山白頭而雲霧。
萬古流聲水鴨綠而汹湧」

우리는 백두산 가는 길을 물어가면서 서대령을 넘어 삼수、장진、후창을 거쳐 자성의 중강을 건너서 중국땅인 마울산(帽兒山)에 다달았다。 지나온 길은 무비 험산준령이오 어떤 곳은 칠팔십리나 무인지경도 있어서 밥을 싸 가지고 간 적도 있었다。 산은 심히 험하나 맹수는 별로 없었고 수풀이 깊어서 지척을 분변치못할 데가 많았다。 나무 하나를 버인 그루 우에 칠팔인이 모여 앉아서 밥을 먹을 만한 것도 드물지않다고 한다。 내가 본 것 중에도 통나무로 곡식 넣을 통을 파노라 고 장정 하나가 그 통속에 들어서서 도끼질을 하는 것이 있었다。 장관인 것은 이산봉오리에 섰던 나무가

쏠어저서 지 산봉오리에 걸처있는 것을 우리는 다리 삼아서 건너간 일이있었다。

이 지경은 안심이 대단히 순후하고 먹을 것도 넉々하여서 나그내가 오면 극히 반가와하야 얼마든지 묵여보내었다。 곡식은 대개 귀밀과 감자요 산 개천에는 이면수라는 물고기가 많이 나는 데 대단히 맛이 좋았다。 옷감으로 즘생의 가죽을 쓰는 것이 퍽으나 원시적이었다。 삼수읍내에는 민가가 겨오 삼십호 밖에 없었다。

마울산에서 서북으로 노인치(老人峙)라 는 영을 넘고 또 넘어 서대령으로 가는 길에서 우리는 백리에 두어 사람이나 우리 동포를 만났는 데 대부분은 금점군이었다。 만나는 사람 마다 우리 더러 백두산 가는 것이 향마적 때문에 위험하니 말라 고 함으로 우리는 유감이나마 백두산 참배를 중지하였다。 그래서 우리는 방향을 둘려 만주구경이나 하리라 하고 통화(通化)로 갔다。

통화는 암록강 연변의 다른 현성과 마찬가지로 설립된지 얼마아니되어서 관사와 성루의 서까래가 아직도 흰빛을 잃지아니하였다。 성내에 인가가 모도 오백호라 는 데 그중에는 우리 사람이 한 집이 있었다。 남자는 변발을 하여서 중국사람의 모양을 하고 현청에 통사로 있다 는 데 그의 처자들은 우리 옷을 입고 있었다。 거긔서 십리쯤 가서 심생원이라 는 동포가 산다 하기로 위해 찾아갔더니 정신없이 아편 만 먹는 사람이었다。

만주로 돌아다니는 중에 가장 미운 것은 호통사였다。멧 마듸 한어를 배와 가져고는 불상한 동포의 등을 긁고 피를 빨아 먹는 것이었다。우리 동포들은 갑오년 난리를 피하야 생소한 이 땅에 건너와서 중국사람이 살 수가 없어서 내버린 험한 산골은 택하야 화전을 일구어서 조나 강낭이를 지어 근근히 연명하고 있었다。호통사라 는 놈들은 중국사람에게 붙어서 무리한 핑계를 만들어가지고 혹은 동포의 전곡을 빼앗고 혹은 부녀의 정조를 유린하는 것이었다。한 곧에를 가노라니 어떤 중국인의 집에 한복을 한 처녀가 있기로 이웃 사람에게 물어본 즉 그 역시 호통사의 농간으로 그 부모의 빗값으로 중국인의 첩에 끌려온 것이라 고 하였다。관전(寬甸)、임강(臨江)、환인(桓仁)、어듸를 가도 호통사의 폐해는 마찬가지였다。

어듸나 토지는 비옥하여서 한 사람이 지으면 열 사람이 먹을만하다。오직 귀한 것은 소금이이서 이것은 의주로 붙어 배로 물을 거슬러 올라와서 사람의 등으로 저날르는 것이라 한다。동포들의 인심은 참으로 순후하야 본국 사람이 오면「앞대나그내」

가 있다 하야 혈속과 같이 반가와하고 집々이 다토아서 맛있는 것을 대접하라 고 애를 쓰고 남녀노소가 모여와서 본국 이야기를 들려달라 고 졸랐다。 그들은 대개는 일청전쟁에 피난간 이들이지 마는 간혹 본국서 죄를 짓고 도망해 온 사람도 있었다。 그 중에서 민요에 장두가 되었던 호걸도 있고 공금을 흠포한 관속도 있었다。

집안의 광개토왕비(廣開土王碑)는 아직 몰랐던 때라 보지못한 것이 유감이어니와 관전(?)의 임경업장군의 비각을 본것이 기뻤다。「三國忠臣林慶業之碑」라 고 비면에 새겨 있는 데 이 지방 중국사람들은 병이 나면 이 비각에 제사를 드리는 풍속이 있다 고 한다。

이 지방으로 방랑하는 동안에 김리언(金利彥)이란 사람이 청국의 도움을 받아서 일본에 반항할 의병을 꾸미고 있다 는 말을 들었다。 사람들이 전하는 바에 의하면 김리언은 벽동사람으로서 긔운이 있고 글도 잘하야 심양자사(瀋陽刺史)의게 말 한 필과 삼국지 한 벌을 상급으로 받았기 때문에 중국사람 장령들에게도 대접을 받는다 고 하였다。 우리는 이 사람을 찾아 보기로 작정하고 먼저 그 인물이 참으로 지사인가 협잡군이나 아닌가를 염탐하기 위하야 김형진을 먼저 때내보내고 나는 다른 길로 수소

문을 하면서 뒤따라가기로 하였다。
하루는 압록강을 앞으로 한 백리나 격한 노중에서 궁둥이에 관인을 찍은 말을 타고 오는 젊은 청국 장교 한사람을 만났다。 그의 머리에 쓴 마라기(청국 군인의 모자)에는 옥로(玉鷺)가 빛나고 붉은 술이 너풀거렸다。 나는 덮어놓고 그의 말 머리를 잡았다。 그는 말 께서 나렸다。 나는 중국말을 모름으로 내가 여행하는 취지를 적은 글을 만들어서 품에 지니고 있었는데 이 것을 그 장교에게 내어보였다。 그는 내가 주는 글을 받아 읽더니 다 읽기도 전에 소리를 내어서 울었다。 내가 놀라서 그가 우는 까닭을 물으니 그는 내 글 중에、

「痛彼倭敵與我不共戴天之讎」

라 는 구절을 가라치며 다시 나를 부뜰고 울었다。 나는 필담을 하랴 고 필통을 꺼내었더니 그가 몬저 붓을 들어서 왜가 어찌하야 그대의 원수냐 고 도로혀 내게 묻는다。 나는 일본이 임진으로부터 세세에 원수일 뿐이 아니라 지난 달에 왜가 우리 국모를 불살라 죽였다 고 쓰고 다음에 그대야말로 무슨 연유로 내 글을 보고 이대도록 통곡하는가 하고 물었다。 그의 대답을 듣건대 그는 작년 평양싸움에 전망한 청국

장수 서옥생(徐玉生)의 아들로서 강계관찰사에게 그 부친의 시체를 찾아 주기를 청하였던 바、찾았다 하기로 와 본 즉 그것은 그의 아버지의 시체가 아님으로 허행을 하고 집으로 돌아가는 길이라 고 한다。 나는 평양 보통문 밖에「서옥생전사지지」라는 목패를 보았다 는 말을 하였다。 그의 집은 금주(錦州)요 집에는 일천오백명 군사를 길우고 있었는데 그、아버지 옥생이 그 중에서 천명을 다리고 출정하여서 전멸하였고 지금 집에는、오백 명이 남아 있으며 재산은 넉々하고 자긔의 나이는 설은 살이오 안해는 몇 살이며 아들이 몇、딸이 몇이라 고 자세히 가라처 준 뒤에 내 나이를 물어 내가 그 보다 연하인 것을 알고는 그는 나를 아오라 고 부를 터이니 그를 형이라 고 부르라 하야 피차에 형제의 의를 맺기를 청하고 우리 서로 같은 원수를 가졌으니 함께 살면서 시긔를 기다리자 하야 나 더러 그와 같이 금주로 가기를 청하고 내가 대답도 하는 새 없이 내 등에 진 짐을 벗겨 말께 달아매고 나를 부뜰어 말 안장에 올려놓고 자긔는 걸어서 뒤를 따랐다。

나는 얼마를 가며 곰々 생각하였다。 긔회는 썩 좋은 긔회였다。 내가 원래 이 길을 떠난 것이 중국의 인사들과 교의를 맺자 는 것이었든데 이제 서씨와 같은 명가와 인연을 맺는 것은 고소원이라 고 아니 할 수 없다。 그러나 하나 마음에 걸리는 것은 김형진에게 알릴 길이 없는것이였다。 만일 김형진과만 같이 있었던들 나는 이 때에 서를 따라갔을 것이다。

나는 근 일년이나 집을 떠나 있어 부모님 안부도 모르고 또 서울 형편도 못 들었으니 이 길로 본국에 돌아가 근신도 하고 나라 일이 되어가는 양도 알아본 뒤에 금추로 형을 따라갈 것을 말하고 결연하게 그와 서로 작별하였다。

나는 참빗장사의 행세로 이 집 저 집에서 김리언의 일을 물어가며 서와 작별한지 오륙일 만에 김리언의 근거지 삼도구(三道溝)에 다달았다。

김리언은 당년 오십여세에 심양에서 오백근 되는 대포를 앉아서 두 손으로 들었다 놓았다 할 만큼 기운이 있는 사람이다。 내가 보기에 마음용기가 부족한 것 같고 또 자신이 과하야 남의 의사를 용납하는 도량이 없는 것 같았다。 도로혀 그의 동지인、초산에서 이방을 지냈다 는 김규현(金奎鉉)이란 사람이 의리도 있고 책략도 있어보였다。

김리언은 제가 창의의 수령이 되어서 초산、강계、위원、벽동 등지의 포수와、강건너 중국땅에 사는 동포중에 사냥총이 있는 사람을 모집하여서 한 삼백 명 무장한·군사를 두고 있었다。 창의의 명의로는 국모가 왜적의 손에 죽었으니 국민전체의 욕이라 참을 수 없다 는 것이오、 이 뜻으로 글잘하는 김규현의 붓으로 격문을 지어서 사방에 산포하였다。 나와 김형진과 두 사람도 참가 하기로 하야 나는 초산、위원 등지에 숨어 댕기며 포수를 모으는 일과 강계 성중에 들어가서 화약을 사 오는 일을 맡았다。 거사할 시긔는 을미년 동지달 초생 압록강이 얼어붙을 때로 하였다。 군사를 강어름 우으로 몰아서 강계성을 점령하자 는 것이었다。

나는 위원에서 내가 맡은 일을 끝내고 책원지인 삼도구로 돌아오는 길에 압록강을 건너다가 엷은 얼음을 밟아서 두 팔 만 얼음 우에 남기고 몸이 온통 강속에 빠져버렸다。 나는 솟아오를 길이 없어서 목청껏사람살리라 고 소리를 질를 뿐이었다。 내 소리를 들은 동민들이 다와서 나를 얼음 구녕에서 꺼내어 인가로 다리고 갔을때 에는 내 의복은 벌서 딱딱한 얼음덩어리가 되어 있었다。

마츰내 강계성을 습격할 날이 왔다。 우선 고사리(高山鎭)를 쳐 거기 있는 무긔를 빼앗아서 무기없는 군사에게 난호아 주었다。 이것이 첫 실책이었다。 나는 고사리를 몬저 치지말고 곧장 강계성을 엄습하자 고 주상하였다。우리가 고사리를 쳤다는 소문이 들어가면 강계성의 수비가 더욱 엄중할 것이니 고사리에서 약간의 무긔를 더 얻는 것보다는 출기불의로 강계를 덥치는것이 유리하다 는 것이었다。김규현、백진사 등 참보도 내 의견에 찬성하였으나 김리언은 종시 제 고집을 세우고 듣지아니하였다。

고산진에서 무긔를 빼앗은 우리 군사는 이튿날 강계로 진군하야 야반에 독로강 빙판으로 전군을 몰아 선두가 인풍루(仁風樓)에서 십리쯤 되는 곳에 다 달았을 때에 강남쪽 송림 속에 화승불이 번적번적하는 것이 보였다。그 때에는 모두 화승총이있음으로 군사는 불붙은 화승을 들고 있었던 것이다。그 송림 속으로서 강계대 장교 몇이 맞오 나와 김리언을 찾아 보고 첫 말로 묻는 말이、이번에 오는 군사 중에 청병이 있느냐 하는 것이었다。김리언은 이에 대하야 이번에 는 청병은 아니 왔다。그러나 우리 강계를 점령하였다 고 긔별하는 대로 청병이 오기로 하였다 고 말하였다。이것이 정직한 말일른지 모르거니와 전략적인 대답은 아니었다。여긔 대하여서도 작전계획에 김리언의 실수가 있었다。애초에 나는 우리 중에 몇 사람이 청국、장교를 차리고 선두에 설 것을 주장하였으나 김리언은 우리 국모의 원수를 갚으랴 는 이 싸움에 청병의 위력을 가장하는 것이 옳지아니하니 강계성 점령은 당당하게 흰옷을 입은 우리 가할 것이오、또 강계대의 장교도 이미 내응할 약속이 있으니 염려없다 고 고집하였다。

나는 이에 대하야 강계대의 장교라 는 것이 애국심으로 움지기기 보다도 세력에 쏠릴 것이라 하야 청국 장교로 가장하는 것이 전략상 극히 필요하다 고 하였으나 김리언은 끝 까지 듣지아니하였던 것이다。 그랬던 차에 이제 강계대 장교가 머리를 흔들고 돌아가는 것을 보니 나는 벌서 대세가 틀렸다 고 생각하였다。 아니나 다를가 그 장교들이 저의 진지에 돌아갈 때 쯤하야 화승불들이 일제히 움지기더니 땅땅하고 포성이 진동하고 탄알이 비발같이 이리로 날아왔다。 잔뜩 믿고 마음을 놓고 있던 이 편의 천여 명 군마는 얼음판 우에서 대혼란을 일으켜서 이리 뛰고 저리 뛰어 달아나기를 시작하고 벌서 총에 맞아 쓸어지는 자、죽는다 고 아우성을 하고 우는 자가 여기 저기 있었다。

나는 일이 다 틀렸음을 알고、또 김리언으로 보면 이 번에 여기서 패하고 는 다시 회복못할 것으로 보고 김형진과 함께 슬며시 떨어져서 몸을 피하기로 하였다。그래서 우리는 군사들이 달아나는 것과는 반대방향으로 도로혀 강계성에 가까운 쪽으로 피하였다。 인풍루 바루 밑인 동네로 갔더니 어느 집에도 사람은 없었다。 우리는 그 중에 큼직한 집으로 갔다。 밖에서 불러도 대답이 없고 안에 들어가도 사람은 없는 데 부인 집에 큰 제상이 놓이고 그 우에는 갖은 음식이 버려있고 상 밑에는 술병이 있었다。 우리는 우선 술과 안주를 한 바탕 배불리 먹었다。 나종에 주인이 돌아와서 하는 말이 그 아버지 대상제를 지내다가 총소리에 놀라서 식구들과 손님들이 모도 산으로 피난하였던 것이라 한다。

우리는 이튿날 강계를 떠나 되넘이고개를 넘어 수일 만에 신천으로 돌아왔다。 청계동으로 가는 길에 나는 호열자로하여서 ㄱ선생의 맏아들 원명의 부처가 구몰하였다는 말을 듣고 크게 놀랐다。 나는 집에도 가기 전에 먼저 고선 생댁을 찾았더니 선생은 도로혀 태연자약하시다 나는 어색하야 말문이 막혔다。 내가 부모님 계신 집으로 가랴 고 하직을 할 때에 고선생은 뜯 모를 말슴을 하셨다。

「곧 성례를 하게 하자」

하시는 것이었다。 집에 와서 부모님의 말슴을 듣잡고 비로소 내가 없는 동안에 고선생의 손녀 즉 원명의 딸과 나와 약혼이 되었다 는 것을 알았다。 부모님은 번을 갈아서 약혼이 되던 경로를 말슴하셨다。아버지의 말슴은 이러하였다——

하로는 고선생이 집에 찾아오셔서 아버지를 보시고 요새에는 아들도 없고 고적할 터이니 선생의 사랑에 오셔서 담화나 하자는 것이었다。그래서 어느날 아버지 께서 고선생댁 사랑에를 가셨더니 고선생은 아버지 께 내가 어려서 자라던 일을 물으셨다。아버지 께서는 내가 어려서 공부를 열심으로 하던 일、해주에 과거보러 갔다가 비판하고 돌아오던 일、상서를 보고는 제 상이 좋지못하다 고 낙심하던 일、상이 좋지못하니 마음이나 좋은 사람이 된다 고 동학에 들어가 도를 닦던 일、이웃 동네에 사는 강씨와 이씨들은 조상의 뼈를 파는 죽은 양반이지 마는 저는 마음을 닦고 몸으로 행하야 산 양반이 되겠다 던 일 들이였다。

어머님은 내가 어렸을 때에 강령에서 살 적에 칼을 가지고 그집 식구를 모두 찔러 죽인다 고 신풍 이생원 집에 갔다가 칼을 빼았기고 매만 맞고 돌아왔다 는 것、돈、스무량을 허리에 두르고 떡을 사 먹으러 가다가 아버지 께 되게 매를 맞은 것、푸른 물감 붉은 물감을 왼통 꺼내다가 개천에 풀어놓은 것을 어머니가 단々히 때려주셨다 는 것 같은 것이였다。

이랬더니 하로는 고선생이 아버지 께 나와 고선생의 장손녀와 혼인하면 어떠냐 고 말을 내시고 아버지 께서는、문벌로 보거나 덕행으로 보거나 또 내 외모로 보거나 어찌 감히 선생의 가문을 욕되게 하랴 하야 사양하셨다。그런즉 고선생은 아버지를 보시고 내가 못 생긴 것을 한탄 말라 고、창수는 범의 상이니 장차 범의 냄새를 피우고 범의 소리를 내어서 천하를 놀라게 할 날이 있을 것이라 고 말씀하셨다。이리하여서 내 약혼이 된 것이있다。

나는 부모님의 말씀을 듣잡고 고선생께서 나 같은 것에게 그처럼 촉망하셔서 사랑하시는 손녀를 허 하심에 대하야 큰 책임을 감당키 어렵게 생각하였다。더구나 선생께서、

「나도 맏아들 부처가 다 죽었으니 앞으로는 창수에게 의탁하랴오」

하셨다 는 것과、또

「내가 청계동에 와서 청년을 많이 대하여 보았으나 창수 만한 남아는 없었소」

하셨다 는 말씀을 듣자올 때에는 더욱몸 둘 곧이 없었다。그 규수로 보더라도 그 얼굴이나 마음이나 가정교훈을 받은 점으로나 나는 만족하였다。

이 약혼에 대하야 부모님이 기뻐하심은 말할 것도 없었다。외 아들을 장가 들인다는 것 만도 기쁠 일이어든 하물며 이름높은 학자요 양반의 집과 혼인을 하게 된 것을 더욱 영광으로 생각하시는 모양이었다。그래서 비록 없는 살림이라도 혼인준비에 두 집이 다 바빴다。

아직 성례전이지 마는 고선생 댁에서는 나를 사위로 보는 모양이어서 혹시 선생댁에서 저녁을 먹게 되면 그 처녀가 상을 들고 나오고 육칠세되는 그의 어린 동생은 나를 아재라 고 까지 불르고 반가와하였다。이를테면 내 장인 장모인 원명부처의 장례도 내가 조력하여서 지냈다。

나는 선생께 이번 여행에서 본 바를 보고하였다。두만강、압녹강 건너편이 땅이 비옥하고 또 지세도 요해로 되어 족히 동포를 이식하고 양병도 할 수 있다 는 것이며 그 곳 인심이 순후한 것이며、또 서옥생의 아들과 결의형제가 되었다 는 등을 낮낮이 아뢰었다。

때는 마츰 김홍집(金弘集)일과가 일본의 후원으로 우리 나라 정권을 잡아서 신장정(新章程)이라 는 법령을 발하야 급진적으로 모든 제도를 개혁하던 무렵으로서、그 새

법의 하나로 나온 것이 단발령이였다。 대군주폐하라 고 부르는 삼감께서 먼저 머리를 깍고 양복을 입으시고는 관리로 부터 서민에 이르기 까지 모두 깍이자 는 것이였다。

이 단발령이 팔로에 나렸으나 백성들이 응종하지아니하기 때문에 서울을 비롯하야 감영、병영 같은 큰 도회지에서는 목목이 군사가 지켜 서서 행인을 막 부뜰고 상투를 잘랐다。이 것을 늑삭(勒削——억지로 깍는다 는 뜻)이라 하야 늑삭을 당한 사람은 큰 일이나 난 것 처럼 통곡을 하였다。이 단발령은 크게 민원을 일으켜서 어떤 선비는、도끼를 메고、

「이 목은 자를지언정 이 머리는 깍지못하리이다」

하는 뜻으로 상소를 올렸다 차라리 지하에 목없는 귀신이 될지언정、살아서 머리 깍은 사람은 아니 되리라(寧爲地下無頭鬼。不作人間斷髮人)」이라 는 글 귀가 마치 격서 모양으로 입에서 입으로 전파하야 민심을 선동하였다。

이 처럼 단발을 싫어하고 반대하는 이유가 나만 유교의 「身體髮膚受之父母不敢毁傷孝之始也」에서、만 나온 것이 아니오、이것은 일본이 시키는 것이라 는 반감에서 온 것이였다。

군대와 경찰관은 이미 단발이 끝나고 문관도 공리에 이르기 까지 실시하는 중이었다。

나는 고선생께 안진사와 상의하야 의병을 이르킬 것을 진언하였다。이를테면 단발반대의 의병이어니와 단발반대는 곧 일본배척으로 생각하였던 것이다。

회의는 열렸으나 안진사의 뜻은 우리와 달랐다。이길 가망이 없는 일을 이르킨다면 실패할 것 밖에 없으니 천주교나 믿고 있다가 시기를 보아서 일어나자 는 것이 안진사의 의사였다。그는 머리를 깎이게 되면 깎어도 좋다고 까지 말하였다。

안진사의 말에 고선생은 두 말을 아니 하시고、

「진사。오늘 부터 자네와 끊네」

하고 자리를 차고 일어나 나갔다。끊는다 는 것은 우리 나라에게 예로 부터 선비가 절교를 선언하는 말이다。

이 광경을 보고 나도 안진사의게 대하야 섭々한 마음이 났다。안진사 같은 인격으로서 되었거나 못 되었거나 제 나라에서 일어난 동학은 목숨을 내어놓고 토벌 까지 하면서 서양 오랑캐의 천주학을 한다 는 것 부터도 괴이한 일이어니와 그는 그렇다 하고 라도 목을 잘릴시언정 머리를 깎지 못 하려든 단발할 생각 까지 가졌다 는 것은 대의에 어그러지는 일이라 고 생각하였다。

안진사의 태도에 실망한 고선생과 나는 얼는 내 혼인이나 하고는 청계동을 떠나기로 작정하였다。 나는 금주 서옥생의 아들을 찾아갈 생각이였다。

그런데 천만염외에 불행한 일이 또 하나 생겼다。 어느날 아츰 일측이 고선생이 나를 찾아오셔서 대단히 낙심한 얼굴로 이런 말슴을 하셨다——

어제 내가 사랑에 앉았노라니 웬 김가라 는 자가 찾아 와서 당신이 고아모요 하기로 그렇다 한즉 그 자가 내 앞에 다가 칼을 내어 놓으며 하는 말이、 들으니 당신이 손녀를 김창수의게 허혼을 하였다 하니 그러면 첩으로 준다 면 모르되 정실로는 아니 되리라。 김창수는 벌서 내 딸과 약혼한지가 오래오、 그러기로 나는、 김창수가 정혼한 데가 없는 줄 알고 내 손녀를 허한 것이지 만일 약혼한 데가 있다 면야 그러할 리가 있는가。 내가 김창수를 만나서 해결할 터이니 돌아가라 고 해서 돌려보내기는 했으나 내 집 안에서는 모도 큰 소동이 났네。

나는 이 말을 듣고 모든 일이 재미 없이 된 줄을 알았다。 그래서 고선생께 똑 잘

라 이렇게 여쭈었다、

「제가 선생님을 사모하옵기는 높으신 가라침을 받잡고저 함이옵지 손서가 되는 것이 본의는 아니오니 혼인하고 못하는 것에 무슨 큰 상관이 있사오리까。저는 혼인은 단념하고 사제의 의리로 만 평생에 선생님을 바롤겠습니다。」

내 말을 들으시고 고선생은 눈물을 흘리시고、장래에 몸과 마음을 의탁할 사람을 찾으랴 고 많은 심력을 허비하여서 나를 얻어 손서를 삼으랴다가 이 괴변이 났다 는 것을、자탄하시고、끝으로、

「그러면 혼인일사는 갱무거론일세。그런데 지금 관리의 단발이 끝나고는 백성의게도 단발을 실시할 모양이니 시급히 피신하야 단발화(머리 깎이는 화란)를 면하게。나는 단발화가 밎으면 죽기로 작정하네。」

하셨다。

나는 마음을 지어 먹고 고선생의 손녀와 혼인을 아니 하여도 좋다 고 장담은 하였으나 내심으로는 여간 섭々하지아니하였다。나는 그 처녀를 깊이 사랑하고 정이 들었던 것이었다。

이 혼사에 혜사를 놓은 김가라 는 사람은 함경도 정평에 본적을 둔 김치경(金致景) 이다。 십여년 전에 아버지 께서 술집에서 그를 만나 술을 같이 자시다가 김의게 팔子세 되는 딸이 있단 말을 들으시고 취담으로、「내 아들과 혼사하자」하야 서로 언약을 하고 그 후에 아버지는 그 언약을 지키셔서 내 사주도 보내시고 또 그 게집애를 가끔 우리 집에 다려다 두기도 하셨는네、서당 동무들이、「함지박장수 사위」라 고 나를 놀려먹는 것도 싫었고 또 한 번은 얼음판에 핑구를 돌리고 있는데 그 게집애가 따라와서 제게도 핑구를 하나 만들어달라 고 나를 조르는 것이 싫고 미워서、집에 돌아와 어머니 께 떼를 써서 그 애를 제 집으로 돌려 보내고 말았다。그러나 약혼을 깨트린 것은 아니었다。그후 여러 해를 지내어서 갑오년 일청전쟁이 일어나자 사람들은 아들 딸을 혼인이나 시겨야 한다 고 어린 것들 까지도 불야불야 성례를 하는 것이 유행하였다。그 때 동학접주로 동분서주하던 내가 하로는 여행을 하고 돌아오니 집에서는 그 여자와 나와 성례를 한다 고 술과 떡을 마련하고 모든 혼구를 다 차려 놓고 나를 기다리 고 있었다。그러나 나는 한사코싫다 고 버틔어서 마츰내 김치경도 도로혀 무방하게 생각하야 아조 이혼인은 파혼이 되고 김은 그 딸을 돈을 받고 다른 사람의게 정혼 까지 한 것 이였다。그런데 내가 고씨 집에 장가든다 는 소문을 듯고 김은 돈이라도 좀 얻어 먹으량으로 고선생댁에 와서 야료를 한 것이였다。아버지 께서는 크게 분노하야 김치경을 찾아가서 김과 한 마탕 싸우셨으나 이미 엎질러진 물이라 다시 주어 담을 수는 없었다。이리하야 내 혼인문제는 불행한 끝을 맺고 고선생도 청계동에 더 계실 뜻이 없어 해주 비동의 고향으로 돌아가시고 나는 금주 서씨의 집으로 가노라 고 역시 청계동을 떠났다。이리하여서 내 방랑의 길은 다시 계속되었다。

평양감영에 다달으니 관찰사 이하로 관리 전부가 벌서 단발을 하였고 인제는 길목을 막고 행인을 막 부뜰어서 상투를 잘르고 있었다。사람들은 머리를 아니 깎이랴 고 슬몃슬몃 평양을 빠져나와 촌으로 산읍으로 피란을 가고 백성의 원망하는 소리가 길에 찼다。이것을 보고 나는 머리끝 까지 분이 올랐다。아모리하여서라도 왜의 손에 노는 이 나쁜 정부를 들러엎어야 한다 고 주먹을 불끈불끈 쥐였다。

안주병영에 도착하니 게시판에 단발을 정지하라 는 영이 붙어 있었다。잉금은 개혁파가 싫어서 로시아공사관으로 도망하시고 수구파들은 로시아의 세력에등을 대고 총리 대신 김홍집을 때려 죽이고 개혁의 수레바퀴를 뒤로 돌려 놓은 것이었다。이로부터 우리 나라에 로시아와 일본과의 세력다툼이 시작되고 친아파와 친일파의 갈등이 버러지게 되었다。

나는 한성 정국의 변동으로 심기가 일진하였다。구태어 외국으로 갈 것이 무엇이냐。삼남에서는 곧곧이 의병이 일어난다 고 하니 본국에 머물러 시세를 관망하여서 새로 기취를 정하기로 하고 길을 돌려 용강을 거쳐서 안악으로 가기로 하였다。

나는 치하포(鴟河浦)나루 배에 올랐다。때는 병신년 이월 하순이라 대동강 하류인 이 물길에는 어름 산이 수없이 흘러나렸다。남녀 십오륙 명을 태운 우리 나루배는 어름 산에 쌔와서 행동의 자유를 잃고 진남포 아레까지 밀려 나려갔다가 조수를 따라서 다시 상류르 오르락내리락하게 되었다。선객은 말할 것도 없고 선부들 까지 인제는 죽었다 고 울고불고하였다。해 마다 이 때 이목에서는 이런 참변이 생기는 일이 많았는 데 우리가 지금 그것을 당하게 된 것이었다。배에는 양식이 없으면 비록 파선하기를 면하더라도 얼어 죽거나 굶어 죽을 것이다。다행이 나귀 한 마리가 있으니 이 모양으로 여러 날이 가게 될 경우에는 잔인하나마 잡아 먹기로 하고 한갓 울고 만 있어도 쓸데없으니 선객들도 선부들과 함께 힘을 써 보자고 내가 발론하였다。여럿이 힘을 합하여서 어름산을 떠밀어보자 는 것이다。

나는 몸을 날려 성큼 얼음 산에 뛰어 올라서 형세를 돌아보았다。그러고는 큰 산을 의지하야 작은 산을 떠밀고、이러한 방법을 반복하여서 간신히 한 줄기 살길을 찾았다。이리하야 치하포에서 오리쯤 떨어진 강언덕에 내리니 강건너 서쪽 산에 지는 달이 아직 빛을 남기고 있었다。찬 바람 속에 밤길을 걸어서 치하포 배주인에 드니 풍랑으로 배길이 막혀서 묵는 손님이 삼간방에 그뜩이 누어서 코를 골고 있었다。

우리 일행도 그 틈에 끼어 막 잠이 들려할 즈음에 벌서 먼저 들었던 사람들이 일어나서 오늘 일기가 좋으니 새벽물에 배를 건너 달라 고 야단들이다。이웃고 아랫방에서 부터 벌서 밥상이 들기 시작한다。

나도 할수없이 일어나 앉아서 내 상이 오기를 기다리면서 방안을 휘 둘러보았다。가운데 방에 단발한 사람 하나가 눈에 띄었다。그가 어떤 행객과 인사하는 것을 들으니 그는 성은 정씨요 장연에 산다 고 한다。장연에서는 일즉 단발령이 실시되어서 민간에도 머리를 깎은 사람이 많았었다。그러나 그 말씨가 장연 사투리가 아니오 서울 말이었다。조선말이 썩 능숙하지마는 내 눈에는 그는 분명 왜놈이었다。자세히 살펴보니 그의 흰두루막이 밑으로 군도 집이 보였다。어듸로 가느냐 한즉 그는 진남포로 가는 길이라 고 한다。보통으로 장사나 공업을 하는 일인 같으면 이렇게 변복、변성명을 할 까닭이 없으니 이는 필시 국모를 죽인 삼포오루(三浦梧樓)놈이거나 그렇지아니하면 그의 일당일 것이오、설사 이도 저도 아니라 하더라도 우리 국가와 민족에 독균이 되기는 분명한 일이니 저 놈 한놈을 죽여서라도 나라의 수치를 씻어보리라 고 나는 결심하였다。그러고 나는 내 힘과 환경을 헤아려 보았다。삼간방 사십여명 손님 중에 그 놈의 패가 몇이나 더 있는지 는 알 수 없으나 열일여듧 잘 되어 보이는 총각 하나가 그의 곁에서 수종을 들고 있었다。

나는 궁리 하였다。저 놈은 둘이오 또 칼이 있고 나는 혼자요 또 적수공권이다。게다가 내가 저 놈의게 손을 대면 될시 방안에 있는 사람들이 달려들어 말릴 것이오、사람들이 나를 부뜰고 있는 틈을 타서 저 놈의 칼은 내 목에 떨어질 것이다。이렇게 망서릴 때에 내 가슴은 울렁거리고 심신이 혼란하야 진정할 수가 없이 심히 마음에 고민하였다。그 때에 문득 고선생의 교훈 중에

「得樹攀枝不足奇。懸崖撒手丈夫兒」

라 는 글귀가 생각이 났다。벼래를 잡은 손을 탁 놓아라、그것이 대장부다。나는 가슴속에 한 줄기 광명이 비초임을 깨달았다。그리고 자문자답하였다。

「저 왜놈을 죽이는 것이 옳으냐」

「옳다。」

「네가 어려서 부터 마음좋은 사람이 되기를 원하였느냐。」

「그렇다。」

「의를 보았거든 할 것이오 일의 성불성을 교계하고 망서리는 것은 몸을 좋아하고 이름을 좋아하는 자의 일이 아니냐。」

「그렇다。나는 의를 위하는 자요 몸이나 이름을 위하는 자가 아니다。」

이렇게 자문자답하고 나니 내 마음의 바다에 바람은 자고 물결은 고요하야 모든 계교가 저절로 솟아 오른다。나는 사십 명 객과 수백명 동민을 눈에 안보이는 줄로 꽁々 동여、수족을 못 놀리게 하여 놓고、다음에는 저 왜의게 터럭끝만한 의심도 이르키지 말아서 안심하고 있게 하여 놓고 나 한 사람 만이 자유자재로 연극을 할 방법을 취하기로 하였다。

다른 손님들이 자던 입에 재벽 밥상을 받아 아직 삼분지일도 밥을 먹기 전에 그보다 나중 상을 받은 나는 네다섯 술에 한 그릇 밥을 다 먹고 일어나서 주인을 불러 내가 오늘 해전으로 칠백리길을 걸어야 하겠으니 밥 일곱 상을 더 차려 오라 고 하였다。삼십칠팔세 되엄측한 골격이 준수한 주인은 내 말에 대답은 아니 하고 방안에 있는 다른 손님들을 둘러보며、

「젊은 사람이 불상하다。미친놈이로군」

하고 들어가버렸다。

나는 목침을 베고 한 편에 두러누어서 방안의 물의와 그 왜놈의 동정을 살피고 있였다。어떤 유식한듯한 청년은 주인의 말을 받아 나를 미친놈이라 하고 또 어떤 담배대를 붙어 문 노인은 그 젊은 사람을 책하는 말로、

「여보게、말을 함부로 말게。지금인들 이인이 없으란 법이 있겠나。이러한 말세에 이인이 나는 법일세」

하고 슬적 나를 바라보았다。그 젊은 사람도 노인의 눈을 따라 나를 힐끗 보더니 입

을 뻣죽하고 비웃는 어조로、

「이인이 없을 리야 있겠죠 마는 아 저 사람 생긴 꼴을 보셔요。무슨 이인이 저렇겠어요」

하고 내게 들려라 하고 소리를 높였다。

그러나 그 왜는 별로 내게 주목하는 기색도 없이 식사를 필하고는 밖으로 나가 문설주에 몸을 기대고 서서 방안을 드려다보면서 총각이 연가(밥값)회계하는 것을 보고 있었다。

나는 때가 왔다 하고 서서히 일어나「이놈!」소리를 치면서 발길로 그 왜놈의 복장을 차니 그는 한 길이나 거진 되는 계하에 나가 떨어졌다。나는 나는듯이 쫓아나려가 그 놈의 목아지를 밟았다。삼간 방문 네 짝이 일제히 열리며 그리로서 사람들의 목아지가 쑥々 내밀었다。나는 몰려나오는 무리를 향하야、

「누구나 이 왜놈을 위하야 감히 내게 범접하는 놈은 모조리 죽일 테니 그리 알아라!」

하고 선언하였다。

이 말이 끝나기도 전에 내 발에 채우고 눌렸던 왜놈이 몸을 빼쳐서 칼을 빼어 번

적거리며 내게로 덤비었다。 나는 내 면상에 떨어지는 그의 칼날을 피하면서 발길을 들어 그의 옆구리를 차서 거꾸러트리고 칼을 잡은 손목을 힘껏 밟은 즉 칼이 저절로 언 땅에 소리를 내고 떨어졌다。 나는 그 칼을 집어 왜놈의 머리에서 부터 발끝 까지 점점이 난도를 쳤다。 이월 추운 새벽이라 빙판이 진 땅 우에 피가 샘 솟듯 흘렀다。 나는 손으로 그 피를 움키어 마시고 또 왜의 피를 내 낯에 바르고 피가 뚝뚝 떨어지는 장검을 들고 방으로 들어가면서 아까 왜놈을 위하야 내게 범하랴 던 놈이 누구냐 하고 호령하였다。 및어 도망하지못한 행객들은 모조리 방바닥에 넙적 엎드려、 어떤 이는、

「장군님 살려줍시오。 나는 그 놈이 왜놈인 줄 모르고 예사 사람으로 알고 말리랴고 나가던 것입니다」

하고、 또 어떤 이는、

「나는 어제께 바다에서 장군님과 함께 고생하던 사람입니다。 왜놈과 같이 온 사람이 아닙니다」

하고、 모도 겁이 나서 벌벌 떨고 있는 사람들 중에 아까 나를 미친놈이라 고 비웃

던 청년을 책망하던 노인●만이 가슴을 떡 내밀고 나를 정면으로 바라보면서、

「장군님。아직 지각없는 젊은 것들이니 용서하십시오」

하였다。

이 때에 주인 이선달 화보(李先達和甫)가 감히 방안에는 들어오지도 못 하고 문 밖에 꿇어앉아서、

「소인이 눈깔 만 있고 눈 동자가 없사와 누구신 줄을 몰라뵈옵고 장군님을 멸시하였사오니 죽어도 한이 없사옵니다。그러하오나 그 왜놈과는 아모 관계도 없삽고 다만 밥을 팔아먹은 죄밖에 없사옵니다。아까 장군님을 능욕한 죄로 그저 죽여줍소사」

하고 땅바닥에 머리를 조아린다。내가 주인 의게 그 왜가 누구냐 고 물어서 얻은 바에 의하면、그 왜는 황주에서 조선 배 하나를 얻어 타고 진남포로 가는 길이라 한다。나는 주인 의게 명하야 그 배의 선원을 부르고 배에 있는 그 왜의 소지품을 조수히 드리라 하였다。이윽고 선원들이 그 왜의 물건을 가지고 와서 저의들은 다만 선가를 받고 그 왜를 태운 죄 밖에 없으니 살려 달라 고 빌었다。

소지품에 의하야 조사한 즉 그 왜는 육군중위 토전양량(土田讓亮)이란 자요 엽전 팔백량이 집에 들어있었다。 나는 그 돈에서 선인들의 선가를 매어 주고 남져지는 이 동네 가난한 사람을 구제 하라 고 분부하였다。 주인 이선달이 곧 동장 이었다。

시체의 처치에 대하야 나는 이렇게 분부하였다。 왜놈은 다만 우리 나라와 국민의 원수 만 될 뿐이 아니라 물속에 있는 어별 의게도 원수인 즉 이 왜의 시체를 강에 넣어 고기들로하여곰 나라의 원수의 살을 먹게 하라 하였다。

주인 이선달은 매우 능간하게 일변 세수 제구를 들이고 일변 밥 일곱 그릇을 한상에 놓고 다른 상 하나에는 국수와 찬수를 놓아서 드렸다。 나는 세수를 하야 얼굴과 손에 묻은 피를 씻고 밥상을 당기어서 먹기를 시작하였다。 밥 한 그릇을 다 먹은지가 십분 밖에 안되었지 마는 과격한 운동을 한 탓으로 한、두 그릇은 더 먹을 법하여도 일곱 그릇을 다 먹을 수는 없었다。 그러나 아까 한 말을 거짓말로 돌리기도 창피하야서、 양푼을 하나 올리라 하야 양푼에 밥과 식찬을 한 데 쏟아 비비고 숟가락을 하나 더 청하야 두 숟가락을 연폭해 가지고 한 숟가락 밥이 사발통만하도록 보기좋게 큼직큼직하게 떠서 두어 그릇 턱이나 먹은 뒤에 술을 던지고 혼자말로、

「오늘은 먹고 싶은 왜놈의 피를 많이 먹었더니 밥이 아니 들어가는 고」

시침이를 땄다。

식후에 토전의 시체와 그의 돈 처치를 다 분별하고 나서 주인 이화보를 불러 지필을 대령하라 하야「국모의 원수를 갚으랴 고 이 왜를 죽였노라」하는 뜻의 포고문을 한장 쓰고 그 끝에「海州白雲坊基洞金昌洙」라 고 서명 까지 하여서 큰 길 가 벽상에 붙이게 하고 동장인 이화보 더러 이 사실을 안악군수 의게 보고하라 고 명한 후에 유유히 그 곳을 떠났다。

신천읍에 오니 이 날이 마츰 장날이라 장꾼들이 많이 모였는 데 이 곳 저 곳 에서 치하포 이야기를 하는 것이 들렸다。 어떤 장사가 나타나서 한 주먹으로 일인을 따려 죽였다 는 둥、나루배가 빙산에 끼인 것을 그 장사가 강에 뛰어 들어서 손으로 얼음을 밀어서 그 배에 탄 사람을 살렸다 는 둥 밥 일곱 그릇을 눈 깜작할 새에 다 먹더라 는 둥 말들을 하고 있었다。

집에 돌아와 부모님께 지난 일을 낱낱이 아뢰었더니 부모님은 날 더러 어듸로 피하라 고 하셨으나、나는 나라를 위하야서 정정당당한 일을 한 것이니 비겁하게 피하기를 원치않을 뿐더러、만일 내가 잡혀가 목이 떨어지더라도 이로써 만민 의게 교훈을 준다 하면 죽어도 영광이라 하야 태연히 집에 있어서 잡으러오기를 기다렸다。

그로부터 석 달이나 지나서 병신년 오월 열하로달 새벽에, 내가 아직 자리에 누어 일어나기도 전에 어머님이 사랑문을 여시고、

「이애、우리 집을 앞 뒤로 보지못하던 사람들이 돌라 싸누나」

하시는 말씀이 끝나자 철편과 철퇴를 든 수십 명이、「네가 김창수냐」하고 덤비어든다。나는、「그렇다 나는 김창수여니와 그대들은 무슨 사람이완대 요란하게 남의 집에 들어오느냐」한 즉、그제야 그 중에 한 사람이「內部訓令等因」이라 한 체포장을 내어 보이고 나를 묶어 앞세운다。순검과 사령이 도합 삼십여 명이오、내 몸은 쇠사슬로 여러 겹을 동여매고 한 사람 씩 앞 뒤에서 나를 결박한 쇠사슬 끝을 잡고 남아지 사람들은 전후좌우로 나를 옹위하고 해주로 향하야 길을 재촉한다。동네 이십여 호가 일가이지 마는 모도 겁을 내어 하나도 감히 문을 열고 내다보는 이도 없다。이웃 동네 강씨、이씨네 사람들은、김창수가 동학을 한 죄로 저렇게 잡혀간다 고 수군거리 는 것이 보였다。

이틀 만에 나는 해주옥에 가친 몸이 되었다。어머니는 밥을 빌어다가 내 옥바라지를 하시고 아버지는 영리청、사령청、계방을 찾아 예전 낮으로 내 석방 운동을 하겠으나 사건이 워낙 중대한지라、아모 효과도 없었다。

옥에 가친지 한 달이나 넘어서 목에 큰 칼을 쓴 채로 선화당 뜰에 끌려 들어가서 감사 민영철 의게 첫 심문을 받았다。민영철은、

「네가 안악 치하포에서 일인을 살해하고 도적질을 하였다지?」

하는 말에 나는、

「그런 일이 없소」

하고 딱 잡아떼었다。

감사는 어성을 높여서、

「이 놈。네 행적에 증거가 소연하거든 그래도 모른다 할가? 이바라 저 놈 단단히 다루렸다」

하는 호령에 사령들이 달려들어 내 두 발목과 무릎을 찬찬이 동이고 붉은 칠을 한 몽동이 두개를 다리 새에 드려밀고 한 놈이 한 개씩 몽동이를 잡고 힘껏 눌러서 주리를 튼다。단번에 내 정강이의 살이 터져서 뼈가 허옇게 들어난다。지금 내 왼 편

정강이 마루에 있는 큰 허물이 그 때에 상한 자리다。나는 입을 다물고 대답을 아니 하다가 마츰내 기절하였다。

이에 주리를 그치고 내 면상에 냉수를 뿜어서 소생시킨 뒤에 감사는 다시 같은 소리를 묻는다。나는 소리를 가다듬어서、

「민의 체포장을 보온즉 내부훈령등인이라 하였은즉 이것은 관찰부에서 처리할 안건이 아니오니 내부로 보고하여주시오」

하였다。나는 서울에 가기 전에 내가 그 일인을 죽인 동긔를 말하지아니하리라고 작정한 것이었다。

내 말을 듣고는 민감사는 다시는 아모 말도 없이 나를 나려 가두었다。그로 부터 두 달을 지난 칠월 초생에 나는 인천으로 이수가 되었다。인천감리영(仁川監理營)으로부터 자오 명의 순검이 해주로 와서 나를 다리고 가는 것이었다。

일이 이렇게 되니 내가 집에 돌아올 기약이 망연하여서 아버지는、집이며 가장즙물을 모도 방매하여 가지고 서울이거나 인천이거나 내가 끌려가는 대로 따라가셔서 하회를 보시기로 하야 일단 집으로 돌아가시고 어머니 만 나를 따라 오셨다。

해주를 떠난 첫날은 연안읍에서 하로밤을 자고 이튿날 나진포(羅津浦)로 가는 길에 읍에서 오리쯤 가서 길가 어느 무덤 곁에서 쉬게 되었다。이 날은 일기가 대단히 더워서 순검들도 참외를 사 먹으며 다리쉼을 하였다。우리가 쉬고 있는 곁, 무덤 앞에는 비석 하나가 서 있다。앞에는「孝子李昌梅之墓」라 하고 뒤에는 그의 사적이 새겨 있다·그 비문에 의하건댄 이창매는 본래 연안부의 통인(通引——원의 곁에 뫼셔 말을 받아 내리고 올리고 하는 천한 구실)으로서 그 어머니가 죽으매 춥거나 덥거나 비가 오거나 바람이 불거나 한결같이 그 어머니의 삼수를 뫼셨다 하야 나라에서 효자정문을 나렸다 하였고 또 이창매의 산수 옆에 그 아버지의 묘소 앞에는 그가 신을 벗어놓고 제절 앞으로 걸어 들어간 발자욱과 무릎을 꿇었던 자리와 향로와 향합을 놓았던 자리에는 영々 풀이 나지 못하였고 혹시 사람들이 그 움푹 패운 자리를 메우는 일이 있으면 곧 뇌성이 진동하며 큰 비가 퍼부어 메인 흙을 씻어 내고야 만다고 한다。그 근처 사람들과 순검들이 이런 이야기를 하는 것을 귀로 듣고 돌비에 새긴 사적을 눈으로 보매 나는 순검들이 알서라 어머님이 알서라 하고 피섞은 눈물을 흘렸다。저 이창매는 죽은 부모에 대하여서도 저 처럼 효성이 지극하였거든 부모의 생전에야 오죽하였으랴。 그런데 거의 넋을 잃으시고 허둥허둥 나를 따라오시는 내 어머니를 보라。 나는 얼마나 불효한 자식인가。 나는 쇠사슬에 끌려서 그 자리를 떠나면서 다시금다시금 리효자의 무덤을 돌아보고 수없이 마음으로절을 하였다。

내가 나진포에서 인천으로 가는 배를 탄 것이 병신 칠월 이십오일 달빛도 없이 캄캄한 밤이었다。 물결 좇아 아니보이고 다만 소리 뿐이엇다。 배가 강화도를 지날 때즘하야 나를 호송하는 순검들이 여름 더위 길에 몸이 곤하야 마음놓고 잠든 것을 보시고 어머니는 배사공께도 안 들릴만한 입안엣 말슴으로、

「얘야。 네가 이제 가면 왜놈의 손에 죽을 터이니 차라리 맑고맑은 물에 너와 나와 같이 죽어서 귀신이라도 모자가 같이 다니자」

하시고 내 손을 이끄시고 배전으로 가까이 나가신다。 나는 황공하야 어찌할 바를 모르면서 이렇게 여쭈었다——

「제가 이번 가서 죽을 줄 아십니까、 결코 안 죽습니다。 제가 나라를 위하야 하늘에 사모친 정성으로 한 일이니 하늘이 도으실 것입니다。 분명히 안 죽습니다。」

어머니는 그래도 바다에 빠져 죽자고 손을 끄심으로、 나는 더욱 자신있게、

「어머니、저는 분명 안 죽습니다」

하고 어머니를 위로하였다。그제야 어머니도 결심을 버리시고、

「나는 네아버지 하고 약속했다、네가 죽는 날이면 양주 같이 죽자 고」

하시고 하늘을 우럴어 두 손을 비비시면서 알아듣지못할 낮은 음성으로 축원을 올리신다。여전히 천지는 캄캄하고 안 보이는 물결소리 만 들렸다。

나는 인천옥에 들어갔다。내가 인천옥에 이수된 것은 갑오경장에 외국사람에 관련된 사건을 심리하는 특별재판소를 인천에 둔 까닭이었다。

내가 들어있는 감옥은 내리(內里)에 있었다。마루태기에 감리서(監理署)가 있고 그 좌익이 경무청、우익이 순검청인데 감옥은 순검청 앞에 있고 그 앞에 이 모든 관아로 들어오는 이층 문루가 있었다。높이 돌려쌓은 담 안에 낮으막한 전물이 옥인 데 이것을 반으로 갈라서 한 편에는 징역하는 전중이와 강도、절도、살인 등의 큰 죄를 지은 미결수를 가두고 다른 편에는 잡수를 수용하였다。미결수는 평복이지 마는 징역하는 죄수들은 퍼렁옷을 입었고 저고리 등에는 강도、살인、절도 이 모양으로 먹으로 죄명을 썼다。이 죄수들이 일하러 옥 밖에 끌려 나갈 때에는 좌우 어깨를 아울러 쇠사슬로 동여서 이런 것을 둘 씩 둘 씩 한 쇠사슬에 잡아매어 짝패를 만들고 쇠사슬 끝매듭이 죄수의 등에 가게 하였는 데 여기를 잠을 쇠로 채왔다。이렇게 한 죄수들은 압뢰(간수)가 몰고 댕기는 것이 보였다。

처음 인천옥에 가칠때에 나는 도적으로 취급되어서、아홉 사람을 함께 채우는 길다란 착고에 다른 도적 여듧 명의 한 복판에 발목을 잠겼다。한 달 전에 잡혀 왔다는 치하포 주인 이화보가 내가 옥에 들어오는 것을 보고 반가와 하였다。그날 내가 토전양량을 죽인 이유를 써서 이화보의 집 벽에 붙인 것은 일인이 떼어서 감추고 나를 전혀 강도로 몬 것이라 고 한다。어머니는 옥문 밖 까지 따라 오셔서 눈물을 흘리고 서 계신 것을 나는 잠간 고개를 돌려서 뵈었다。

어머니는 향촌에 생장하셨으나 무슨 일에나 가감하시고 더욱 침천이 능하심으로 감리서·삼문 밖 개성사람 박영문(朴永文)의 집에 가서 사정을 말씀하시고 그 집 식모로 들어가셔서 이 자식의 목숨을 살리시려하셨다。이 집은 당시 인천항에서 유명한 물상객주로 살림이 크기 때문에 식모、침모의 일이 많았다。어머니 이런 일을 하시는 값으로 하로 삼시 내게 밥을 들이게 하신 것이었다。하로는 옥사정이 나를 불러서 어머니도 의접할 곳을 얻으시었고 밥도 하로 삼시 들어오게 되였으니 안심하라 고 일러 주었다。다른 죄수들이 퍽 나를 부러워하였다。나는 옛 사람이

「哀々父母。生我劬勞。欲報其恩。昊天罔極」

이라 한 것을 다시금 생각하지아니할 수 없었다。어머니 께서는 나를 먹여살리시노라고 천 겁 만 겁의 고생을 하셨다。불경에 부모와 자식 천천생의 은애의 인연이란 말이 진실로 허사가 아니다。

옥 속은 더할수없이 불결하고 아직도 여름이라 참으로 견딜 수가 없었다。게다가 나는 장질부사가 들어서 고통이 극도에 달하였다。한번은 나는 자살을 할 생각으로 다른 죄수들이 잠이든 틈을 타서 이마에 손톱으로「忠」자를 새기고 허리띄로 목을 매어 숨이 끊어 지고 말았다。숨이 끊어진 동안의 일이 었다。나는 삽시간에 고향으로 가서 내가 평소에 친애하던 재종제 창학(昌學 지금은 泰運)과 놀았다。

「故園長在目。魂去不須招」

가 과연 허언이 아니였다。

문득 정신이 드니 옆에 있는 죄수들 이 죽겠다 고 고함을 치고 야단들을 하고 있

다。 내가 죽는 것을 걱정하야 그 자들이 그러는 것이 아니라 아마 인사불성 중에 내가 몹시 요동을 하여서 착고가 흔들려서 그자들의 발목이 아팠던 모양이였다。

그후로는 사람들이 지켜서 내게 자살할 긔회도 주지아니하였거니와 나 자신도 병에 죽거나 원수가 나를 죽여서 죽는 것은 무가내하라 하더라도 내 손으로 내 목숨을 끊는 일은 아니 하리라 고 작정하였다。

그러는 동안에 땀은 났으나 보름 동안이나 음식을 입에 대어보지못하여서 긔운이 탈진하야 갱신을 못 하였다。 그런 때에 나를 심문한다는 기별이 왔다。 나는 생각하였다。 해주 에서 다리뼈가 들어나는 악형을 겪으면서도 함구불언한 뜻은 내부에 가서 대관들을 대하야 한번 크게 말하려 함이었지 마는 인제는 불행히 병으로 하야 언제 죽을지 모르니 부득불 이 곳에서라도 왜를 죽인 취지를 다 말하리라 고。

나는 옥사정의 등에 업혀서 경무청으로 들어갔다。 들어가면서 도적 문초하는 형구가 삼엄하게 버려 놓인 것을 보았다。

옥사정이가 업어다가 내려놓는 내 꼴을 보고 경무관 김윤정(金潤晶)은 어찌하야 내 형용이 저렇게 되었느냐 고 물은 즉 옥사정은、 열병을 알어서 그리 되였다 고 아뢰.

였다。

김윤정은 나를 향하야、

「네가 정신이 있어、족히 묻는 말을 대답할 수 있느냐」

하고 묻기로 나는、

「정신은 있으나 목이 말라붙어서 말이 잘 나오지아니하니 물을 한 잔 주면 마시고 말을 하겠소」

하고 대답하였다。 그런즉 김경무관은 술을 들이라 하야 물 대신에 술을 먹여 주었다。

김경무관은 청상에 앉아, 차례 대로 성명、주소、년령을 물은 뒤에、모월 모일、안악치하포에서 일인 하나를 살해한 일이 있느냐 고 묻기로 나는

「있소」

하고 분명히 대답하였다。

「그 일인을 왜 죽였어? 그 재물을 강탈할 목적으로 죽였다 지?」

하고 경무관이 묻는다。 나는 이 때로다 하고 없는 기운이언 마는 소리를 가다 듬어

서、

「나는 국모 폐하의 원수를 갚으랴 고 왜구(倭仇)한 명을 때려 죽인 사실이 있으나 재물을 강탈한 일은 없소」

하였다。 그런측 청상에 늘어 앉은 경무관、총순、권임등이 서로 맥々히 돌아볼 뿐이오 정내는 고요하였다。

옆 의자에 걸터앉아서 방청인지 감시인지 하고 있던 일본 순사 뒤에 들으니 와다나베라 고 한다) 가 심문 벽두에 정내의 공긔가 수상한 것을 보았음인지 통역 의게 무슨 일이냐 고 묻는 모양인 것을 보고 나는 죽을 힘을 다하야、

「이 놈!」

하는 한 소리 호령하고、말을 이어서、

「소위 만국공법 어느 조문에 통상、화친하는 조약을 맺고서 그 나라 임금이나 왕후를 죽이라 고 하였더냐。 이 개같은 왜놈아。 너희는 어찌하야 감히 우리 국모 폐하를 살해하였느냐。 내가 살아서는 이 몸을 가지고、죽으면은 귀신이 되어서 맹세코 너희 임금을 죽이고 너희 왜놈들을 씨도 없이 다 없이해서 우리 나라의 치욕을 씻고야 말 것이다」

하고 소리를 높여서 꾸짖었더니 와다나베순사는 그것이 무서웠든지, 「칙쇼, 칙쇼」하면서 대청 뒤로 슬어져버리고 말았다. 「칙쇼」는 즘생이란 뜻으로 일본 말에 욕이란 것은 나종에 들어서 알았다. 정내의 공기는 더욱 긴장하여졌다.

배석하였던, 총순인지 주사인지 분명치 아니하나, 어떤 관원이 경무관 김윤정 의게, 이 사건이 심히 중대하니 감리영감께 아뢰어 친히 심문하게 함이 마땅하다 는 뜻을 진언하니 김경무관이 고개를 끄덕여 그 의견에 동의한다. 이윽고 감리사 이재정(李在正)이 들어와서 김경무관이 물러난 주석에 앉고 김경무관은 이감리사 의게 지금 까지의 심문경관를 보고한다. 정내에 있는 관속들은 상관의 분부가 없이 내게 물을 갖다가 먹여준다.

나는 이감리사가 나를 심문하기를 시작하기 전에 먼저 그를 향하야 입을 열었다.

「나 김창수는 하향 일개 천생이언 마는 국모 폐하 께옵서 왜적의 손에 돌아가신 국가의 수치를 당하고는 청천백일하에 제 그림자가 부끄러워서 왜구 한 놈이라도 죽였거니와, 아직 우리 사람으로서, 왜왕을 죽여, 국모 폐하의 원수를 갚았다 는 말을 듣지 못 하였거늘, 이제 보니 당신네가 몽백(蒙白—국상으로 백립을 쓰고 소복을 입었다 는 말)을 하였으니, 춘추대의에 군부의 원수를 갚지 못 하고는 몽백을 아니 한다 는 구절은 잊어 버리고 한 갓 영귀와 총록을 도적질하랴 는 더러운 마음으로 임금을 섬긴단 말이오?」

감리사 이재정, 경무관 김윤정 기타 청상에 있는 관원들이 내 말을 듣는 긔색을 살피건댄 모두 낯이 붉어지고 고개가 숙으러졌다。모도 양심에 찔리는 것이라 고 나는 생각하였다。

내 말이 다 끝난 뒤에도 한참 잠자코 있던 이감리사가 마치 내게 하소연 하는 것과 같은 어성으로,

「창수가 지금 하는 말을 들으니 그 충의와 용감을 흠모하는 반면에 황송하고 참괴한 마음이 비길 데 없소이다。그러나 상부의 명령 대로 심문하야 올려야 하겠으니 사질을 상세히 공술해 주시오」

하고 말에도 경어를 쓴다。이 때에 김윤정이 내 병이 아직 위험상태에 있다 는 뜻으로 이감리사에게 수군수군 하더니 옥사정을 명하야 나를 옥으로 다려가라 고 명한

다。내가 옥사정의등에 업혀 나가노라니 많은 군중 속에 어머니의 얼굴이 눈에 띄었다。그 얼굴에 희색이 있는 것을 보고 나는 아마 군중이나 관속들 의게 내가 관정 에서 한 일을 듣고 약간 안심하신 것이라 고 생각하였다。나종에 어머님 께 들은 말슴이어니와 그 날 내가 심문을 당한다는 말을 들으시고 어머님은 옥 문 밖에 와서 기다리시다가、내가 업혀나오는 꼴을 보시고、「저것이 병중에 정신없이 잘못 대답하다가 당장에 맞아 죽지나 않나 하고 무척 근심하셨다 고 한다。그러나 사람들이、내가 감리사를 책망하는 데 감리사는 아모 대답도 못 하였다 는 둥、내가 일본 순사를 호령하야 내어 쫓았다 는 둥、김창수는 해주 사는 소년인 데 민중전 마마의 원수를 갚노라 고 왜놈을 때려 죽였다 는 둥 하는 말을 듣고 안심이 되셨다 고 하셨다。나를 없고 가는 옥사정이 어머니 앞을 지나가며、

「마나님 아모 걱정 마시오。어떠면 이런 호랑이 같은 아들을 두셨소?」

하던 것을 나는 기억한다。

나는 감방에 돌아오는 길로 한 바탕 소동을 이르켰다。나를 전과 같이 다른 도적과 함께 착고를 채와 두는 데 대하야 나는 크게 분개하여서、벽력같은 소리로、

「내가 아모 의사도 발표하기 전에는 나를 강도로 대우하거나 무었으로 하거나 잠자꼬 있었다 마는 이왕 내가 할말을 다한 오늘날에도 나를 이렇게 홀대한단 말이냐。 땅에 금을 그어 놓고 이것이 옥이라 하더라도 그 금을 넘을 내가 아니다。 내가 당초에 도망할 마음이 있었다 면 그 왜놈을 죽인 자리에 내 주소와 성명을 가초아서 포고 문을 붙이고 집에 와서 석달이나 잡으러 오기를 기다렸겠느냐。 너의 관리들은 왜놈을 기쁘게하기 위하야 내게 이런 나쁜 대우를 한단 말이냐」

하면서 어떻게나 내가 몸을 요동하였던지、한 착고 구녁에 발목을 넣고 있는 여듧 명 죄수가 말을 더 보태어서 내가 한 다리로 착고를 들고 일어나는 바람에 자긔네 발목이 다 불어졌노라 고 떠들었다。이 소동을 듣고 경무관 김윤정이 들어와서、

「이 사람은 다른 죄수와 다르거든 웨 도적 죄수와 같이 둔단 말아냐。 즉각으로 이 사람을 좋은 방으로 옮기고 일절 몸은 구속치 말고 너희들이 잘 보호하렸다」

하고 옥사정을 한끝 책망하고 한 끝 명령하였다。 이로 부터 나는 옥중에서 왕이 되었다。

이런지 얼마아니하여서 어머님이 면회를 오셨다。 어머님 말슴이、아까 내가 심문을 받고 나온 뒤에 김경무관이 돈일백원량(삼원)을 보내며 내게 보약을 사 먹이라 하였다 하며、어머니 께서 우접하시는 집 주인 내외는 말할 것도 없고 사랑 손님들 까지도 매우 나를 존경하여서、「옥중에 있는 아드님이 무엇을 자시고 싶어하거든 말만 하면 해 드리리다」하더라 고 말씀하셨다。

내가 아홉 사람의 발목을 넣은 큰 착고를 한 발로 들고 일어났다 는 것은 이화보를 여간 기쁘게 하지 아니하였다。대개 그가 잡혀와서 고생하는 이유가 살인한 죄인을 놓아 보냈다 는 것이기 때문이었다。밥 일곱 그릇 먹고 하로 칠백리 가는 장사를 어떻게 결박을 지우느냐 고 변명하던 그의 말이 오늘에야 증명 된 것이었다。

이튿날 부터는 내게 면회를 구하는 사람이 밀려 오기 시작하였다。감리서、경무청、순검청、사령청의 수백명 관속들이 내게 대한 선전을 한 것이었다。인천항에서 세력있는 사람 중에도 또 막버리꾼 중에도 다음 번 내 심문 날에는 미리 알려달라 고 아는 관속들 의게 부탁을 하였다 고 한다。둘재 심문 날에도 나는 전 번과 같이 압뇌의 등에 업혀서 나갔는 데 옥면 밖에 나서면서 둘러 보니 길에는 사람이 가뜩찼고。경무청에는 각 관아의 관리와 항내의 유력자들이 모인 모양이오、담장이나 집웅이나 내가 심문을 받을 경무청 뜰이 보이는 곳에는 사람들이 하얗게 올라가 있었다。 정내에 들어가 앉으니 김윤정이가 슬적 내 곁으로 지나가며、

「오늘도 왜놈이 왔으니 기운껏 호령을 하시오。」

한다。김윤정은 지금은 경기도 참여관이라 는 왜의 벼슬을 하고 있으나 그 때에는 나는 그가 의기있는 사람으로 생각하였었다。설마 관정을 연극장으로 알고 나를 한 배우를 삼아서 구경거리를 만든 것일 리는 없으니 필시 항심없는 무리의 일이라 그 때에는 참으로 의기가 생겼다가 날이 감을 따라서 변한 것이라 고 보는 것이 옳을 것이다。

둘재 날 심문에 나는 전 번에 할 말은 다하였으니 더 할 말은 없다 고 한 마듸로 끝막고 뒷방에 앉아서 나를 넘겨다 보고 있는 와다나베를 향하야 또 일본을 꾸짖는 말을 퍼부었다。

그 이튿날 부터는 더욱더욱 면회하려 오는 사람이 많았다。그들은 대개 내 의기를 사모하여 왔노라、어듸 사는 아모니 내가 출옥하거든 만나자、설마 내 고생이 오래랴、안심하라、이런 말을 하였다。

이렇게 찾아오는 사람들은 거의 다 음식을 한 상 씩 잘 차려 가지고 와서 나 더러 먹으라 고 권하였다。 나는 가져온 사람이 보는 데서 한 두 저까락 먹고는 남어지는 죄수들 의게 차례로 놓아 주었다。

그 때의 감옥제도는 지금과는 달라서 옥에서 하로 삼시 밥을 주는 것이 아니라、 죄수가 집신을 삼아서 거리에 내다가 팔아서 쌀을 사다가 죽이나 끓여 먹게 되어 있었다。 그럼으로 내게 들어온 좋은 음식을 얻어 먹는 것은 그들의 큰 낙이었다。

제삼차 심문은 경무청에서가 아니오 감리서에서 감리 이재정 자신이 하였는데 인천 인사가 많이 모인 모양이었다。 요샛 말로 하면 방청이다。 감리는 매우 내게 대하야 친절히 말을 묻고、 다 묻고 나서는 심문서를 내게 보여 읽게하고 고칠 것은 나더러 고치라 하야 수정이 끝난 뒤에 나는 「白」자에 이름을 두었다。 이 날은 일인은 없었다。

수일후에 일인이 내 사진을 박는다 하야 나는 또 경무청으로 업혀 들어갔다。 이 날도 사람이 많이 모여 있었다。 김윤정은 내 귀에 들리라 고、

「오늘 저 사람들이 창수의 사진을 박으러 왔으니 주먹을 불끈 쥐고 눈을 딱 부르뜨고 박히시오」

한다。

그러나 우리 관원과 일인과 사이에 사진을 박히리、못 박히리 하는 문제가 일어나서 한참동안 옥신각신하다가 필경은 청사내에서 사진을 박는 것은 허할 수 없으니 노상에서나 박으라 하여서 나를 노상에 앉혔다。일인이、나를 수갑을 채우든지、포승으로 얽든지 하야 죄인 모양을 하여 달라 고 요구한 데 대하야 김윤정은、

「이 사람은 계하죄인(임금이 친히 알이하시는 죄인이라 는 뜻)인 즉 대군주 폐하 께서 분부가 겹시기 전에는 그 몸에 형구를 대일 수 없다」

하여서 딱 거절하였다。

그런즉 일인이 다시 말하기를

「형법이 곧 대군주 폐하의 명령이 아니오? 그런 즉 김창수를 수갑을 채우고 포승으로 얽는 것이 옳지않소?」

하고 기어히 나를 결박하여 놓고 사진을 박기를 주장하였다。이에 대하야 김윤정은、

「갑오경장 이후에 우리 나라에서는 형구를 폐하였소」

하고 잡아멘다。그런 즉 왜는 또、

「귀국 감옥죄수를 본 즉 다 쇠 사슬을 차고 다니는 데」

하고 깐깐하게 대들었다。

이에 김경무관은 와락 성을 내며、

「죄수의 사진을 찍는 것은 조약에 정한 의무는 아니오。참고자료에 불과한 세세한 일에 내정간섭은 받을 수 없소」

하고 소리를 높여서 꾸짖는다。둘러섰던 관중들은 경무관이 명관이라 고 칭찬하고 있었다。

이리하여서 나는 자유로운 몸으로 갈에 앉은 대로 사진을 박게 되었는 데 일인은 다시 경무관 의게 애걸하야 겨오 내 옆에 포승을 놓고 사진을 박는 허가를 얻었다。

나는 며칠 전 보다는 긔운이 회복되었음으로 모여 선 사람들을 향하야 한바탕 연설을 하였다—

「여러분! 왜놈들이 우리 국모 민중전 마마를 죽였으니 우리 국민에게 이런 수치와 원한이 또 어듸 있소? 왜놈의 독이 궐내에 만 그칠 줄 아시오? 바로 당신들의 아들과 딸들이 필경은 왜놈의 손에 다 죽을 것이오。 그러니 여러분! 당신들도 나를 본받아서 왜놈을 만나는 대로 다 따려 죽이시오。 왜놈을 죽여야 우리가 사오」

하고 나는 고함을 하였다。

와다나베놈이 내 곁에 와서、

「네가 그렇게 충의가 있으면 왜 벼슬을 못 하였나?」

하고 직접 내게 말을 붙인다。

「나는 벼슬을 못 할 상놈이니까 조고마한 왜놈이나 죽였다 마는 벼슬을 하는 양반들은 너의 황제의 목아지를 버여서 원수를 갚을 것이다」

하고 나는 와다나베에게 대답하였다。

나는 이 날 김윤정에게 이화보를 놓아 달라 고 청하였더니 이화보는 그 날로 석방되어서 좋아라 고 돌아갔다。

이로부터 나는 심문은 다 끝나고 관결 만을 기다리는 한가한 몸이 되었다。 내가 이 동안에 한 일은 독서、 죄수 의게 글을 가라치는 것、 죄수들을 위하야 소장을 대서하는 것이 없었다。

나는 아버지 께서 들여주신 대학을 읽고 또 읽었다。 글도 좋거니와 다른 책도 없기 때문이었다。 그런데 나는 감리서에 댕기는 어떤 젊은 관리의 덕으로 천만의외에 여기서 내 이십 평생에 꿈도 못 꾸던 새로운 책을 읽어서 새로운 문화에 접촉할 수 가 있었다。 그 관리는 나를 찾아 와서 여러 가지 새로운 말을 하여 주었다。 구미 문명국의 이야기며、 우리 나라가 옛 사상 옛 지식 만 지키고 척양척왜로 외국을 배척 만 하는 것으로는 도저히 나라를 건질 수 없다 는 것이며、 넓히 세계의 정치、 문화、 경제、 과학등을 연구하여서 좋은 것은 받아 들여서 우리 힘을 길러야 하는 것을 말하고、

「창수와 같은 의귀남아로는 마땅히 신학식을 구하여서 국가와 국민을 새롭게 할 것이니 이것이 영웅의 사업이지、 한갖 배외사상 만을 가지고는 나라가 멸망하는 것을 막을 수 없지 아니한가」

하야 나를 일깨워 줄 뿐 더러 중국에서 발간된 「泰西新史」、「世界地誌」 등 한문으로 된 책자와 국한문으로 번역된 조선 책도 들여 주었다。 나는 언제 사형의 판결과 집행을 받을지 모르는 몸인 줄 알면서도 아츰에 옳은 길을 듣고 저녁에 죽어도 좋다 는 생각으로 이 신서적을 수불석권하고 탐독하였다。 내가 이렇게 열심으로 읽는 것을 보고 감리서 관리도 매우 좋아하였다。

이런 책들을 읽는 동안에 나는 서양이란 것이 무엇이며、오늘날 세계의 형편이 어떠한 것을 아는 동시에 나 자신과 우리 나라에 대한 비판도 하게 되었다。 나는 고선생이 조상의 제사에 부르는 축문에 명나라의 연호인 영력 몇 년을 쓰는 것이 우리 민족으로서는 옳지아니한 것도 깨달았고 안진사가 서양 학문을 공부한다 고 절교하던 것이 고선생이 달관이 아니라 고? 보게 되었다。 내가 청계동에 있을 때에는 고선생의 학설을 고대로 받아 척양척왜가 나의 유일한 천직으로 알았고、옳은 도가 한 줄기 살아있는 데는 오직 우리 나라 뿐이오 저 머리를 깎고 양복을 입은 무리들은 모도 금수와 같은 오랑캐라 고 만 믿고 있었다。 그러나 대서신사 한 권 만 보아도 저 눈이 움쑥 들어가고 코가 우뚝 솟은 사람들이 결코 원숭이에서 얼마 멀지아니한 오랑캐가 아니오 오히려 나라를 세우고 백성을 다스리는 좋은 법과 아름다운 풍속을 가졌고 저 큰 갓을 쓰고 넓은 띄를 띤、신선과 같은 우리 탐관오리야 말로 오랑캐의

존호를 받을 것이라 고 생각하였다。

나는 이에 우리 나라에 가장 필요한 것이 저 마다 배우고 사람 마다 가라치는 것이라 깨달았다。옥중에 있는 죄수들을 보니 글을 아는 이는 없고 또 그들의 생각이나 말이 모도 무지하기가 짝이 없어서 이 백성을 이 대로 두고 는 결코 나라의 수치를 씻을 수도 없고 다른 나라와 겨루어 나갈 부강한 힘을 얻을 수도 없다 고 단정하였다。

이에 나는 내가 깨달은 바를 곧 실행하여서 내 목숨이 있는 날 까지 같이 옥중에 있는 죄수들 만이라도 가르쳐 보려 하였다。죄수는 들락 날락하는 자를 아울러 평균 백 명 가량인 데 그 열에 아홉 까지는 양서부지였다。내가 글을 가르쳐 주마 한즉 그들은 마다 고는 아니 하고 배우는 체를 하였으나 그 중에 몇 사람을 제하고는 글에 뜻이 있는 것 보다 내 눈에 들어서 맛있는 음식을 얻어 먹으랴 는 것이 목적인 것 같았다。도적이나 살인으로 세상을 살아가는 그들에게는 글을 배와서 더 좋은 사람이 되어 보겠다 는 생각 조차 일어나지 아니 하는 것 같았다。

조덕근(曺德根)이란 자는 대학을 배우기로 하였는 데 그 서문에 「인생팔세、개입소학、

(人生八歲、皆入小學)」이라 는 구절을 소리 높이 읽다가「개입소학」을「개 아가리 소학」이라 고 하여서 나는 허리가 끊어지도록 웃었다。이 자는 화개동 갈보의 서방으로서 갈보 하나를 중국으로 팔아 보낸 죄로 십년 징역을 받은 것이었다。때는 건양(建陽) 이년 즈음이라。황성신문(皇城新聞)이 창간 되었다 하야 누가 내게 들여 주는 어느날 신문에、내 사건의 전말을 대강 적고 나서 김창수가 인천감옥에서 죄수들에게 글을 가라침으로 감옥은 학교가 되었다 고 씌워 있었다。

나는 죄수의 선생질을 하는 한 편 또 대서소도 버린 셈이 되었다。억울하게 잡혀온 죄수의 말을 듣고 내가 소장을 써 주면 그것으로 놓여 나가는 이도 있어서 내 소장 대서가 소문이 나게 되었다。더구나 옥에 가쳐 있으면서 밖에 있는 대서인에게 소장을 써 달라 랴 면 매우 힘도 들고 돈도 들었다。그런 데 같은 감방에 마조 앉아서 충분히 할 말을 다 하고 소장을 쓰는 것은 인찰지 사는 값 밖에는 도모지 비용이 들지 아니 하였다。내가 소장을 쓰면 꼭 득송한다 고 사람들이 헛소문을 내어서 관리 중에 내게 소장을 지어 달라 는 자도 있고、어느 관원에게 돈을 빼앗겼다 하는 사람의 원정을 지어서 상관에게 들여 그 관리를 파면시킨 일도 있었다。이럼으로 옥리들도 나를 꺼려서 죄수를 함부로 학대하지 못 하였다。

이렇게 글을 가라치고、대서를 한 여가에는 나는 죄수들에게 소리를 시키고 나도 소리를 배우고 놀았다。나는 농촌 생장이지 마는 기심노래 한 가락、갈가보다 한 마듸도 할 줄을 몰랐다。

그 때 옥의 규측이 지금과는 달라서 낮잠을 재우고 밤에는 조곰도 눈을 붙이지못하게 하였으니 이것은 다를 잠든 틈을 타서 죄수가 도망할 것을 염려함 이었다。그럼으로 죄수들은 밤새도록 소리도 하고 이야기책도 읽기를 허하였던 것이다。이 규측은 내게는 적용되지 아니 하였으나 다른 사람들이 그러함으로 나도 자연 늦도록 놀다가 자게 되었다。자꾸 듣는 동안에 자연 시조니 타령이니 남이 하는 소리의 맛을 알게 되어서 나도 배울 생각이 났다。나는 갈보서방 조덕근 헌태 평시조、엮음시조、남창 지름、여창 지름、적벽가、새타령、개고리타령 등을 배와서 남들이 할 때면 나도 한목들었다。

이러고 있는 동안에 세월이 흘러서 칠월도 거의 다 갔다。하로는 황성신문에 다른 살인죄인、강도죄인 몇과 함께 인천감옥에 있는 살인강도 김창수를 아모 날 처교（목을 달아 죽엄)한다 는 긔사가 난 것을 보았다。그 날자는 칠월 스므일혜 이던가 한다。사람이 이런 일을 당하면 부러 대연한 태도를 꾸밀 법도 하지 마는 어찌 된 일인지 내 마음은 조곰도 경동되지아니하였다。교수대에 오를 시간을 겨오 반일을 격하고도 나는 음식이나 독서나 담화나 평상스럽게 하고 있었다。그 것은 아마 고선생께 들은 말슴 중에 박태보(朴泰輔)가 보습으로 단근질을 받을 때에、

「이 쇠가 식었으니 더 달구어 오너라」

한 것이며 심양에 잡혀갔던 삼학사의 사적을 들은 영향이라 고 생각한다。

내가 사형을 당한다 는 신문긔사를 본 사람들은 뒤를 이어 찾아 와서 마즈막 인사를 하고는 눈물을 흘렸다。이를테면 조상이다。아모 나으리、아모 영감 하는 사람들도 찾아 와서

「김석사、살아나와서 상면할 줄 알았더니 이것이 웬 일이오?」

하고 두 주먹으로 눈물을 씻고 갔다。

그런데 이상한 것은 밥을 손소 들고 오신 어머님이 평시와 조곰도 다름이 없으심이였다。아마 사람들이 내가 죽게 되었다 는 말은 아니 알려 드린 것인가 하였다。

나는 조상하는 손님이 돌아간 뒤에는 여상히 대학을 읽고 있었다。인천감옥 죄수의 사형집행은 언제나 오후에 하게 되었고 처소는 우각동(牛角洞)이란 것을 앎으로 나는 아츰과 점심을 잘 먹었다。죽을 때에는 어떻게 하리라 하는 마음준비도 할 마음이 없었다。나는 이렇게 아모러 하지도 아니 하건 마는 다른 죄수들이 나를 위하야 슬퍼해 주는 정상은 참아 볼 수가 없었다。내게 음식을 얻어 먹은 죄수들이며、글을 배운 제자들、그리고 나 헌테 혹은 소장을 써 받고 혹은 송사에 대한 지도를 받아 오던 잡수들이 애통하는 양은 그들이 제 부모상에 그러하였을가 의심하리 만큼 간절하였다。

차々 시간은 흘러서 오후가 되고 저녁 때가 되었다。교수대로 끌려 나갈 시각이 바싹바싹 다가 오는 것이다。나는 내 목숨이 끊어질 순간 까지 성현의 말씀에 잠심하야 성현과 동행하리라 하고 몸을 단정히 하고 앉아서 대학을 읽고 있었다。그럭저럭 저녁밥이 들어왔다。사람들은 내가 특별한 죄수가 되어서 밤에 집행하는 것이라고 생각들 하고 있었다。나는 예기하지아니하였던 저녁 한 때를 이 세상에서 더 먹은 것이었다。

밤이 초경은 되어서 밖에서 여러 사람이 떠들석하고 가까히 오는 인기척이 나더니 옥문 열리는 소리가 들린다。 나는、

「옳지。 인제 때가 왔구나」

하고 올 것을 가만히 기다리고 있었다。 나와 한 방에 있는 죄수들은 제가 죽으러 나가기나 하는 것 처럼 모도 낯색이 변하고 덜덜 떨고들 있었다。 이 때에 문 밖에서、

「창수 어는 방에 있소?」

하는 소리가 들린다。「이 방이오」 하는 내 대답은 듣는 것 같지도 않고、 방문도 열기 전 부터、 어떤 소리가、

「아이구 이제는 창수 살았소! 아이구。 감리영감과 전 서원과 각청 직원이 아츰 부더 밥 한 술 못 먹고 끌탕 만 하구 있었소——창수를 어찌 참아 우리 손으로 죽이느냐 고。 그랬더니 지금 대군주폐하께압서 대청에서 감리영감을 불러겝시고、 김창수 사형은 정지하랍신 친칙을 받잡고 밤이라도 옥에 나려가 김창수에게 전지(傳旨)하여 주랍신 분부를 듣고 왔소。 오늘 얼마나 상심하였소?」

하고 관속들은 친 동긔가 죽기를 면하기나 한 것 처럼 기뻐하였다。 이것이 병신년 윤팔월 이십륙일이였다。

뒤에 알고 보니 내가 사형을 면하고 살아난 데는 두번 아슬아슬한 일이 있었으니 그것은 이러하였다。

법부대신이 내 이름과 함께 몇 사형 죄인의 명부를 가지고 입궐하야 상감의 칙재를 받았다。상감께서는 다 재가를 하였는데 그 때에 입직하였던 승지중에 하나가 내 죄명이「國母報讎」인 것을 보고 이상하게 여겨서 이미 재가된 안건은 다시 가지고 어전에 나아가 임금께 뵈인 즉 상감께서는 즉시 어전회의를 여시와 내 사형을 정지하기로 결정하시고 곧 인천감리 이재정을 전화로 부르신 것이리 한다。그럼으로 그 승지의 눈에「國母報讎」네 글자가 아니 띄였더면 나는 예정 대로 교수대에 이슬이 되였을 것이니 이것이 첫재로 이상한 인연이였다。

둘재로는 전화가 인천에 통하게 된 것이 바로 내게 관한 전화가 오기 사흘전이였었다 고 한다。만일 서울과 인천사이에 전화개통이 아니 되였었던들 아모리 우으로서 나를 살리려 하셨더라도 그 은명이 오기 전에 나는 벌서 죽었었을 것이였다 고 한다。

그리자、감리서 주사가 뒤이여 찾아 와서 하는 말에 의하면 내가 사형을 당하기를 작정되었던 날 인천항내 설흔두 물상객주들이 통문을 돌려서 매호에 한 사람 이상 우각동에 김창수 처형 구경을 가되 각기 엽전 한 량 씩을 가지고 와서 그것을 모와서 김창수의 몸값을 삼자、만일 그것 만으로 안 되거든 부족액은 설흔두 객주가 담당하자 고 작정하였더라 고 한다。감리서 주사는 내게 이런 말을 들려 주고 끝으로、

「아모러나 김석사、이제는 천행으로 살아났소。메츨 안으로 궐내에서 은명이 겝실 터이니 아모 염려 말고 계시요」

하고 갔다。

인제는 다들 내가 분명히 사형을 면한 것을 알게 되었다。마치 상설이 날리다가 갑자기 춘풍이 부는 것과 같다。옥문이 열리는 소리에 벌々 떨고 있던 죄수들은 내게 전하는 이러한 소식들을 듣고 좋아서 죽을 지경인 모양이었다。신끌박맹이로 착고를 두드리며 온갖 노래를 다 부르고 청바지저고리짜리들이 얼시구나 좋을시구 하고 춤을 춘다、익살을 부린다、마치 푸른 옷을 입은 배우들의 연극장을 지어낸 듯 하였다。

죄수들은 내가 그 날 아모 일도 없는 듯이 태연자약한 것은 이렇게 무사하게 될

줄을 미리 알았던 것이라 고 제멋대로 해석하고 나를 이인이라 하야 앞날일을 내다보는 사람이라 고 들 떠들었다。 더구나 어머님은 갑교지 바다에서 내가 「안 죽습니다」하던 말을 긔억 하시고 내가 무엇을 아는 사람인 것 처럼 생각하시는 모양이오、아버님도 그런 생각을 가지시는 것 같았다。

대군주의 칙령으로 김창수의 사형이 정지되었다 는 소문이 전파되자 전일에 와서 영결하던 사람들이 이 번에는 조상이 아니오 치하하려 왔다。하도 면회인이 많음으로 나는 옥문 안에 자리를 깔고 앉아서 몇 날 동안 응접은 하였다。전에는 다만 나의 젊은 의긔를 애석히 여기는 것 뿐이었거니와、칙명으로 내 사형이 정지되는 것을 보고는 미구에 우으로서 소명이 나려서 내가 영귀하게 되리라 고 짐작하고 벌서 부터 내게 아첨하는 사람 조차 생기게 되었다。이런 일은 일반 사람뿐 만 아니라 관리 중에도 있었다。

하로는 감리서 주사가 의복 한 벌을 가지고 와서 내게 주고、말하기를 이것을 병마우후 김주경(兵馬虞候金周卿)이라 는 강화 사람이 감리사도에게 청하야 전하는 것인즉 이 옷을 갈아입고 있다가 그 김주경이 오거든 만나라 고 하였다。

이윽고 한 사람이 찾아왔는데 나이는 사십이나 되어 보이고 면목이 단단하게 생겼다。 만나서 별 말이 없고、 다만

「고생이나 잘 하시오? 나는 김주경이오」

하고는 돌아갔다。

어머니께서 저녁밥을 가지고 오셔서 하시는 말씀이 김우후가 아버님을 찾아서 부모님 양주의 옷감과 용처에 보태라 고 돈 이백냥을 두고 가며 열흘 후에 또 오마 고 하였다 한다。 이 말 끝에 어머니는、

「네가 보니 그 양반이 어떻더냐。 밖에서 듣기에는 아주 훌륭한 사람이라 하더구나」

하시기로 나는、

「사람을 한 번 보고 어찌 잘 알 수가 있습니까 마는 그 사람이 하는 일은 고맙습니다」

하였다。

김주경에게 내 일을 알린 것은 인천 옥에 사령 반수로 있는 최덕만(崔德萬)이었다。 최덕만은 본래 김의 집 비부였었다。 김주경의 자는 경득이니 강화의 아전의 자식

이였다。 병인양요(丙寅洋擾) 뒤에 대원군이 강화에 삼천 명의 무사를 양성하고 섬 주위를 돌려 포루를 쌓아 국방영문을 세울 때에 포량고직(군량을 둔 창고를 지키는 소임)이가 된 것이 그의 출세의 시초였다。 그는 성품이 호방하야 초립동이 시절에도 글 읽기를 싫어하고 루전을 일삼았다。 한 번은 그 부모가 그를 징계하기 위하야 며츨 동안 고앙 속에 가도았더니 들어갈 때에 그는 루전목 하나를 감초아 가지고 들어가서 거기 가쳐 있는 동안에 루전에 대한 여러 가지 묘법을 터득하여 가지고 나와서 루전목을 여러 만 개 만들되 루전장 마다 저는 알수 있는 표를 하였다。 이 루전 목을 강화도 안에 있는 여러 포구에 분배하야 배 사람 들에게 팔게 하고 자기는 이배 저 배로 돌아다니면서 루전을 하였다。 어느 배에서나 쓰는 루전 목은 다 김주경이가 만든 것이라, 그는 루전장의 표를 보아 알기 때문에 얼마아니하여서 수십만 량의 돈을 땄다。

김주경은 이렇게 루전하야 얻은 돈으로 강화와 인천의 각 관청의 관속을 매수하야 그의 지휘에 복종케하고 또 꾀있고 용맹있는 날탕패를 많이 모와 제 식구를 만들어 놓고는 어떠한 세도 있는 양반이라도 비리엣 일을 하는 자가 있으면 직접이거나 간

접이거나 꼭 혼을 내고야 말았다。 경내에 도적이 나서 포교가 범인을 잡으러 나오더라도 몬저 김주경에게 물어보아서 그가 잡아 가라 면 잡아 가고 그에게 맡기고 가라 면 포교들은 거역을 못 하였다。 당시에 강화에는 큰 인물 둘이 있으니 양반에는 이건창(李健昌)이오 상놈에는 김주경이라 고 하였다。 이 두 사람은 강화류수도 건드리지를 못 하였다。 대원군은 이런 말을 듣고 김주경에게 군량을 맡는 중임을 맡긴 것이다。

하로는 사령반수 최덕만이가 내게 와서 하는 말이、 김주경이가 어느날 자기 집에 와서 밥을 먹으면서 말하기를、 김창수를 살려내야할 터인 데 요새에 정부의 대관놈들이 모도 눈깔에 동록이 쓸어서 돈 밖에는 아모것도 보이지아니하니 이번에 집에 가서 가산을 모두 죽처 팔아 가지고 김창수의 부모 중에 한 분을 다리고 서울로 가서 무슨 즛을 해서리도 석방운동을 하겠노라 고 하더라 고 하였다。 최덕만이 이 말을 한지 십여일 후에 과연 김주경이가 인천에 와서 내 어머님을 모시고 서울로 갔다。

뒤에 듣건댄 김주경은 첫재로 당시 법부대신 한규설(韓圭卨)을 찾아서 내 말을 하고、 이런 사람을 살려내어야 충의지사가 많이 나올 것이니、 폐하께 입주하야 나를 놓아 주도록 하라 고 하였다。한규설도 내심으로는 찬성이나 일본공사 임권조(林權助)가 벌서 김창수를 아니 죽였다 는 것을 문제를 삼아서 대신 중에 누구든지 김창수를 옹호하는 자는 무슨 수단으로든지 해치려하니 막가내하라 고 폐하께 입주하는 일을 거절함으로 김주경은 분개하야 대관들을 무수히 즐욕하고 나와서 공식으로 법부에 김창수 석방을 요구하는 소지를 올렸더니 그 제사에「其義可尙。事關重大。未可擅便向事(그의는 가상하나 일이 중대하니 여긔서 마음 대로 할 수 없다)」하였다。그 뒤에도 제이차、제삼자로 관계있는 각 아문(관청)에 소장을 드려 보았으나 어듸나 마찬가지로 이리 미루고 저리 미루어 결말을 보지 못하였다。이 모양으로 김주경은 칠팔 삭 동안이나 나를 위하야 송사를 하는 통에 그 집 재산은 다 탕진되었고 아버지와、어머니도 번갈아서 인천에서 서울로 오르락나리락하셨으나 필경 아모효과도 없이 김주경도 마츰내 나를 석방하는 운동을 중지하고 말았다。

김주경은 소송을 단념하고 집에 돌아 와서 내게 편지를 하였는 데 보통으로 위문하는 말을 한 끝에 오언절구 한 수를 적었다、

「脫籠眞好鳥。拔扈豈常鱗。求忠必於孝。請看依閭人」

이라 고 하였다。이것은 내게 탈옥을 권하는 말이다。나는 김주경이가 그간 나를 위하야 심력을 다한 것을 감사하고、구차히 살 길을 위하야 생명 보다 중한 광명을 버릴 뜻이 없으니 염려하지 말라 고 답장하였다。

김주경은 그 후 동지를 규합하야 관용선 청룡환(靑龍丸)、현익호(顯益號)、해룡환(海龍丸) 세 척 중에서 하나를 탈취하야 해적이 될 준비를 하다가 강화 군수의 염탐한 바가 되어서 일이 틀어지고 도망하였는데、중보에서 그 군수의 행차를 만나서 군수를 실컨 두둘겨 주고 해삼위 방면으로 갔다 고 도 하고 근방 어느 곳에 숨어 있다 고 도 하엿다。

그 후에 아버지는 김주경이가 서울 각 아문에 드렸던 소송문서 전부를 가지고 강화에 이건창을 찾아서 나를 구출할 방책을 물으셨으나 그도 역시 탄식 만 할 뿐이였다 고한다。

나는 그 대로 옥중생활을 계속하고 있었다。나는 신학문을 열심으로 공부하였다。나는 만사를 하늘의 뜻에 맡기고 성현으로 더불이 동행하자는 생각을 변함이 없었음으로 탈옥도주는 염두에도 두지 아니 하고 있었다。그러나 십년역 조덕근、김백석 (金白

石)、삼년수 양봉구(梁鳳求)、이름은 잊었으나 종신수도 하나있어서 그들은 종용한 때면 가끔 내게 탈옥하자 는 뜻을 비최였다。그들은 내가 하라 고 만 하면 한 손에 몇 명 씩 쥐고 공중으로 날아서라도 그들을 건져낼 수 있는 것 같이 생각하는 모양이었다。두고두고 그들이 눈물을 흘려 가며 살려 달라 고 졸르는 바람에 내 마음도 움지기기 시작하였다。그들의 생각에는 나는 열마 아니하야 우으로 부터 은명이 나려서 크게 귀하게 되겠지 마는 나 마저 나가면 지긔들은 어떻게 살랴 하는 것이였다。

나는 생각하였다。상감 께서 나를 죄인으로 알지아니하심은 내 사형을 정지 하라신 친칙으로 보아 분명하고、동포들 이 내가 살기를 원하는 것도 김주경을 비롯하야 인천항의 물상객주들이 돈을 모와서 내 목숨을 사랴 고 한 것으로 알 수 있지 아니하냐。상하가 다 내가 살기를 원하되 나를 놓아 주지 못하는 것은 오직 왜놈 때문이다。내가 옥중에서 죽어 버린다 면 왜놈을 기쁘게 할 뿐인 즉 내가 탈옥을 하더라도 의리에 어그러질 것이 없다 고、이리하야 나는 탈옥할 결심을 하였다。내가 조덕근에게 내 결심을 말한 즉 그는 벌서 살아난 듯이 기뻐하면서 무엇이나 내가 시키는 대로 할 것을 맹세하였다。나는 그가 집에 말하야 돈 이백 량을 들여오라 하였더니 밥을 날르는 사람 편에 귀별하여서 곧 가져왔다。이 것으로 탈옥의 한가지 준비는 된 것이었다。

둘재로 큰 문제가 있으니 그것은 강화 사람 황순용(黃順用)이라 는 사람을 손에 넣는 것이었다。황가는 절도죄로 삼년 징역을 거의 다 치르고 앞으로 나갈 날이 멀지 아니함으로 감옥의 규례대로 다른 죄수를 감독하는 직책을 맡아 가지고 있었다。이 놈을 손에 넣지 아니 하고는 일이 될 수가 없었다。그런 데 이 황가에게 한 약점이 있으니 그것은 그가 김백석을 남색으로 지극히 사랑하는 것이었다。김백석은 아직 십칠팔 세의 미소년으로서 절도 삼범으로 십년 징역의 판결을 받고 북역하는지가 한 달쯤 된 사람이였다。나는 김백석을 이용하야 황가를 손에 넣기로 계획을 정하였다。

나는 조덕근으로 하여곰 김백석을 충동하야、김백석으로 하여곰 황가를 졸라서、황가로 하여곰 내게 김백석을 탈옥시켜 주기를 빌게 하였다。계교는 맞았다。황가는 날더러 김백석을 놓아달라 고 졸랐다。나는 그를 준절히 책망하고 다시는 그런 죄될 말은、말라 고 엄명하였다。그러나 김백석에게 자꾸 졸리우는 그는 하로에도 몇 번 씩 눈물을 흘리면서 나를 졸랐다。내가 뿌리치면 뿌리칠 수록 그의 청은 간절하여서 한

번은、

「제가 대신 징역을 져도 좋으니 백석이 만 살려줍서오」

하고 황가는 울었다。비록 더러운 애정이라．하더라도 애정의 힘은 과연 컸다。그제야 내가 황가의 청을 듣는 것 같이、그러면 그러마 고 허락하였다。황은 백배사례하고 기꺼하였다。이리하야 둘재 준비도 끝이 났다。

다음에 나는 아버님께 면회를 청하야 한자 길역지되는 세모난 철창 하나를 드려 줍소사 고 여쭈웠다。아버지 께서는 얼는 알아차리시고 그날저녁에 새 옷 한 벌에 그 창을 싸셔 드려 주셨다。

이제는 마주막으로 탈옥할 날을 정하였으니 그것은 무술년 삼월초아흐탯날이었다。이 날 나는 당번하는 옥사정김가 의게 돈 일백오십량을주어、오늘 밤에 내가 죄수들의게 한턱을 낼 터이니 쌀과 고기와 모주 한 통을 사 달라 하고 따로 돈 스물 닷 량을 옥사정 의게 주어 그것으로는 아편을 사 먹으라고 하였다。이 옥사정은 아편장인 줄을 내가 알았기 때문이다。내가 죄수 의게 턱을내인 것은 전에도 한두번이 아니기 때문에 옥사정도 예사로히 알았을뿐더러 아편 값 스물닷량이 생긴 것이 무엇보다도 좋아서 두 말없이 모든것을 내 말 대로 하였다。 관속이나 죄수나 나는 조만간 은명으로 귀히 되리라고 믿었기 때문에 아모도 내가 탈옥도주를 하리라 고는 꿈에도 생각할 리가 없었다。 조덕근、양봉구、황순용、김백석 네 사람도 나는 그냥 옥에 머물러 있고 자기네 만을 빼어 놓을 줄 만 믿고 있었다。

저녁 밥을들고 오신 어머님께、자식은 오늘 밤으로 옥에서 나가겠으니、이 밤으로 배를 얻어타고 고향으로 돌아가셔서 자식이 찾아갈 때를 기다리시라 고 여짜왔다。

오십 명 징역수와 삼십명 미결수들은 주렸던 창자에 고기국과 모주를 실컨 먹고 취흥이 도도하였다。

옥사정 김가 더러 이방 저방 돌아댕기며 죄수놀 소리나 시키고 놀자고 내가 청하였더니 김가는 좋아라 고

「이놈들아、김서방님 들으시게 장기대로 소리들이나 해라」

하고 생색을 보이고 저는 소리 보다 좋은 아편을 피우라고 제 방에 들어가배겼다。

나는 적수방에서 잡수방으로 잡수방에서 적수방으로 왔다 갔다 하다가 슬적 마루 밑으로 들어가서 바닥에 깐 박석(정방형으로 구운 옛날 벽돌)을 창끝으로 들처 내고 땅

을 파서 옥 밖에 나섰다。 그리고 옥담을 넘을 줄사다리를 매어 놓고 나니 문득 딴 생각이 났다。 다른 사람들을 끌어 내랴다가 무슨 일이 날는지 모르니 이 길로 나 혼자만 나가 버리자 하는 것이였다。 그자들은 좋은 사람도 아니니 기어코 건져낸들 무엇하랴。 그러나 얼른 돌려 생각하였다。 사람이 현인군자 의게 죄를 지어도 부끄러우려든 하물며 저들과 같은 죄인 의게 죄인이 되고서야 어찌 하늘을 이고 땅을 밟으랴。 종신토록 수치가 될것이다。 나는 내가 나온 구녁으로 다시 들어가서 천연스럽게 내 자리에 돌아가 앉았다。 그들은 여전히 흥에 겨워서 놀고 있었다。 나는 눈짓으로 조덕근의 무리를 하나씩 불러서 나가는 길을 일러 주어서 다 내어 보내고 다섯재로 내가 나가 보니 몬저 나온 네 여석은 담을 넘을 생각도 아니하고 밑에 소둑이 모여 앉아서 벌벌 떨고 있었다。 나는 하나씩하나씩 궁둥이를 떠바쳐서 담을 넘겨 보내고 마즈막으로 내가 담을 넘으려 할 때에、 몬저 나간 여석들이 용동(龍洞)마루로 통하는 길에 면한 판장을 넘노라고 왈가닥거리고 소리를 내어서 경무청과 순검청에서 무슨 일이 난 줄 알고 비상소집의 호각소리가 나고 옥문밖에서는 벌서 퉁탕퉁탕하고 급히 달리는 발자욱소리가 들렸다。

나는 아직도 옥담 밑에 섰다。 인제는 내 방으로돌 아갈 수도 없은 즉、 재빨리 달아나는 것 밖에 없건마는 남을 넘겨 주기는 쉬워도 길반이나 넘는 담을 혼자 넘기는 어려웠다。 줄사다리로 어름어름 넘어갈 재도 없다。 옥문 열리는 소리、 죄수들이 떠들석하는 소리 까지 들려온다。 나는 죄수들이 물통을 마조 메는 한길이나 되는 몽동이를 짚고 몸을 솟아서 담 꼭대기에 손을 걸고 저편으로 넘어 뛰었다。 이렇게 된 이상에는 내 길을 막는 자가 있으면 사생결단을 하고 결투를 할 결심으로 관장을 넘지아니하고 내 쇠창을 손에 들고 바로 삼문을 나갔다。 삼문을 지키던 파수순검들은 비상소집에 들어간 모양이어서 거기는 아모도 없었다。 나는 탄탄대로로 나왔다。 들어온지 이년 만에 인천옥을 나온 것이었다。

방랑의 길

옥에서는 나왔으나 어디로 갈 바를 몰랐다。 늦은 봄 밤안개가 자욱한 데 다가 인천은 연전 서울구경을 왔을 때에 한 번 지냈을뿐이라、 길이 생소하야 어디가 어딘지 알 수가 없었다。 나는 지척을、 분간할 수 없는 캄캄한 밤에 물결소리를 더듬어서 모래사장을 헤매다가 훤히 동이 틀 때에 보니 기껏 달아난다 는 것이 감리서 바로 뒤용동 마루태기에 와 있었다。 잠시 숨을 태우며 휘휘 들러 보노라 니 수십보 밖에 순검 한 명이 칼 소리를 제그럭제그럭하고 내가 있는 데로 달려 오고 있었다。 나는 길가 어떤 가개집 함실아궁이를 덮은 널빤지 밑에 몸을 숨겼다。 순검의 흔들리는 환도집이 바로 코끝을 스칠 듯이 지나갔다。

아궁이에서 나오니 벌서 훤하게 밝았는데、 천주교당의 뾰족집이 보였다。 그것이 동쪽인줄 알고 걸어갔다。

나는 어떤 집에 가서 주인을 불렀다。 누구냐 하기로 「아저씨 나와 보셔요」 하였더니 그는 나와서 의심스러운 눈으로 나를 보았다。 나는 김창수인데 간 밤에 인천감리가 비밀히 석방하여 주었으나 이 꼴을 하고 대낮에 길을 갈 수가 없으니 날이 저물 때 까지 집에 머물러 달라 고 청하였다。 주인은 안 된다고 거절하였다。 또 얼마를 가노라 니까 모군군 하나가 상투바람에 두루마기를 걸치고、 소리를 하며 나려 왔다。 그는 식전에 막걸리집으로 가는 모양이었다。 나는 또 사실을 말하고 빠져나갈 길을 물었더니 그 사람은 대단히 친절하게 나를 이끌고 좁은 뒷골목 길로 요리조리 사람의 눈에 안 띄우게 화개동(花開洞) 마루태기 까지 가서 이리 가면 수원이오 저리 가면 시흥이니 마음 대로 어느 길

토든지 가라 고 일러주었다。 미처 그의 이름을 못 물어 본 것이 한이다。

나는 서울로 갈 작정으로 시흥 가는길로 들어섰다。 내 행색을 보면 누가 보든지 참말로 도적놈이라 고 할 것이다。 염병에 머리털은 다빠져서 새로 난 머리카락을 노끈으로 비끌어 매어서 솔닢상투를 짜고 머리에는 수건을 동이고 두루마기도 없이 동저고리 바람인 데 옷은 가난한 사람의것이 아닌 새 것이면서 땅밑으로 기어나올 때에 군대군대 묻은 흙이 물이 들어서 스스로 살펴 보아도 평상한 사람으로 보이지는 아니 하였다。

인천시가를 벗어나서 오리 쯤 가서 해가 떴다。 바람결에 호각소리가 들리고 산에도 사람이 희끗희끗하였다。 내 이런 꼴로는 산에 숨더라도 수사망에 걸릴것 같음으로 허허실실로 차라리 대로변에 숨으리라 하고 길가 잔솔 밭에 들어가서 솔포기 밑에 몸을 감추고 두러누었다。 얼굴이 감추아지지 않는 것은 솔까지를 꺾어서 덮어 놓았다。 아니나 다를가、칼찬 순검과 벙치 쓴 압뢰들어 지껄대며 내가 누어 있는 옆으로 지나갔다。 그들의 주고 받는 말에서 나는 조덕근은 서울로、양봉근은 배로 달아난 것을 알았고 내게 대해서는、「김창수는 장사니까 잡기 어려울 거야。 허기야 잘 달아났지、옥에서 썩

으면 무얼 하게」하는 소리를 들었다。그 소리의 주인이 누구인지 나는 다 알 수가 있었다。

나는 온 종일 솔포기 밑에 누어있다가 순검에 누구누구며 압뢰 김장석(金長石)등이 도로 내 발뿌리로 지나서 인천으로 돌아가는 것을 보고야 누었던 자리에서 일어나 나오니 벌서 황혼이었다。나오기는 하였으나 어제 이른 저녁밥 이후로는 물 한 방울 못 먹고 눈 한 번 못 부친 나는 배는 고프고 몸은 곤하야 촌보를 옮기기가 어려웠다。

나는 가까운 동네 어떤 집에 가서、황해도 연안에 가서 쌀을 사 가지고 오다가 북성고지 앞에서 배파선을 한 서울 청파 사람이라 고 말하고 밥을 좀 달라 고 하였더니 주인이 죽 한 그릇을 내다 주었다。나는 누구 의게 정표로 받아서 몸에 지니고 있던 화류 면경을 꺼내어 그 집 아이 의게 뇌물로 주고 하로밤 드새기를 청하였으나 거절을 당하였다。그러고보니 죽 한 그릇에 엽전 한 량을 주고 사 먹은 심이 되었다。그 때 엽전 한 량이면 쌀 한 말 값도 더 되었다。나는 또 한 집 사랑에 들어갔으나 또 퇴짜를 맞고 할일없이 방아깐에서 자기로 하였다。나는 옆에 놓인 짚단을 날라다가 깔고 덮고 두러누었다。인천감옥 이태의 연극이 이에 막을내리고 방아간 잠이

둘째 막의 개시로고나 하면서 소리를 내어서 손무자와 삼략을 외왔다。지내가는 사람들이、

「거지가 글을 다 읽는다」

하는 것은 상관없으나、또 어떤 사람이、

「예사 거지가 아니야。아까 서 사랑에온 것을 보니 수상한 사람이데」

하는 말에는 대단히 켕겼다。그래서 나는 미친 사람의 모양을 하노라 고 귀둥대둥 혼자 욕설을 퍼붓다가 잠이 들었다。

새벽 일측 일어나서 버리고개를 향하고 소로로 가다가 밥을 빌어 먹을 생각으로 어면 집 문전에 섰다。나는 거지들이 기운차게 너출지게 밥을 내라고 떠들던 양을 생각하고、

「밥 좀 주시우」

하고 불러 보았으나 내깐에는 소리껏 웨친다 는 것이 개가 짖을만한 소리 밖에 안 나왔다。주인은 밥은 없으니 숭늉이나 먹으라 고 숭늉 한 그릇을 주었다。그것을 얻어 먹고 또 걸었다。

오래동안 좁은 세계에서 살다가 넓은 천지에 나와서 가고 싶은 대로 활활 갈 수 있는 것이 참으로 신통하고 상쾌하였다。 나는 배고픈 줄도 모르고 옥에서 배운 시조와 타령을 하면서 부평、시흥을 지나 그 날 당일로 양화도나루에 다달았다。 강 만 건너면 서울이언 마는 날은 저물고 배는 고프고 또 나루배를 탈래야 선가 줄 돈이 없었다。 그래서 나는 동네 서당을 찾아 들어갔다。

선생과 인사를 청한 즉 그는 내가 나이 어리고 의관이 분명치못함을 봄인지 초면에 하대를 하였다。 나는 정색하고、

「선생이 이렇게 교만무례하고 어찌 남을 가르치겠소? 내가 일시 운수가 불길하야 길에서 도적을 만나 의관과 행리를 다 빼았기고 이 꼴로 선생을 대하게 되였소 마는 사람을 그렇게 괄시하는 법이 어듸 있소。 허 예절을 알만한 이를 찾아온다 는 것이、 어 참 봉변이로고」

하고 일변 책하고 일변 빼였다。 선생은 곧 사과하고 다시 인사를 청하였다。 그러고는 그날 밤을 글토론으로 지나고 아츰에는 선생이 아이 하나의게 편지를 써 주어서 나루배 주인의게 전하야 나를 선가없이 건너게하였다。

나는 옥에서 사고였던 진오위장(陳五衛將)을 찾아갔다。 이 사람은 남영희궁에 청직이로 있는 사람으로서 배오개 유기장이 오륙인과 짜고 배를 타고 인천바다에 떠서 백동전을 사주하다가 깡글이 부뜰려서 일년 동안이나 나와 함께 옥살이를 하였다。 그들은 내게 생전 못 잊을 신세를 졌노라 하야 날 더러 출옥하는 날에는 꼭 찾아 달라 고 말을 남기고 나왔다。

내가 영희궁을 찾아간 것은 황혼이었다。 진오위장은 마루끝에 나와서 물끄럼히 나를 바라보더니、

「아이구머니、 아게 누구요?」

하고 보선발로 마당에 뛰어 나려와서 내게 매어달렸다。 그러고 내 손을 끌고 방으로 들어가서 내가 나온 곡절을 듣고는 일변 식구들을 불러서 내게 인사를 시키고 일변 사람을 보내어 예전 공범들을 청해 왔다。 그들은 내 행색이 수상하다 하야 「나는 갓을 사오리다」「나는 망건을 사 오겠소」、「나는 두루막이를 내리다」하야 한 사람이 한가지 씩 추렴을 모와서 나는 삼사년 만에 비로소 의관을 하고 나니 저절로 눈물이 떨어졌다。 이렇게 나는 날 마다 진오위장 일파와 모여 놀며 메출을 유련하였다。

그러는 동안에 나는 조덕근을 두 번이나 찾아 갔으나 이 핑계 저 핑계 하고 나를 따고 만나 주지아니하였다。 중죄인인 나를 아는 체 하는 것이 이롭지 못 하다 고 생각하는 모양이었다。

진오위장 집에서 잘 먹고 잘 놀고 수일을 쉬어서 여러 사람이 모와 주는 노자돈을 한 짐 잔뜩 걸머지고 삼남구경을 떠나노라 고 동작이나루를 건넜다。 그 때에 내 심회가 심히 울적하야 승방뜰이라 는 데서 부터 술먹기를 시작하야 매일장취로 비틀거리고 걷는 길이 수원 오산(烏山)장에 다달았을 때에 벌서 한 짐 돈을 다 써 버리고 말았다。 나는 오산장에서 서쪽으로 가서 있는 김삼척(金三陟)의 집을 찾기로 하였다。 주인은 삼척영장을 지낸 사람으로서 아들이 육형제가 있는 데 그 중에 맏아들이 김 동훈이 인천항에서 장사를 하다가 실패한 관계로 인천옥에서 월여나 고생을 할 때에 나와 절친하게 되었었다。 그가 옥에서 나올 때에 내 손을 잡고 꼭 후일에 서로 만나기를 약속한 것이었다。 나는 김삼척 집에서 대환영을 받아서 그아들 육형제로 더부러 밤낮으로 술을 먹고 소리를 하고 며출을 놀다가 노자 까지 얻어 가지고 또 길을 떠났다。

강경에 공종렬(孔鍾烈)을 찾으니 그도 인천옥에서 사고인 사람으로서 그 어머니도 옥에 면회하러 왔을 때에 알았음으로 많은 우대를 받고, 공종렬의 소개로 그의 매부 진선전(陳宣傳)을 전라도 무주에 찾은 후 나는 이왕 삼남에 왔던길이니 남원에 김형진을찾아 보리라하고 이동(耳洞)을 찾아갔다. 동네 사람 말이 김형진의 집이 과연 대대로 이 동네에 살았으나 연전에 김형진이 동학에 들어서 가족을 끌고 도망한 후로는 소식이 없다 고 한다. 나는 대단히 섭섭하였다.

전주 남문 안에서 약국을 하는 최군선(崔君善)이가 자기의 매부라 는 말을 김형진 헌테 들었던 것을 기억하고 찾아갔으나 최는 대난히 냉냉하게, 그가 처남인 것은 사실이나 무거운 짐을 그 의게 지우고 벌서 죽었다 고 원망조로 말할뿐이었다. 나는 비감을 누를 수 없어서 부중으로 헤매었다. 마츰 그날이 전주 장날이어서 사람이 많았다. 나는 어떤 백목전 앞에 서서 백목을 파는 청년 하나를 보았다. 그의 모습이 김형진과 흡사하기로 그가 흥정을 하여 가지고 나오기를 기다려서 부잡고,

「당신 김서방 아니오?」

하고 물은 즉, 그가 그렇다 고 하기로 나는 다시,

「노형이 김형진 씨 계씨 아니시오?」

하였더니 그는 무슨 의심이 났는지 머뭇머뭇하고 대답을 못 한다。 나는、

「나는 황해도 해주 사는 김창수요。 노형 백씨 생전에 혹시 내 말을 못 들으셨소」

하였더니 그제야 그는 눈물을 흘리면서、 그의 형이 생전에 노상 내 말을 하였을 뿐 아니라、 임종시에도 나를 못 보고 죽는 것이 한이라 고 하였다 는 말을 하였다。

나는 그 청년을 따라서 김구 원평(金講院坪)에 있는 그의 집으로 갔다。 조고마한 농가였다。 그가 그 어머니와 형수 의게 내가 왔다 는 말을 고하니 집안에서는 곡성이 진동하였다。 김형진이 죽은지 열아흐래 째 되는 날이었다。

나는 궤연에 곡하고 늙은 어머니와 젊은 과수 의게 인사를 하였다。 고인 의게는 맹문(孟文)이라 는 팔구세 되는 아들이 있고 그의 아우 의게는 맹열(孟悅)이라 는 아들이 있었다。 나는 이집에서 가버린 벗을 생각하고 수일을 쉬이고 목포로 갔다。 그것도 무슨 목적이 있는 것은 아니었다。 그 때의 목포는 아직 신개항지여서 관청의 건축도 채 아니 된 엉성한 곳이었다。 여긔서 우연히 양봉구를 만났다。 나와 같이 탈옥한 넷중에 한 사람이다。 그의게서 나는 조덕근이가 다시 잡혀서 눈 하나가 빠지고 다리가 부러졌다 는 말과、 그 때에 당직이던 김가가 아편인으로 옥에서 죽었단 말을 들었다 내게 관한 소문은 못 들었다 고 하였다。 양봉구는 약간의 노자를 내게 주고 이 곳이 개항장이 되어서 팔로 사람이 다 모여 드는 데니 오래 머물 곳이 못 된다 하야 어서 떠나라 고 권하였다。

나는 목포를 떠나서 광주를 지나 함평에 이름난 육모정 이진사(六毛亭李進士)집에 과객으로 하로 밥을 잤다。 이진사는 부요한 사람은 아니었으나 육모정에는 언제나 빈객이 많았고 손님들 께 조석을 대접할 때에는 이진사도 손님들과 함께 상을 받았다。 식상은 주인이나 손님이나 일체평등이오 조곰도 차별이 없었고 하인들이 손님들 께 대하는 태도는 그주인 께 대하는 것과 꼭 같이 하였다。 이것은 주인 이진사의 인격의 표현이어서 참으로 놀라운 규모요 가풍이었다。

육모정은 이진사의 정자여니와 그 속에는 침실、식당、응접실、독서실、휴양실등이 구비하였다。 그 때에 글을 읽던 두 학동이 지금의 이재혁、이재승(李載爀、李載昇)형제다。

나는 하로 밤을 쉬어 떠나려하였으나 이진사는 굳이 만류하야 얼마든지 더 묵어서 가라 는 말에는 은근한 진정이 품겨 있었다。 나는 주인의 정성에 감동되어 육모정에 보름을 묵었다。

내가 내일은 이진사 집을 떠난다는 나를 자기 집으로 청한 사람이 있었다。 그는 나보다 다소 연장자인 장년의 한 선비로 내가 육모정에 묵는 동안 날 마다 와서 담화하던 사람이다。

나는 그의 청을 물리칠 수가 없어서 저녁밥을 먹으러 그의 집으로 갔다。 집은 참말 게딱지와 같고 방은 단 한간 뿐이었다。 그 부인이 개다리소반에 주인과 겸상으로 저녁상을 드려왔다。 주발뚜껑을 열고 보니 밥은 아니오 무엇인지 모를 것이었다。 한 숟가락을 떠서 입에 넣으니 맛이 쓰기가 곰의 쓸개와 같았다。 이것은 쌀겨와 팥으로 만든 겨범벅이었다。 주인은 내가 이진사 집에서매일 흰 밥에 좋은 반찬을 먹는 것을 보았지마는 조곰도 안 되었다 는 말도 없고 미안하다 는 빛도 없이 흔연히 저도 먹고 내게도 권하였다。 나는 그의 높은 뜻과 깊은 정에 감격하야 조곰도 아니 남기고 다 먹었다。

나는 함평을 떠나 강진、고금도、완도를 구경하고 장흥을 거쳐 보성으로 갔다。 보성서는 송곡면(지금은 득량면이라고 · 고쳤다 — 고 한다) 득량리에 사는 · 종씨 김광언(金廣彦)이라 는 이를 만나 그 여러 택에서 사십여 일이나 묵고 떠날 때에는 그 동네에 사는 선

(宣)씨 부인 헌테 필낭 하나를 신행선물로 받았다。

보성을 떠나 나는 화순、동복、순창、담양을두루 구경하고 하동 쌍계사(河東雙溪寺)에 들려 칠자아자방(七字亞字房)을보고 다시 충청도로 올라와 계룡산 갑사(甲寺)에 도착한 것은 감이 빨갛게 익어 달리고 낙엽이 날리는 늦은 가울이었다。 나는 절에서 점심을 사 먹고 앉았더니 동학사(東鶴寺)로 부터 왔노라고 점심을 시켜 먹는 유산객 하나가 있었다。 통성명을 한 즉 그는 공주에 사는 이서방이라 고 하였다。 연기는 사십이 넘은 듯한데 그가 들려 주는 자작의 시로 보거나 그의 말로 보거나 퍽 비관을 품은 사람이 었다。 비록 초면이라도 피차가 다 허심탄회란 말이 서로 맞았다。 어디로 가는 길이냐 고 묻기로 나는 개성에 생장하야 장사를 업으로 삼다가 실패하야 화김에 강산구경을 떠나서 삼남으로 돌아댕긴지가 일년이 장근하노라 고 대답하였다。 그러면 마곡사(麻谷寺)가 사십리 밖에 아니되니 같이 가서 구경하자 고 하였다。 마곡사라 면 내가 어려서 동국명현록(東國名賢錄)을 읽을때에 서화담경덕(徐花潭敬德)이 마곡사팟죽가마에 중이 빠져 죽는 것을 대결 안에 동지히레를 하면서 보았나 는 말에서 들은 일이 있었다。 나는 이서방과 같이 마곡사를 향하야 계룡산을 떠났다。

길을 걸으면서 이서방은 호라비라 는 것이며、사숙에 훈장으로 여러 해 있었다 는 것이며、지금은 마곡사에 들어가 중이 되려하니 나도 같이 하면 어떠냐고 하였다。나도 중이 될 마음이 없지는 아니 하나 돌연히 일어난 문제라 당장에 대답은 아니 하였다。

마곡사 앞고개에 올라선 때는 벌서 황혼이었다。산에 가득、단풍이 누릇 붉읏하야「遊子悲秋風」의 감회를 깊게하였다。마곡사는 저녁 안개에 잠겨 있어서 풍진에 더럽힌 우리의 눈을 피하는 듯하였다。뎅、뎅 인경이 울려온다。저녁 예불을 아뢰이는 소리다。일제 번뇌를 버리라 하는 것 같이 들렸다。

이서방이 다시 다진다、

「김형 어찌하시랴오? 세사를 다 잊고나와 같이 중이 됩시다。」

나는 웃으며、

「여긔서 말하면 무엇하오? 중이 되라는 자와 중을 만드는 자와 마조 대한자리에서 작정합시다」

이렇게 대답하였다。

우리는 안개를 혜치고 고개를 내려서 산문으로 한 걸음 한 걸음 걸어 들어간다。절음 마나 내 몸은 더러운 세계에서 깨끗한 세계로, 지옥에서 극락으로, 세간에서 출세간으로 옮아 가는 것이였다。 매화당(梅花堂)을 지나 소리쳐 흐르는 내 우에 걸린 긴 나무다리를 건너 심검당(尋劍堂)에 들어가니 머리 벗어진노승 한 분이 그림폭을 펴 놓고 보다가 우리를 보고 인사한다。 이서방은 전부터 이노승과 숙면이였고 그는 포봉당(抱鳳堂)이라 는 이였다。 이서방이 나를 심검당에 두고 자기는 다른 데로 갔다。 이윽고 나를 위하야 밥이 나왔다。 저녁상을 물리고 앉았노라니 어떤 하얗게 센 노승한 분이 와서 내게 공손히 인사를 한다。 나는 거즛말로 본래 송도 태생이더니 조실부모하고 강근지친도 없어서 혈々단신이 강산구경이나 댕기노라고 말하였다。 그런즉 그 노승은、 속성은 소(蘇)씨오 익산 사람으로서 머리를 깍고 중이 된지가 오십 년이나 되노라 하고 은근히 나 너러 상좌가 되기를 청하였다。 나는 본시 재질이 둔탁하고 학식이 천박하야 노사에게 누가 될가 저어하노라 하고 겸사 하였더니 그는、 내가 상좌 만 되면 고명한 스승의 밑에서 불학을 공부하면 장차 큰 강사가 될른지 아느냐 고 강권하였다。

이튿날 이서방은 벌서 머리를 닭의알 같이 밀고 와서 내게 문안을 하고 하는 말이、하은당(荷隱堂)은 이 절 안에 갑부인 보경(寶境)대사의 상좌이니 내가 하은당의 상좌 만 되면 내가 공부하기에 학비 걱정이 없을 것이라 고、어서 삭발하기를 권하였다。나도 하로밤 청정한 생활에 모든 세상 잡념이 식은 재와 같이 되였음으로 출가하기로 작정하였다。

얼마 후에 나는 놋칼을 든 사제 호덕삼(扈德三)을 따라서 내까으로 나아가 쭈구리고앉았다。덕삼은 삭발진언을 송알송알 부르더니 머리가 선뜩하며 내 상투가 모래 우에 뚝 떨어진다。이미 결심을 한 일이언 마는 머리카락과 함께 눈물이 떨어짐을 금할수 없였다。

법당에서는 종이 울였다。나의 득도식을 아뢰이는 것이였다。찬내 각 암자로 붙어 착가사장삼한 수백명의 승려가 모여들고 향적실에서는 공양주가 불공밥을 짓고 있었다。나도 검은 장삼 붉은 가사를 입고 대웅보전으로 이끌려 들어갔다。결에서 덕삼이가 배불하는 것을 가라처 주였다。은사 하은당이 내 법명을 원종(圓宗)이라 고 명하야 불전에、고하고 수계사 용담(龍潭)회상이 경문을 낭독하고 내게 오계를 준다。예불의 절차가 끝난 뒤에는 보경대사를 위시하야 산중에 나많은 여러 대사들 께 차례로 절을 들였다。 그러고는 날 마다 절하는 공부를 하고 진언집을 외오고 초발심자경문 (初發心身警文) 을 읽고 중의 여러 가지 예법과 규률을 배왔다。 정신 수양에 대하야는、

「승행에는 하심이 제일이라」

하야 교만한 마음을 떼는 것을 주로 삼았다。 사람에게 대하여서 만 아니라 즘생、벌레에 대하여서 까지도 공경하는 마음을 가지라 는 것이다。 어제 밤 나더러 중이 되라 고 교섭한 때에는 그렇게도 공손하던 은사 하은당이 오늘 낮 부터는

「얘 원종아」

하고 막 해라를 하고、

「이 놈 생기기를 미련하게 생겨 먹었으니 고명한 중은 될까 싶지않다。 상파 대기가 저렇게도 밉게 생겼을가。 어서 가서 나무도 해 오고 물도 길어!」

하고 막 중으로 부리러 든다。 나는 깜짝 놀랐다。 중이 되면 이렇게 까지 될줄은 몰랐다。 내가 망명객이 되어 사방으로 유리하는 몸은 되었지 마는 영웅심도 있고 공명심도 있고 평생에 한이 되던 상놈의 껍질을 벗고 양반이 되어도 월등한 양반이 되어서 우리 집을 멸시하던 양반들을 한 번 나려다 보겠다 는 생각을 가슴속에 감초

고 있었다。그런데 이제 중놈이 되고 보니 이러한 허영적인 야심은 불씨 문중에서는 터럭끝 만치도 용납하지 못 하는 악마여서 이러한 악념이 마음에 엄듣을 때에 호법선신의 힘을 빌어서 일체법공(一切法空)의 칼로 뿌럭지 채 버여버려야 한다。내가 어찌다가 이런 데를 들어왔나 하고 혼자 웃고 혼자 탄식한 일도 있었다。그러나 기왕 중이 되였으니 하라 는 대로 순종할 길 밖에 없었다。나는 장작도 패고 물도 긷고 하라 는 것은 다 하였다。

하로는 물을 길어 오다가 물통 하나를 깨트린 죄로 스님 헌테 눈알이 빠지도록 야단을 만났다。어떻게 심하게 스님이 나를 나무라셨든지 보경당 노스님께서 한탄을 하셨다。전자에도 남들이 다 괜찮다 는 상좌를 드려 주었건 마는 저렇게 못 견듸게 굴어서 다 내어 쫓더니 이제 또 저렇게 하니 원종인들 오래 붙어 있을 수가 있나。잘 가라치면 제앞쓸이는 할 만 하건 마는 하고 하은당을 책망하셨다。이것을 보니 나는 적이 위로가 되었다。

나는 낮에는 일을 하고 밤이면 다른 사미들과 같이 예불하는 법이며 천수경、심경 같은 것을 외오고 또 수계사이신 용담스님 께서 보각서장(普覺書狀)을 배왔다。용담온 당시 마곡에서 불학 만이 아니라 유가의 학문도 잘 아시기로 유명한 이였다。학식 만이 아니라、위인이 대체를 아는 이어서 누구나 존경할만한 높은 스승이였다。

용담 께 시종하는 상좌 혜명(慧明)이라 는 젊은 불자가 내게 동정이깊었고 또 용담 스님도 한은당의 가풍이 괴상을 가끔 걱정하시면서 나를 위로하셨다。「見月忘指」라、달을 보면 고만이지 그 달을 가라치는 손가락이야 아모러면 어떠냐 하는 말슴을 하시고 또 칼날 같은 마음을 품어 성나는、마음을 끊으라 하야 「忍」 자의 이치를 가르쳐 주셨다。하은당이 심하게 나를 볶으시는 것이 모도 내공부를 도우심으로 알라 는 뜻이다。

이 모양으로 살아가는 동안에 반년의 세월이 흘러서 무술년도 다 가고 긔해년이 되였다。나는 고생이 되지 마는 다른 중들은 나를 부러워하였다。보경당이나 하은당이 다 칠팔십 노인이시니 그 분네 만 작고하시면 그 많은 재산이 다 내 것이 된다 는 것이였다。추수긔를 보면 백미로 만 받는 것이 이배 석이나 되고 돈과 물건으로 있는 것이 수십만량 이나 되었다。그러나 나는 청정적멸의 도법에 일생을 바칠 생각이 생기지 아니 하였다。인천옥에서 떠난 후에 소식을 모르는 부모님도 그 후에 어찌 되셨는지 알고 싶고 나를 구해 내랴 다가 집과 몸을 아울러 망쳐 버린 김주경의 간곧도 찾고 싶고 해주 비동에 고후조 선생(後凋는 고선생의 당호다)도 뵙고 싶고、그 때에 천주학을 한다 고 해서 대의의 반역으로 곡해하고 불평을 품고 떠난 청계동에 안진사를 찾아·사과도 할 마음이 매々로 흉중에 오락가락하야 보경당의 재물에 탐을 낼 생각은 꿈에도 일어나지 아니 하였다。

그래서 하로는 보경당께 뵈옵고、

「소승이 긔왕 중이 된 이상에는 중으로서 배울 것을 배와야 하겠사오니 금강산으로 가서 경공부를 하고 일생에 충실한 불자가 되겠나이다」

하고 아뢰였다。

보경당은 내 말을 들으시고、

「내 벌서 그럴 줄 알았다。네 원이 그런 데야 할 수 있느냐」

하시고 즉석에 하은당을 부르셔서 한참 동안 서로 다토시다가 마츰내 나를 세간을 내어 주신다。나는 백미 열 말과、의발을 받아 가지고 하은당을 떠나 큰 방으로 옮아왔다。그 날 부터 나는 자유다。나는 그 쌀 열 말을 팔아서 노자를 만들어 가지고 마곡을 떠나 서울로 향하였다。

수일을 걸어 서울에 도착한 것은 긔해년 봄이었다。그 때 까지 서울 성안에는 승니를 들이지 않는 국금이 있었다。나는 문 밖으로 이 절 저 절 돌아다니다가 서대문 밖 새절에 가서 하로 묵는 중에 사형 혜명을 만났다。그는 장단 회장사(華藏寺)에 온사를 찾아 가는 길이라 고 하고 나는 금강산에 공부 가는 길이라 고 하였다。혜명과 작별하고 나는 풍기 혜정(慧定)이라 는 중을 만났다。그가 평양 구경을 가는 길이라 하기로 나와 동행하자고 하였다。임진강을 건너 송도를 구경 하고 나는 해주 감영을 보고 평양으로 가자 하야 혜정을 이끌ㄱ 해주로 갔다。수양산 신광사(首陽山神光寺) 부근의 북암(北菴)이라 는 암자에 머물면서 나는 혜정 에게 약간 내 사정을 통하고 그에게 텃골 집에 가서 내 부모와 비밀히 만나 그 안부를 알아오되 내가 잘 있단 말 만 삶고 어듸 있단 것은 알리지 말라 고 부탁 하였다。이렇게 부탁해 놓고 혜정의 회보 만 기다리고 있더니 바로 사월이십구 일 석양에 혜정의 뒤를 따라 부모님 양주께서 오셨다。혜정에게서 내 안부를 들으신 부모님은、네가 내아들이 있는 곳을 알 터이니 너 만 따라 가면 내 아들을 볼 것이다 하고 혜정을 따라 나서신 것이였다。

북압에서 하로를 묵어서 양친을 모시고 나는 중의 행색으로 혜정과 같이 평양 길을 떠났다。길을 가면서 한 마되 씩 하시는 말슴을 종합하건댄 무술년 삼월 초아흐래날 부모님은 해주 본향에 돌아 오셨으나 순김이 뒤따라 와서 두 분을 다 잡아다가 삼월 십삼일에 인천옥에 가도았다。어머니는 얼마아니하야 놓이시고 아버지는 석 달 후에야 석방되셨다。그로 부터는 두 분이 고향에 계셔서 내생사를 몰라 주야로 마음을 조리셨고 꿈자리 만 사나와도 종일 식음을 전폐하셨다。그러하신지 이태 만에 혜정이 찾아 간 것이였다。만나고 보니 내가 살아 있는 것은 다행하나 중이 된 것은 슯으셨다 한다。

오월 초나흗날 평양에 도착하야 하로 밤을 여관에서 수이고 이튼날인 단오날에 모란봉 그네뛰는】【구경을 하고 돌아 오는 길에 나는 내 앞길에 중대한 영향을 준 사람을 만났다。

관동(貫洞)골목을 지나노라 니 어떤 집 사랑에、머리에 지포관을 쓰고 몸에 심수의를 입고 두 무룹을 모으고 점잖하게 꿀어앉아 있는 사람을 보았다。나는 문득 호기

심을 내어 한 번 수작을 부쳐 보리라 하고 계하에 이르러

「소승 문안 아뢰오」

하고 합장하고 허리를 굽혔다。그 학자님은 물끄럼히 나를 바라보더니 들어오라 고 하였다。들어가 인사를 한 즉 그는 간재 전우(艮齋田愚)의 문인최 재학(崔在學)으로 호를 극암(京菴)이라 하야 상당히 이름이 높은 이였다。나는 공주 마곡사 중이란 말과 이 번 오는 길에 천안 금곡(天安金谷)에 전간재선생을 찾았으나 마츰 출타하신 중이어서 못 만났다 는 말과、이제 우연히 고명하신 최선생을 뵈오니 이만 다행이 없다는 말을 하고 몇 마듸 도리의 문답을 하였더니 최선생은 나를 옆에 앉은 어떤 수염이 좋고 위풍이 능름한 노인에게 소개하였다。그는 당시 평양진위대에 참령으로 있는 전효순(全孝淳)이었다。소개가 끝난 뒤에 최극암은 전참령에게、

「이 대사는 학식이 놀라우니 영천암(靈泉菴)방주를 내이시면 영감 자제와 외손들의 공부에 유익하겠소。영감 의향이 어떠시오?」

하고 나를 추천한다。

전참령은、

「거 좋은 말슴이오。 지금 곁에서 듣는 바에도 대사의 고명하심을 흠모하오。 대사 의향이 어떠시오? 내가 내 자식놈 하나와 외손자놈들을 최선생께 맡겨서 영천암에서 공부를 시키고 있는 데、 지금 있는 주지승이 성행이 불량하야 술 만 먹고 도모지 음식제절을 잘 돌아보지를 아니 하여서 곤난막심하던 중이오」

하고 내 허락을 청하였다。 나는 웃으며、

「소승의 방랑이 본래 있던 중 보다 더할지 어찌 아시오?」

하고 한번 사양했으나 속으로 다행히 여겼다。 부모님을 모시고 구걸하기도 황송하던 터이라 한 곧에 자리를 잡고 있고 싶었던 까닭이다。

전참령은 평양서윤 홍순욱(平壤庶尹洪淳旭)을 찾아 가더니 얼마아니하야 「僧圓宗으로 靈泉寺房主를差定함」 하는 첩지를 가지고 와서 즉일로 부임하라 고 나를 재촉하였다。 이리하여서 나는 영천암 주지가 되었다。

영천암은 평양서 서쪽으로 약 사십 리 대보산(大寶山)에 있는 암자로서 대동강 넓은 들과 평양을 바라보는 경치좋은 곧에 있었다。 나는 혜정과 같이 영천암으로 가서 부모님을 조용한 한 방에 거쳐하시게 하고 나는 혜정과 같이 한 방을 차지하였다。

학생이란 것은 전효순의 아들 병헌(炳憲)、그의 사위 김유문(金允文)의 두 아들 장손、중손、차손(長孫、仲孫、次孫)과 그 밖에 김동원(金東元) 등 몇몇이 있었다。전효순은 간일하야 좋은음식을 평양에서 지워 보내고 또 신흥동(新興洞)에 있는 육고에 영천사에 고기를 대기로 하야 나는 매일 나려가서 고기를 한 짐 씩 져다가 끓이고 굽고 하야 중의 옷을 입은 채로 터놓고 막 먹었다。때々로 최재학을 따라 평양에 들어가서도 사숭재(四崇齋)에서 시인 황경환(黃景煥)등과 시화나 하고 고기로 구미한 국수를 막 먹었다。그리고 염불은 아니 하고 시 만 외우니 불가에서 이르는 바「손에 도야지 대가리를 들고 입으로 경을 읽」는 중이 되고 말았다。이리하여서 시승 원종(詩僧圓宗)이라 는 칭호는 얻었으나 같이와 있던 혜정의 게 실망을 주었다。혜정은 내 신심이 쇠하고 속심 만 증장하는 것을 보고 매우 걱정하였으나 고기 안주에 술 취한 중의 귀에 그런 충고가 들어갈 리가 없었다。그는 내 불심이 회복되기 어려운 것을 보고 영천암을 떠난다 하야 행리를 지고 나서서 산을 나려가다가는 참아 나와 작별하기가 어려워서 되 돌아오기를 달포나 하다가 마츰내 경상도로 간다 고 떠나고 말았다。아버지도 내가 다시 머리를 깍는 것을 원치아니하셔서 나는 머리를 길우고 중노릇을 하다가 그 해 가을도 늦어서 나는 다리를 드려서 상투를 짜고 선비의 의관을 하고 부모를 모시고 해주 본향으로 돌아왔다。

고향에 돌아온 나를 환영하는 사람은 없고 창수가 돌아왔으니 또 무슨 일저즈리기를 하지나 않나 하고 친한 이는 걱정하고 남들은 비웃었다。 그 중에도 준영 계부는 아모리 하여도 나를 신임 하지아니하셨다。 그는 지금은 마음을 잡아서 그 중씨이신 아버지께도 공순하고 농사도 잘 하시건 마는 내게 대하여서 는 할 수 없는 난봉으로 아시는 모양이어서、

「되지못한 그놈의 글 다 내버리고 부지런히 농사를 한다 면 장가도 들여주고 살림도 시켜 주지 만 그렇지 아니 한다 면 나는 몰라요」

하고 부모님께 나를 농군을 되도록 명령하시기를 권하셨다。 그러나 부모님은 나를 농군을 만드실 뜻은 없으셔서 그래도 무슨 큰 뜻이 있어 장래에 이름난 사람이 되려니 하고 내게 희망을 붙이시는 모양이었다。 이렇게 내가 농군이 되느냐 안 되느냐 하는 문제가 아버지 형제분 사이에 논쟁이되고 있는 동안에 그해년도 다 가고 경자년 봄 농사일을 시작할 때가 되었다。

계부는 조카인 나를 꼭 사람을 만들랴 고 결심하신 모양이어서 새벽 마다 우리 집에 오셔서 내 단 잠을 깨와서 밥을 먹여 가지고는 가래질 터로 끌고 나가셨다。나는 몇을 동안 순々히 계부의 명령에 복종하였으나 아모리 하여도 마음이 붙지아니하야 몰래 강화를 향하야 고향을 떠나고 말았다。고선생과 안진사를 못 찾고 가는 것이 섭々하였으나 아직 내어놓고 다닐 계제도 아님으로 생소한 곧으로 가기로 한 것이었다。

나는 김두래(金斗來)라고 변명하고 강화에 도착하여서 남문안 김주경의 집을 찾으니 김주경은 어듸 갔는지 소식이 없다 하고 그 셋재 아우 진경(鎭卿)이 라는 사람이 나와서 나를 접대하였다。

「나는 연안 사는 김두래일세。자네 백씨와 막역한 동지일러니 수년간 소식을 몰라서 전위해 찾아 온 길일세」

하고 나를 소개하였다。진경은 나를 반가히 맞아 그 동안 지낸 일을 말하였다。그 말에 의하면 주경은 집을 떠난 후로 삼사년이 되어도 음신이 없어서 진경이가 형수를 모시고 조카들을 길우고 있다 한다。집은 비록 초가나 본래는 크고 넓게 썩 잘 지였는 데 여러해 거두지를 아니 하야 많이 퇴락되였다。

사랑에는 평소에 주경이 앉았던 보료가 있고 신의를 어기는 동지를 친히 벌하기에 쓰던 것이라 는 나무 몽동이가 벽상에 걸려 있다。 나와 노는 일곱 살 먹은 아이가 주경의 아들인 데 이름이 윤태(淵泰)라 고 한다。

나는 진경의 게、모처럼 그 형을 찾아 왔다가 그저 돌아가기가 섭々하니 얼마 동안 윤태의 게 글을 가르치면서 소식을 기다리 고 싶다 고 하였더니 진경은、그렇지 않아도 윤태와 그 중형의 두 아들이 글을 배울 나이가 되었건 마는 정당한 선생이 없어서 놀리고 있었다 는 말을 하고 곧 그 중형 무경의 게로 가서 조카 들을 다려왔다。 나는 이 날 붙어 촌학구가 된 것이였다。 윤태는 동몽선습(童蒙先習)、무경의 큰 아들은 사략초권(史略初卷)、작은 놈은 천자문(千字文)을 배우기로 하였다。 내가 글을 잘 가라친다 는 소문이 나서 차차 학동이 늘어서 한 달이 못 되어 삼십 명이나 되었다。 나는 심혈을 다하여서 가르쳤다。

이렇게 한지 석 달을 지낸 어떤 날 진경은 이상한 소리를 혼자 중얼거렸다。

「글세 유인무(柳仁茂)도 우수운 사람이야。 김창수가 왜 우리 집에를 온담」

하는 것이였다。 나는 이 말에 가슴이 뜨금하였으나 모르는 체 하였다。 그래도 진경은 내게 설명하였다。 그 말은 이러하였다——

유인무는 부평 양반으로서 연천에 상제로 읍에서 삼십리 쯤 되는 곧에 이우해 와서 삼 년 쯤 살다가 간 사람 인 데 그 때에 김주경과 반상의 별을 초월하야 서로 친하게 지낸 일이 있었는데 김창수가 인천옥을 깨트리고 도망한 후에 여러 번째 해주 김창수가 오거든 급히 알려 달라 는 편지를 하였는 데 이 번에 통진 사는 이춘백(李春伯)이라 는 김주경과도 친한 친구를 보내니 의심 말고 김창수의 소식을 말하라 는 것이였다。

나는 진경이가 내 행색을 아나 떠 보랴고、

「김창수가 그래 한 번도 안 왔나?」

하고 물었다。 진경은 딱하다 하는 듯、

「형장도 생각해 보시오。 여긔서 인천이 지척인 데 피신해 댕기는 김창수가 왜 오겠소?」

한다。

「그럼 유인무가 왜놈의 염탐군인 게지」

나는 이렇게 진경에게 물어 보았다 진경은、

「아니오。유인무라 는 이는 그런 양반이 아니오。친히 뵈온 적은 없으나 형님 말슴이 유생원은 보통 벼슬하는 양반과는 달라서 학자의 귀풍이 있다 고 하오」

하고 유인무의 인물을 극구칭송한다。나는 그 이상 더 묻는 것도 수상접을 거 같아서 그만하고 입을 다물었다。

이튿날 조반 후에 어떤 키가 후리후리하고 얼굴이 숨숨 얽은、삼십 세나 되었음즉한 사람이 서슴지 않고 사랑으로 들어오더니 내 앞에서 글을 배우고 있던 윤태를 보고、

「그 재에 퍽 컸구나。안에 들어가서 작은아버지 나오시래라、내가 왔다 고」

하는 양이 이춘백이라 고 나는 생각하였다。

이윽고 진경이가 윤태를 앞세우고 나와서 그 손님 에게 인사를 한다。

「백시 소식 못 들었지?」

「아직 아모 소식 없습니다。」

「허어, 걱정이로군. 유인무의 편지 보았지?」

「네 어제 받았습니다」

주객 간에 이런 문답이 있고는 진경이가 장지를 닫아서 내가 앉아 있는 방을 막고 둘이서만 이야기를 한다. 나는 아이들이 글 읽는 소리는 아니 듣고 두 사람의 말에 만 귀를 기울였다. 그들의 문답은 이러하였다.

「유인무란 양반이 지각이 없으시지, 김창수가 형님도 안 계신 우리 집에 왜 오리라 고 자꾸 편지를 하는 거야요?」

「자네 말이 옳지 마는 여기 밖에 알아 볼 데가 없지 아니 한가. 그가 해주 본 고향에 갔을 리는 없고 설사 그 집에 김창수 있는 데를 알기로서니 발설을 할 리가 있겠나. 유인무로 말하면 알엣녁에 내려가 살다가 서울 댕기러 왔던 길에 자네 백씨가 김창수를 구해 내랴 고 가산을 탕진하고 부지거처로 피신했다 는 말을 듣고 자네 백씨의 의긔를 장히 여겨서 아모리 하여서라도 김창수를 건져 내어야 한다 고 결심 하였으나 법으로 자네 백씨가 할 것을 다 하여도 안 되었으니 인제 힘으로 할수 밖에 없다 고 하여서 열세 명 결사대를 조직하였던 것일세. 나도 그 속 한 사람이야。 그래가지고는 인천항 중요한 곧 칠팔 처에 석유를 한 통 씩 지고 들어가서 불을 놓고 그 소란 통에 옥을 깨트리고 김창수를 살려내기로 하고 유인무가 날더러 두 사람을 다리고 인천에 가서 감옥 형편을 알아오라 하기로 와 본 즉, 김창수는 벌서 사흘 전에 다른 죄수 네 명을 다리고 달아난뒤 란말이야。 일이 이렇게 된것일세。 그러니 유인무가 자네 백씨나 김창수의 소식을 알고 싶어 할 것이아닌가。 그래 정말 김창수 헌테서 무슨 편지라도 온 것이 없나。」

「편지도 없습니다。 편지를 보내고 회답을 기다릴 만 하면 본인이 오지오。」

「그도 그러이。」

「이생원 께서는 인제 서울로 가시렵니까。」

「오늘은 친구나 몇 찾고 내일 가겠네。 떠날 때에 또 옴세。」

이러한 문답이 있고 이춘백은 가 버렸다。

나는 유인무를 믿고 그를 찾기로 결심하였다。 내게 그처럼 성의를 가진 사람을 모른체할 수는 없었다。 설사 그가 성의를 가장한 염탐군일는지 모른다 하여도 군자는 가긔이방이라 의리로 알고 속는 것이 내 허물은 아니다。 이만큼 하는 데도 안 믿는다

면 그것은 나의 불의다。 그래서 나는 진경에게 이튿날 이춘백이 오거든 나를 그의게 소개하기를 청하였다。

이튿날 아츰에 나는 진경에게 내가 김창수라는것을 자백하고 유인무를 만나기 위하야 이춘백을 따러서 떠날 것을 말하였다。 진경은 깜작 놀랐다。 그러고、

「형님이 과시 그러시면 제가 만류를 어찌합니까」

하고 인천옥에 사형반수로서 처음으로 김주경에게 내말을 알린 최덕만은 작년에 죽였다는 말을 하고 학동들 의게는 선생님이 오늘 본댁에를 가시니 다들 집으로 돌아가라 하야 돌려 보내였다。

이윽고 이춘백이 왔다。 진경은 그의게 나를 소개하였다。 나도 서울을 가니 동행하자고 하였더니 이춘백은 보통 길동무로 알고 좋다 고 하였다。 진경은 춘백의 소매를 끌고 뒷방에 들어가서 내 이야기를 하는 모양이었다。

마츰내 나는 이춘백과 함께 진경의 집을 떠났다。 남문통에는 삼십명 학동과 그 학부형들이 길이 메이도록 모여서 나를 전송하였다。 내가 도모지 아모 훈료도 아니 받고 심혈을 기울여서 가라친것이 그들의 마음에 감동을 준 모양이어서 나는 기뻤다。

우리는 당일로 공덕리 박진사 태병(朴進士台秉)의 집에 도착하였다。이춘백이 먼저 안 사랑으로 들어가서 얼마 있더니 키는 중키가 못되고 얼굴은 볕에 걸어 가므스름하고 망건에 검은 갓을 쓰고 검소한 옷을 입은 생원님 한 분이 나와서 나를 방으로 맞아 들였다。

「내가 유인무요、오시기에 신고하셨소。남아하처불상봉(男兒何處不相逢)이라더니 마츰내 창수형을 만나고야 말았소」

하고 유인무는 희색이 만면하야 춘백을 보며、

「무슨 일이고 한두 번 실패한다손 낙심할것이 아니란 말일세。끝々내 구하면 반다시 얻는 날이 있단 말야。내 전일에도 안 그러던가」

하는 말에서 나는 그네가 나를 찾던 심경을 엿볼수가 있었다。

나는 유완무 의게、

「강화 김주경 댁에서 선생이 나같은 사람을 위하야 허다한 근로를 하신것을 알았고 오늘 존안을 뵈옵거니와 세상에서 침소봉대로 전하는 말을 들으시고 이제 실물을 보시니 낙심되실줄 아오。부끄럽소이다」

하였다。내가 용두사미란 말요 내 과거를 검사하였더니 유인무는、

「뱀의 꼬리를 부뜰고 올라가면 용의 머리를 보겠지오」

하고 웃었다。

주인 박태병은 유완무와 동서라고 하였다。나는 박진사 집에서 저녁을먹고 문안 유완무의 숙소로 가서 거기서 묵으면서 음식집에 가서 놀기도하고 구경도 돌아댕겼다。며츨을 지나서 유완무는 편지 한장과 노자를 주어 나를 충청도 연산 광이다리 도림리(桃林里) 이천경(李天敬)의 집으로 지시하였다。이천경은 흔연히 나를 맞아서 한달이나 잘 먹이고 잘 이야기하다가 또 편지 한장과 노자를 주어서 나를 전라도 무주읍에서 삼포를 하는 이시발(李時發)에게 보내었다。이시발의 집에서 하로를 묵고、또 이시발의 편지를 받아 가지고 지례군 천곡(知禮郡川谷) 성태영(成泰英)을 찾아갔다。성태영의 조부가 원주목사를 지냈음으로 성원주댁이라 고 불렀다。대문을 들어서니 수청방、상노방에 하인이 수십명이오、사랑에 앉은 사람들은 다 귀족의풍이있었다。주인 성태영이 내가 전하는 이시발의 편지를 보더니 나를 크게 환영하야 상좌에 앉히니 하인들의 대우가 더욱 융숙하였다。성태영의 자는 능하(能河)요 호는 일주(一舟)였다。성태영

온 나를 이끌고 혹은 산에 올라 나물을캐며 혹은 물에 나아가 고기를 보는 취미있는 소일을 하고 혹은 등하에 고금사를 문답하야 어언 일삭이 되였는데, 하로는 유인무가 성태영의 집에 왔다。반가이 만나서 성태영에서 하로밤을 같이 자고 이튿날 아츰에 같은 무주읍내에 있는 유인무의 집으로 같이 가서 그로부터는 거기서 숙식을 하였다。유인무는 내가 김창수라는 본명으로 행세하기가 불편하리라 하야 이름은 거북구(龜)자 외자로 하고 자를 연상(蓮上) 호를 연하(蓮下)라고 지어 주었다。그러고 나를 부를때에는 연하라 는 호를 썼다。

유완무는 큰 딸은 시집을 가고 집에는 아들형제가 있는데 맏의 이름은 한경(漢卿)이었고 무주군수 이탁(李倬)도 그와 연척인듯하였다。

유완무는 그 동안 나를 이리 저리로 돌린 연유를 설명하였다。이천경이나 이시발이나 성태영이나 다 유완무와는 동지여서 새로운 인물을 얻으면 내가당한 모양으로 이 집에 한달 저집에서 얼마 이 모양으로 동지들의 집으로 돌려서 그 인물을 관찰하고 그결과를 종합하야 그 인물이 벼슬하기에 합당하면 벼슬을 시키고 장사나 농사에 합당하면 그것을 시키도록 약속이 되어있던 것이었다。나는 이러한 시험의 결과로 아직 학식이 천박하니 공부를 더 시키도록 하고 또 상놈인 내 문벌을 높이기 위하야 내 부모에게 연산 이천경의 가대를 주어 거기 사시게하고 인근 몇 양반과 결탁하야 우리 집을 양반 축에 넣자는 것이었다。

유완무는 이런 설명을 하고、

「아직 우리 나라에서 문벌이 양반이 아니고는 일을 할수가 없어」

하고 한탄하였다。

나는 유완무의 깊은 뜻에 감사하면서 고향으로 가서 이월 까지에 부모님을 모시고 연산 이천경의 가대로 이우하기로 작정하였다。 유완무는 내게 편지 한장을 주어서 강화 버드러지(長串) 주진사 윤호(朱進士潤鎬)에게로 보내었다。 나는 김주경집 소식을 염문하였으나 그는 여전히 소식이 없다고하였다。 주진사는 내게 백동전으로 사천량을 내어 주어 노자를 삼으라고 하였다。 대체 유완무의 동지는 얼마나 되는지 알수 없었고 그들은 편지 한장으로 만사에 서로 어김이 없었다。 주진사 집은 바다가여서 동지달인데도 아직 감나무에 감이 주룽주룽 달려 있었고 생선이 흔하여서 수일간 잘 대접을 받았다。 나는 백동전 사천량을 전대에 넣어서 친친 몸에 둘려감고 서울을 향하야 강좌를 떠났다。

서울에 와서 유완무의집에 묵다가 어느날 밤에 아버지께서「黃泉」이라고 쓰라 시는 꿈을 꾸고 유완무 의게 그 이야기를 하였다。지난 봄에 아버지께서 병환으로 계시다가 조금 나으신 것을 뵙고 떠나서 서울에 와서 탕약 보제를 지어 우편으로 보내어 들이고 인해 마음을 놓지못하고 있던 차에 이러한 흉몽을 꾸니 하로도 지체할수가 없어서 그 이튼날로 해주길을 떠났다。나흘만에 해주읍 비동 고선생을 뵈오니 지내간 사오년 간에 하그리 노쇠하신 줄은 몰라도 돈보기가 아니고는 글을 못보시는 모양이셨다。나와 약혼하였던 선생의 장손녀는 청계동 김사집이란 어떤 농가집 며느리로 시집을 보내었다 하고 나더러 아재라고 부르던 작은 손녀가 벌서 십여세가 된것이 나를 알아보고 여전히 아재라고 부르는것이 감개무량하였다。내가 왜를 죽인 일을 고선생께서 유의암께 말슴하야 유의암이 그의 저인 소의신편(昭義新遍)의 속편에 나를 의긔남아라고 써 넣었다는 말슴도 하셨다。의암의 의병에 실패하고 평산으로 왔을 때에 고선생은 내가 서간도에 댕겨왔을 때에 보고했던 것을 말슴하야 의암이 그리로가서 근거를 정하고 양병하기로 하였다는 말슴도 하셨다。의암이 거긔서 공자상을 모시고 무사를 모와서 훈련하니 나도 그리로 감이 어떠냐 하셨으나 존중화양이적(尊中華攘夷狄)이란 고선생 일류의 사상은 벌서 나를 움치길 힘이 없었다. 나는 내 신사상을 힘써 말하였으나 고선생의 귀에는 그것이 들어가지아니하는 모양이어서,

「자네도 개화군이 되었네그려」

하실 뿐이었다. 나는 서양의 문명의 힘이 어떻게 위대한 것을 말하고 이것은 도저히 상투와 공자왈 맹자왈 만으로는 저항할수 없으니 우리 나라에서도 그문명을 수입하야 신교육을 실시하고 모든 제도를 서양식으로 개혁함이 아니고는 국맥을 보전할수 없는 연유를 설명하였으나 차라리 나라가 망할지언정 이적의 도는 좇을수없다 하야 내 말을 물리치시니 어찌할 도리가 없었다. 선생은 이미 나와는 딴 시대 사람이었다. 그러나 고선생 댁에는 당성냥 하나도 외국 물건이라고는 쓰지않는것이 매우 고상하게 보였다. 고선생을 모시고 하로 밤을 쉬이고 이튿날 떠난것이 선생과 나와의 영결이 되고 말았다. 전하는 바에 의하면 고선생은 그후 충청도 제천의 어느 일가집에서 객사하셨다 고 한다. 슬프고 슬프다, 이 말을 기록하는 오늘날까지 삼십여년에 나의 용심과 처사에 하나라도 옳은것이 있다고 하면 그것은 온전히 청계동에서 받은 선생의 심혈

을 쏟아서 구전심수하신 교훈의 힘이다。 다시 이 세상에서 그 자애가 깊으신 존안을 뵈올수 없으니 아아 슬프고 아프다。

나는 고선생을 하직하고 떠나서 당일로 텃골 본집에 다달으니 황혼이었다。 안 마당에 들어서니 어머니께서 밖으로 나오시며、

「아이 네가 오는구나。 아버지 병세가 위중하시다。 아까 아버지가 이애가 왔으면 들어오지 않고 웨 뜰에 서서 있느냐 하시기로 헛소리로만 여겼더니 네가 정말 오는구나」

하셨다。

내가 급히 들어가 뵈오니 아버지께서 반가워 하시기는 하나 병세는 과연 위중하였다。 나는 정성껏 시탕을 하였으나 약효를 보지못한지 열나흘만에 아버지는 내 무릎을 베고 들아가셨다。 내 손을 꼭 쥐이셨던 아버지의 손에 힘이 스르르풀리시더니 곧 운명이셨다。 돌아가시기 전날까지도 나는 나의 평생의 지긔인 유완무、성태영등의 호의 대로 부모님을 연산으로 모시고 가서、 만년에나 강씨、이씨의게 상놈 대우를 받던 뼈에 사모치는 한을 면하시게 할까 하고 속으로 긔대하였더니 이제 아조 다시 못 돌아오실 길을 떠나시니 천고의 유한이다。

집이 원래 궁벽한 산촌인데다가 빈한한 우리가세로는 명의나 영약을 쓸 처지도 못되어서 나는 예전 할머니께서 돌아가실 때에 이버님이 단지 하시던 것을 생각하고 나도 단지나 하야 일각이라도 아버지의 생명을 부뜰어 보리라 하였으나 내가 단지를 하는것을 보시면 어머님이 마음아파 하실 것이 두려워서 단지의 대신에 내 넙적다리의살을 한점 버여서 피는 받아 아버지의 입에 흘려 넣고 살은 불에 구워서 약이라 고하야 아버지가 잡수시게 하였다。 그래도 시언한 효험이 없는것은 피와 살의 분량이 적은 것인듯 하기로 나는 다시 칼을 들어서 몬젓것보다 더 크게 살을 몌리라하고 어썩 뜨기는 떴으나 몌어내자니 몹시 아파서 버여만 놓고 몌지는 못하였다。 단지나 할고는 효자나 할것이지 나같은 불효로는 못힐 것이라고 자탄하였다。 독신 상제로 조객을 대하자니 상청을 뷔일수는 없고 다리는 아프고 설한풍은 살을 어이고 하여서 나는 다리 살을 버인것을 후회하는 생각까지 났다。

유완무와 성태영 의게 부고를 하였더니 유완무는 서울에 없었다하야 성태영이혼자 나귀를 달려 오백리 먼길에 조상을 왔다。

나는 집상중에 아모 데도 출입을 아니하고 준영계부의 농사를 도와드렸더니 계부는 매우 나를 긔특하게 여기시는 모양이어서 당신이 돈 이백량을 내어서 이웃 동네 어면 상놈의 딸과 혼인을 하라고 내게 명령하셨다。 아버지도 없는 조카를 당신의 힘으로 장가드리는 것을 당연한 의무요 또 큰 영광으로 아시는 준영계부는 내가 돈을 쓰고 하는 혼인이면 정승의 딸이라도 나는 아니 한다 고 거절하는것을 보시고 대로하야 낫을 들고 내게 달려드시는것을 어머니 께서 가로 막아서 나를 피하게 하여주셨다。

임인년 정월에 장연 먼촌 일가 댁에 세배를 갔더니 내게 할머니 되는 어룬이 그 친정 당질녀로 십칠 세되는 처녀가 있으니 장가들 마음이 없는가 고 물었다。 나는 세가지 조건에 만 맞으면 혼인한다고 말하였다。 세 가지라 는 것은 돈 말이 없을것과 신부될 사람이 학식이 있을 것과 당자와 서로 대면하여서 말을 해볼 것이다。

어떤 날 할머니는 나를 끌고 그 처자의 집으로 갔다。 그 처자의 어머니는 딸 사형제를 둔 과댁으로서 우으로 삼형제는 다 시집을 가고 지금 나와 말이 되는 이는 여옥(如玉)이라 는 끝에 딸이였다。 여옥은 국문은깨치고 바누질을 잘 가르쳤다 고 하였다。 집은 오막사리 더할 수 없이 [illegible] 적은 [illegible] 집이였다。

나를 방에 드려 앉혀놓고 세 사람이 밖에서 한 참이나 쑥덕거리더니 다른 것은 다 하 여도 당자 대면 만은 어렵다 고 하였다。

「나와 대면하기를 꺼리는 여자라 면 내 안해가 될 자격이 없소」

하고 내가 강경하게 나간 결과로 처녀를 불러들였다。

나는 처자를 향하야 인사말을 부쳤으나 그는 잠잠하였다。 나는 다시、

「당신이 나와 혼인할 마음이 있소?」

하고 물었으나 역시 대답이 없었다。

나는 또、

「내가 지금 상중이니 일년 후에 탈상을 하고야 성례를 할 터인데 그 동안은 나를 선생님이라 고 부르고 내게 글을 배우겠소?」

하고 물었다。 그래도 처녀의 대답 소리가 내 귀에는 아니 들렸는 데 할머니와 처녀의 어머니는 어옥이가 다 그런다 고 대답하였다 고 하였다。 이리하여서 그와 나와는 약혼이 되었다。

집에 돌아와서 내가 이러이러한 처자와 약혼하였다는 말을 하여도 준영계부는 믿지

아니하고 어머니 더러 가서 보고 오시 라고 하더니 어머니 께서 알아보고 오신 뒤에야 준영계부가,

「세상에 어수룩한 사람도 있다」

고 빈정거리셨다。

나는 여자독본이라 할만한 것을 한권 만들어서 틈만 나면 내 안해될 사람을 가르쳤다。

어느덧 일년도 지나서 계묘년 이월에 아버님의 담제도 끝나고 어머니 께서는 어서 나를 성례를 시켜야 한다고 분주하실 때에 여옥의 병이 위급하다는 긔별이 왔다。 내가 놀라서 달려갔을때에는 아직도 여옥은 나를 반겨할 정신이 있었으나 원악 중한 장감인데다가 의약도 쓰지 못하야 내가 간지 사흘만에 그만 죽고 말았다。 나는 손소 그를 염습하야 남산에 안장하고 장모는 김동 김윤오(金洞 金允五)집에 인도하야 예수를 믿고 여생을 보내도록 하였다。 내 나이 삼십에 이 일을 당한 것이었다。

이 해 이월에 장련읍 사직동으로 반이하였다。 오진사 인형(吳進士寅炯)이 나로 하여곰 집격정이 없이 공공사업에 종사케하기 위하야 내게 준 가대로서 이십여 마지기 전

답에 산과 과수 까지 낀 것이었다。 해주에서 종형 태수(泰洙)부처를 옮겨다가 집일을 보게 하고 나는 오진사 집 사랑에 학교를 설립하고 오진사의 딸 신애(信愛)、아들 기원(基元)、오봉형(吳鳳炯)의 아들 둘、오면형(吳勉炯)의 아들과 딸、오순형(吳舜炯)의딸 형제와 그 밖에 남녀 몇 아이를 모와서 생도를 삼았다。방 중간을 병풍으로 막아 남녀의 자리를 구별하였다。순형은 인형의 셋재 아우로서 사람이 근실하고 예수를 잘 믿고 교육에 열심하여서 나와 함께 학생을 가르치고 예수교를 전도하야 일년이내에 교회도 흥왕하고 학교도 차차 확장되였다。당시에 주색장으로 출입하던 백남훈(白南薰)으로 하여곰 예수를 믿어 봉양학교(鳳陽學校)의 교원이 되게하고 나는 공립학교의 교원이 되었다。당시 황해도에서 학교라는 이름을 가진 것은 공립으로 해주와 장련에 각각 하나씩 있었을 뿐인 데 해주에 있는 것은 이름 만 학교여서 여전히 사서삼경을 가라치고 있었고、정말 칠판을 걸고 산술、지리、역사등 신학문을 가라친 것은 장련학교 뿐이었다。

여름에 평양 예수교의 주최인 사범강습소에 갔을 적에 최광옥(崔光玉)을 만났다。그는 숭실중학교의 학생이면서 교육가로 애국자로 이름이 높았고 나와도 뜻이 맞았다。

최광옥은 내가 아직 혼자라 는 말을 듣고 안신호(安信浩)라 는 신녀성과 결혼하기를 권하였다。그는 도산 안창호(島山 安昌浩)의 영매로 나이는 스므 살、극히 활발하고 당시 신녀성 중에 명성이라고 최광옥은 말하였다。

나는 안도산의 장인 이석관(李錫寬)의 집에서 안신호와 처음 만났다。주인 이씨와 최광옥과 함께였다。회견이 끝나고 사관에 돌아왔더니 최광옥이 뒤따라와서 안신호의 승낙을 얻었다 는 말을 전하였다。그래서 나는 안신호와 혼인이 되는 것으로 믿고 있었는데 이튿날 이석관과 최광옥이 달려와서 혼약이 깨어졌다 고 내게 알렸다。그 까닭이라는 것은 이러하였다。안도산이 미국으로 가는길에 상해 어느 중학교에 재학중이던 양주삼(梁柱三) 에게 신호와의 혼인말을 하고、양주삼이 졸업하기를 기다려서 결정하라는말을 신호 에게도 편지로 한 일이 있었는 데 어제 나와 약혼이 된 뒤에 양주삼 에게서 인제는 학교를 졸업하였으니 허혼하라 는 편지가왔다。이 편지를 받고 밤새도록 고통한 신호는 두손에 떡이라、어느 것을 취하고 어느 것을 버리기도 어려워 양주삼과 김구를 둘다 거절하고 한 동네에 자라난 김성택(金聖澤ㅡ뒤에 목사가 되었다)과 혼인하기로 작정하였다는 것이다。그렇다 면 무가내하여니와 퍽 마음에 섭섭하였다。그러자 얼마아니하야 신호가 몸소 나를 찾아 와서 미안한 말을 하고 나를 오라비라, 부르겠다[illegible]고 말하고 나는 그의 쾌々한 결단성을 도로혀 흠모하였다。

한번은 군수 윤구영(尹龜榮)이 나를 불러 해주에 가서 농상공부(農商工部)에서 보내는 뽕나무 묘목을 찾아오는 일을 맡겼다。 수리 정창극(首吏鄭昌極)이가 나를 군수 에게 천한 것이였다。 나는 이백량 노자를 타 가지고 걸어서 해주로 갔다。 말이나 교군이나 타라 는것이지 마는 아니 탔다。

해주에는 농상공부 주사(主事)가 특파되어 와서 묘목을 각군에 배부하고 있었다。 정부에서 전국에 양잠을 장려하노라 고 일본으로 부터 뽕나무 묘목을 실어 들여온 것이다。 묘목은 다 마른 것이였다。 나는 마른묘목은 무었하느냐 고 아니받는다 고 하였더니 농상공부 주사는 대로하야 상부의 명령을 거역하느냐 고 나를 꾸짖었다。 나도 마조 대로하야 나라에서 보내시는 묘목을 마르게한 책임이 누구의게 있는지 알아야 한다 하고 관찰부에 이사유를 보고한다 고 하였더니 주사는 겁이 나는 모양이어서、날 더러 쟁쟁한 것으로 마음 대로 골라 가라 고 간청하였다。 나는 이리하야 산 묘목 수천 본을 골라서 말께 싣고 돌아왔다。 노자는 모도 일혼 량을 쓰고 일백설혼량을 정창극 에게 돌렸다。 나는 집세기 한켜레에 얼마、 냉면 한 그릇에 얼마、 이 모양으로 돈 쓴 데를 자세히 적어서 남은 돈과 함께 주었다。 정창극은 그것을 보고 어안이 벙벙하야、

「사람들이 다 선생같으면 나라 일이 걱정이 없겠소。 다른사람이 갔더면 적어도 이 백량은 더 청구했을 것이오」

하였다。

정창극은 실로 진실한 아전이였다。 당시 상하를 물론하고 관리라 는 관리는 모도 나라와 백성의 것을 도적하는 탐관으로되였건 마는 정창극 만은 일푼도 받을 것 이외의 것을 받음이 없었다。 이러하기 때문에 군수도 감히 탐학을 못하였다。

얼마 후에 농상공부로 부터 나를 종상위원(種桑委員)으로 임명한다 는 사령서가 왔다。 이것이 큰 벼슬이어서 관속들이며 천민들은 내가 지나가는 앞에서는 담배대를 감초고 허리를 굽히기까지 하였다。

그러나 나는 이태 동안이나 살던 사직동 집을 떠나지아니하면 아니되게 되였다。 그것은 오진사와 내 종형이 죽은 때문이였다。 오진사는 고기잡이배를 부리기 이태에 가산을 패하고 세상을 떠나니 나는 사직동 가대를 그의 유족 에게 들리지 아니 할수 없었다。 또 종형은 본래는 낫 놓고 기역자도 몰랐었으나 나를 따라 장련에와서 예수를 믿은 뒤로는 국문을 능통하야 종교서적을 보고 강단에서 설교 까지 하게 되었었는데 불행히 예배 보는 중에 뇌충혈로 세상을 떠났다。이리하여서 나는 종형수 에게 개가 하기를 허하야 그 친정으로 돌려 보내고 나는 어머니를 모시고 읍내로 떠났다。내가 사직동에 있는 동안에 유완무와 주윤호가 댕겨갔다。그들은 예전 북간도 관리사 서상무(北間島管理使徐相茂)와 합력하야 북간도에 한 근거지를 건설할차로 국내에서 동지를 구하러 온것이었다。어머니는 나를 사랑하는 지긔들이라 하야 밤을 삶고 닭을 잡아서 정성으로 그들을 대접하셨다。우리는 밤과 닭 고기를 먹으면 연일 밤이 늦도록 국사를 이야기하였다。

유、주 두 사람 에게 듣건댄 김주경은 몸을 숨긴 후로 붓장사를 하야서 수만금을 모왔다가 금천에서 객사하였는데 그 유산은 주경이 묵던 주막집 주인이 먹어버리고 주경의 유족 에게는 한 푼도 아니 주었다 고 한다。우리는 김주경이가 그렇게 돈을 모운것은 필시 무슨 경륜이 있었으리라 고 말하였다。주경의 아우 진경도 전라도에서 객사하여서 그집이 말이 아니라 고하는 말을 듣고 나는 심히 슬퍼하였다。

여러 번 혼약이 되고는 깨이지던 나는 마츰내 신천 사평동 최준례(信川謝平洞崔遵禮)

와 말성많은 혼인을 하였다。 준례는 본래 서울 태성으로 그 어머니 김씨부인이 젊은 과부로서 길러내인 두딸 중에 끝엣 딸이었다。 김씨부인은 그때 구리개에 임시로 내었던 제중웬(지금은 세브란스)에 고용이 되어서 두 딸을 길러 맏 딸은 의사 신창희 에게 시집보내고 신창희가 신천에서 개업하매 여듧살된 준례를 다리고 신천에와서 사위의 집에 우접하여 있었다。 나는 양성측 영수(梁聖則領袖)의 중매로 준례와 약혼을 하였는 데 이 때문에 교회에 큰 문제가 일어났다。 그것이 다름이 아니라、준례의 어머니가 준례를 강성모(姜聖謨) 라는 사람 에게 허혼을 하였는 데 준례는 어머니의 말을 아니 듣고 내게 허혼한 것이었다。 당시 십팔 세인 준례는 혼인의 자유를 주장하는 것이었다。 미국 선교사 한위렴、(韓衛廉)、군예빈(君芮彬 두 분 까지 나서서 준례 더러 강성모 에게 시집가라 고 권하였으나 준례는 단연히 거절하였다。 내게 대하여도 이 혼인을 말라 고 권하는 사람이 있었으나 나는 본인의 자유를 무시하는 부모의 허혼을 반대한다 하여 기어히 준례와 혼인하기로 작정하고 신창의로 하여곰 준례를 사직동 내 집으로 다려오게 하야 굳게 약혼을 한 뒤에 서울 정신녀학교(貞信女學校)로 공부를 보내어 버렸다。
나와 준례는 교회에 반항한다 는 죄로 책벌을 받았으나 얼마 후에 군예빈목사가 우리의 혼례서를 만들어 주고 두 사람의 책벌을 풀었으니 이리하야 나는 비로소 혼인한 사람이 되었다。

민족에 내 놓은 몸

을사신조약(乙巳新條約)이 체결되어서 대한의 독립권이 깨어지고 일본의 보호 국이 되었다。이에 사방에서 지사와 산림학자들이 일어나서 경기、충청、경상、강원 제도에 의병의 혈전이 시작이 되었다。허위(許蔿)、이강년(李康年)、최익현(崔益鉉)、민긍호(閔肯鎬)、유인석(柳麟錫)、이진룡(李震龍)、우동선(禹東善)등은 다 의병대장으로 각々 일방의 웅이었다。그들은 오직 하늘을 찌르는 의분이 있을 뿐이오 군사의 지식이 없기 때문에 도처에 패전하였다。

이 때에 나는 진남포 엡웟청년회의 총무로서 대표의 임무를 띄고 경성대회에 출석케 되었다。대회는 상동(尙洞)교회에서 열렸는 데 표면은 교회사업을 의논한다 하나 속살은 순전한 애국운동의 회의였다。의병을 일으킨 이들이 구사상의 애국운동이라 면、우리 예수교인은 신사상의 애국운동이라 할 것이다。

그 때에 상동에 모인 인물은 전덕긔(全德基)、 정순만(鄭淳萬)、 이준(李儁)、 이동녕(李東寧)、 최재학(崔在學)、 계명륙(桂明陸)、 김인즙(金仁濈)、 옥관빈(玉觀彬)、 이승길(李承吉)、 차병수(車炳修)、 신상민(申尙敏)、 김태연(金泰淵)、 표영각(表永珏)、 조성환(曺成煥)、 서상팔(徐相八)、 이항직(李恒稙)、 이희간(李喜侃)、 긔산도(奇山濤)、 김병헌(金炳憲——今名王三德)、 유두환(柳斗煥)、 김기홍(金基弘)、 그리고 나 김구(金龜)였다。

우리가 회의한 결과로 작정한 것은 도끼를 메고 상소하는 것이었다。 일회、 이회로 사오 명 씩 연명으로 상소하야 죽든지 잡혀 가치든지 몇 번이고 반복하자 는 것이었다。

제일회 상소하는 글은 이준이가 짓고 최재학이가 소주가 되고 그 밖에 네 사람이 더 서명하야 신민대표로 다섯 명이 연명하였다。 상소를 하러 가기 전에 정순만의 인도로 우리 일동요 상동교회에 모여서 한 걸음도 뒤로 물러가지 말고 죽기까지 일심하자 고 맹약하는 긔도를 올리고 일제히 대한문(大漢門)앞으로 몰려 갔다。 문 밖에 이르러 상소에 서명한 다섯 사람은 형식적으로 회의를 열고 상소를 한다 는 결의를 하였으나 기실 상소는 별감의 손을 통하야 벌서 대황제 께 입람이 된 때였다。

홀연 왜순사대가 달려 와서 우리에게 해산을 명하였다。 우리는 내정간섭이라 하야 입변 반항하며 일변、일본이 우리의 국권을 강탈하야 우리 이천만 신민으로 노예를 삼는 조약을 억지로 맺으니 우리는 죽기로 싸우자 고 격월한 연설을 하였다。 마츰내 일순사대는 상소에 이름을 둔 다섯 지사를 경무청으로 잡아 가고 말았다。

우리는 다섯 지사가 잡혀 가는 것을 보고 종노로 몰려 와서 가두연설을 시작하였다。 거기도 왜순사가 와서 발검으로 군중을 해산하려함으로 연설하던 청년 하나가 단신으로 달려들어 왜순사 하나를 발길로 차서 거꾸러트렸더니 왜순사들은 총을 놓았다。 우리는 어물전도가(魚物廛都家) 불탄 자리에 쌓인 와륵을 던져서 왜순사대와 접전을 하였다。 왜순사대는 중과부적하야 중국인 점포에 들어가 숨어서 총을 놓고 있었다。 우리는 그 점포를 향하야 비발 같이 와륵을 던졌다。 이때에 왜 보병 한 중대가 달려 와서 군중을 해산하고 한인을 잡히는 대로 포박하야 수십명이나 잡아갔다。

이 날 민영환(閔泳煥)이 자살하였다 함으로 나는 몇 동지와 함께 민댁에 가서 조상하고 돌아서 큰 길에 나서니 웬 사십 세나 되어 보이는 사람 하나가 맨상투바람으로 피 묻은 흰 명지 저고리를 입고 여러 사람에게 옹위되어서 인력거에 앉아 큰 소리를 내어 울며 끌려 가고 있었다。누구냐 고 물어본 즉 참찬 이상설(參贊李相卨)이 자살하랴 다가 미수한 것이라 고 하였다。

당초 상동회의에서는 몇 번이고 상소를 반복하려 하였으나 의례히 사형에 처할 줄 알았던 최재학 이하는 호지브지 효유방송이나 할 모양이어서 큰 문제도 되지 않는 것 같았고 또 정세를 돌아보니 상소 같은 것으로 무슨 효과가 생길 것 같지도 아니 하여서 우리 동지들은 방침을 고쳐서 각각 전국에 흩어져 교육사업에 힘을 쓰기로 하였다。지식이 멸여하고 애국심이 박약한 이 국민으로 하여곰 나라가 곧 제 집이라 는 것을 깨닫게 하기 전에는 아모 것으로도 나라를 건질 수 없다 는 것을 깨달은 것이었다。그래서 나도 황해도로 내려와서 문화 초리면 종산 서명의숙(文化草里面鍾山西明義塾)에 교원이 되었다가 이듬해 김용제(金庸濟) 등 지긔의 초청으로 안악(安岳)으로 이사하야 그곳 양산학교(楊山學校)의 교원이 되었다。종산에서 안악으로 떠나온 것이 긔유년 정월 십팔일이라、갓난 첫 딸이 찬 바람을 쏘여서 안악에 오는 길로 죽었다。

안악에는 김용제、김용진(金庸震) 등 종형제와 그들의 자질 김홍량(金鴻亮)과 최명식

(崔明植)같은 지사들이 있어서 신교육에 열심하였다。이 때에는 안악 뿐이 아니라 각처에 학교가 많이 일어났으나 신지식을 가진 교원이 부족한 때라、당시 교육가로 이름이 높은 최광옥을 평양으로 부터 연빙하야 안악 양산학교에 하기사범강습회를 여니 사숙훈장들 까지 강습생으로 오고 백발이 성々한 노인도 있었다。멀리 경기도、충청도에서 까지 와서 강습생이 사백여 명에 달하였다。강사로는 김홍량、이시복(李始馥、이상진(李相晋)、한필호(韓弼浩)、이보경(李寶鏡—지금 光洙、김락영(金洛泳)、최재원(崔在源)등이오、여자 강사로는 김락희(金樂姬)、방신영(方信榮)등이 있었고、강구봉(姜九峰)、박혜명(朴慧明)같은 중도 강습생 중에 끼어 있었다。

박혜명은 전에 말한 일이 있는 마곡사시대의 사형으로 연전 서울서 서로 작별한 뒤에는 소식을 몰랐다가 이번 강습회에 서로 만나니 반갑기 그지없었다。그는 당시 구월산 패엽사、(九月山貝葉寺)의 주지였다。나는 그를 양산학교의 사무실로 인도하야 내 형이라 고 소개하고 내 친구들이 그를 내 친형으로 대우하기를 청하였다。

혜명에게 들은즉 내 은사 보경당、하은당은 석유 한 초롱을 사다가 그 호부를 시험하노라 고 불붙은 막대기를 석유통에 넣었다가 그것이 폭발하야 포봉당 까지 세 분이 일시에 죽였고、그남긴 재산을 맡기기 위하야 금강산에 내가 있는 곳을 두루 찾았으니 종적을 몰라서 할수없이 유산 전부를 사중에 붙였다 고 하였다。

나는 여기서 김효영(金孝英)선생의 일을 아니 적을 수 없다。선생은 김용진의 부친이오 김홍량의 조부다。젊어서 글을 읽더니 집이 가난함을 한탄하야 황해도 소산인 면포를 사서 몸소 등에 지고 평안도 강계、초산등 산읍으로 행상을 하여서 밑천을 잡아 가지고 근검으로 치부한 이라 는 데 내가 가서 교사가 되었을 때에는 벌서 연세가 칠십이 넘고 허리가 기역자로 굽었으나 긔골이 장대하고 용모가 탈속하야 보매 위엄이 있었다。선생은 일즉부터 신교육이 필요함을 깨닫고 그 장손 홍량을 일본에 유학케하였다。한 번은 양산학교가 경영난에 빠졌을 때에 무명씨로 벼 백석을 긔부하였는 데 나종에야 그가 자여질에게도 알리지 아니 하고 한 것인 줄을 알게 되었다。나로 말하면 선생의 자질의 연배언 마는 며츨에 한 번 씩 정해놓고 내 집 문전에 와서、

「선생님 평안하시오?」

하고 문안을 하였다。이것은 자손의 스승을 존경하는 성의를 보임인 동시에 사마골오

백금 격이라 고 나는 탄복하였다。

나는 교육에 종사한 이래로 성묘도 못 하고 있다가 여러해 만에 본 해주 본향에는 많은 변화가 생겼다。 첫재로 강개무량한 것은 나를 안아 주고 귀애 주던 노인들이 많이 세상을 떠나고、전에는 어린 아이이던 것들이 인제는 커다란 어룬들이 된것이었다。 그러나 기막히는 것은 그 어룬된 사람들이 아모 지각이 나지아니하야 나라가 무엇인지 세상이 무엇인지 모르는 것이었다。

예전에 양반이라 는 사람들도 찾아보았으나 다들 정신을 차리지못하고 효몽한 중에 있어서 자녀들을 학교에 보내라 고 권하면 머리를 깎으니 못 한다 고 하고 있었다。 내게 대하여서는 전과 같이 또라지게 하대는 못 하고 말하기 어려운 듯이 어물어물 하였다。 상놈은 여전히 상놈이오 양반은 새로운 상놈이 될 뿐이오 한 번 민족을 위하야 몸을 바쳐서 새로운 양반이 되리라 는 기개를 볼 수 없으니 한심한 일이었다。

고향에 와서 이렇게 실망되는 일이 많은 중에 가장 나를 기쁘게 한 것은 준영계부께서 나를 사랑하심이었다。 항상 나를 집안을 망할 난봉으로 아시다가 내가 장련에서 오진사의 신임과 존경을 받는 것을 목도하시고 부터는 비로소 나를 믿으셨다。

나는 본향 사람들을 모와 놓고 내가 가지고 온 환등을 보이면서

「양반도 깨어라、상놈도 깨어라。 삼천리 강토와 이천만 동포에게 충성을 다하여라」

하고 목이 터지도록 웨쳤다。

안악에서는 하긔사범강습소를 마촌 뒤에 양산학교를 크게 확장하야 중학부와 소학부를 두고 김홍량이 교장이 되었다。

나는 최광옥등 교육가들과 함께 해서 교육총회(海西敎育總會)를 조직하고 내가 그 학무총감(學務總監)이 되었다。 황해도내에 학교를 많이 설립하고 그것을 잘 경영하도록 설도하는 것이 내 직무였다。 나는 이 사명을 띄고 도내 각군을 순회하는 길을 떠났다。

백천군수 전봉훈(全鳳薰)의 초청을 받았다。 읍 못 밎어 오리정에 군내 각면의 두민들이 나와서 등대하다가 내가 당도한 즉 군수가 선창으로、

「김구선생 만세」

를 부르니 일동이 화하야 부른다。 나는 경황실색하야 손으로 군수의 입을 막으며 그것이 망발인 것을 말하였다。 만세라 는 것은 오직 황제에 대하여서 만 부르는 것이

오 황태자도 천세라 고 밖에 못 부르는 것이 옛 법이기 때문이다。 그런 것을 일개 서면인 내게 만세를 부르니 내가 경황하지아니할 수 없었다。 그러나 군수는 웃으며 내 손을 잡고 개화시대에는 친구 송영에도 만세를 부르는 법이니 안심하라 고 하였다。 나는 군수의 사제에 머물렀다。

전봉훈은 본시 재령 아전으로 해주에서 총순으로 오래 있을 때에 교육에 많이 힘을 썼다。 해주 정내학교(正內學校)를 세운 것도 그요、각 전방에 명령하야 사환하는 아이들을 야학에 보내게 하고 만일 안 보내면 주인을 벌하는 일을 한 것도 그여서 해주부내의 교육의 발달은 전총순의 힘으로 됨이 컸다。 그의 외아들은 조사하고 장손 무길(武吉)이 오륙 세였다。

전군수는 대단히 경골한 이어서 다른 골에서는 일본수비대에게 동헌을 내어 맡기되 그는 강경히 거절하여서 여전히 동헌은 군수가 차지하고 있었다。 이 때 문에 왜의 미움을 받았으나 그는 이 벼슬자리를 탐내어 뜻을 굽힐 사람이 아니었다。

전봉훈은 최광옥을 연빙하야 사범강습소를 설립하고 강연회를 각지에 열어 민중에게 애국심을 고취하였다。 최광옥은 백천읍내에서 강연을 하는 중에 강단에서 피를 토하고 죽였다。 황평양서 인사들이 그의 공적을 사모하고 뜻과 재조를 아껴서 사리원(砂利院)에 큰 기념비를 세우기로 하고 평양 안태국(安泰國)에게 비석 만드는 일을 맡기기 까지 하였으나 합병조약이 되기 때문에 중지하고 말았다。 최광옥의 유골은 백천읍 남산에 묻혀있다。

나는 백천을 떠나 재령 양원학교(養元學校)에서 유림을 소집하야 교육의 필요와 계획을 말하고 장연군수의 청으로 읍내와 각면을 순회하고 송화군수 성낙영(成樂英)의 간청으로 수년 만에 송화읍을 찾았다。 이 곳은 해서의 의병을 토벌하던 요해지임으로 읍내에는 왜의 수비대、 헌병대、 경찰서、 우편국 등의 기관이 있어서 관사는 전부 그런 것에 점령이 되고 정작 군수는 사가를 빌어서 사무를 보고 있었다。 나는 분한 마음에 머리 카락이 가락가락 일어날 지경이었다。

환등회를 여니 남녀 청중이 무려 수천 명이니 군수 성락영、 세무서장 구자록(具滋祿)을 위시하야 각 관청의 관리며 왜의 장교와 경관들도 많이 출석 하였다。 나는대황제폐하의 어진영을 뫼셔오라 하야 강단 정면에 봉안하고 일동 기립 국궁을 명하고 왜의 장교들 까지 다 그리하게 하였다。 이렇게 하니 벌서 무언중에 장내에는 엄숙한 긔운이 돌았다。

나는「한인이 배일하는 이유가 무엇인고」하는 연제로 일장의 연설을 하였다。과거 일청、일이 두 전쟁 때에는 우리는 일본에 대하야 신뢰하는 감정이 극히 두터웠다。그 후에 일본이 강제로 우리 나라 주권을 상하는 조약을 맺음으로 우리의 악감이 격발되였다。또 일병이 촌락으로 횡행하며 남의 집에를 막 들어가고 닭이나 닭의알을 막 빼앗아서 약탈의 행동을 함으로 우리는 배일을 하게 된 것이니 이것은 일본의 잘못이오 한인의 책임이 아니라 고 탁을 두드리며 웨쳤다。자리를 돌아보니 성낙영、구자록은 낯빛이 흙빛이오 일반 청중의 얼굴에는 격앙의 빛이 완연하고 왜인의 눈에는 노기가 등등하였다。홀연 경찰이 환등회의 해산을 명하고 나는 경찰서로 불려 가서 한인 감독순사 숙직실에 구류되었다。각학교 학생들의 위문대가 뒤를 이어 밤이 새도록 나를 찾아왔다。

이튿날 아츰에 하르빈 전보라 하야 이등박문(伊藤博文)이「은치안」이라 는 한인의 손에 죽였다 는 신문기사를 보았다。「은치안」이 누구일가 하고 궁금하였더니 이튿날 신문으로 그것이 안응칠 중근(安應七重根)인 줄을 알고 십수년 전 내가 청계동에서 보던 총 잘 쏘던 소년을 회상하였다。

나는 내가 구금된 것이 안중근 관계인 것을 알고 오래 놓이지못할 것을 각오하였다。한 달이나 지난 후에 나를 불러 내어서 몇 마듸를 묻고는 해주지방법원으로 압송함이 되었다。수교(水橋)장을 지날 때에 감승무(甘承武)의집에서 낮참을 하는 데 시내 학교의 교직원들이 교육공로자인 나를 위하야 한 탁의 위로연을 베플게 하여 달라고 호송하는 왜 순사에게 청하였더니 내가 해주에 갔다가 돌아오는 길에 하는 것이 좋지아니하냐 하면서 허락하지아니하였다。

나는 곧 해주감옥에 수감되었다。이튿날 검사정에 불려 안중근과 나와의 관계에 대한 질문을 받았으나 나는 그 부친과 세의가 있을 뿐이오 안중근과는 직접 관계가 없다는 것을 말하였다。검사는 지나간 수년간의 내 행적을 적은 책을 내어 놓고 이것 저것 심문하였으나 결국、불기소로 방면이 되었다。

나는 행구를 가지고 감옥에서 나와서 박창진(朴昌鎭)의 책사로 갔다가 유훈영(柳薰永)을 만나 그 아버지 유장단(柳長端)의 환갑연에 참예하고 송화서 나를 호송해 올 때에 왜 순사와 같이 왔던 한인 순사들이 내 일의 하회를 알고 가랴고 아직도 해주에 묵고 있단말을 듣고 그들 전부를 술집에 청하여서 한 턱을 먹이고 지낸 일을 말하여서 돌려보내었다。한인 순사는 기회 만 있으면 왜 순사의 눈을 기어서 내게 동정하였던 것이다。

안악 동지들은 내 일을 염려하야 한정교(韓貞敎)를 위해 해주로 보내어 왔음으로 나는 이승준(李承駿)、김영택(金泳澤)、양낙주(梁洛疇)등 몇 친구를 방문하고는 곧 안악으로 돌아왔다。

안악에 와서 나는 양산학교 소학부의 유년반을 담임하면서 재령군 북률면 무상동 보강학교(北栗面武尙洞保强學校)의 교장을 겸무하였다。이 학교는 나무리벌의 한 끝에 있어 가난한 사람들이 힘을 내어 세운 것이었다。전임교원으로는 전승근(田承根)이가 있고 장덕준(張德俊)은 반교사 반학생으로 그 아우 덕수(德秀)를 다리고 학교 안에서 숙식하고 있었다。

내가 보강학교 교장이 된 뒤에 우수운 삽화가 있었다。그것이 학교에 세 번이나 도깨비불이 났다 는 것이다。학교를 지을 때에 옆에 있는 고목을 찍어서 불을 때였음으로 도깨비가 불을 놓는 것이니 이것을 막으랴 면 부군당에 치성을 드려야 한다 고 다들 말하였다。 나는 직원을 명하야 밤에 숨어서 지키라 하였다。 이틀 만에 불을 놓는 도깨비를 등시포착하고 보니 동네 서당의 훈장이었다。 그는 학교가 서기 때문에 서당이 없어서 제가 직업을 잃은 것이 분하여서 이렇게 학교에 불을 놓는 것이라 고 자백하였다。 나는 그를 경찰서에 보내지아니하고 동네를 떠나라 고 명하였다。

이 지방에는 큰 부자는 없으나 나무리 크고 살진 벌이 있어서 다들 가난치는 아니 하였다。 또 주민들이 다 명민하야서 시대의 변천을 잘 깨달아 운수(雲水)、 진초(進礎)、 보강、 기독(基督)등 학교들을 세워 자녀를 교육하는 한 편으로는 농무회(農務會)를 조직하야 농업의 발달을 도모하는 등 공익사업에 착안함이 실로 보암즉하였다。 의사 나석주(羅錫疇)도 이 곳 사람이다。 아직 이십내외의 청년으로서 소년、 소녀 팔구 명을 배에 싣고 왜의 철망을 벗어나 중국방면에 가서 마음 대로 교육하량으로 떠나가 장연 오리포(梧里浦)에서 왜경에게 부뜰려서 여러 달 옥고를 받고 나와서 겉으로는 장사도 하고 농사도 한다 하면서 속으로 청년 간에 독립사상을 고취하고 직접간접으로 교육에 힘을 써서 나무리벌 청년의 신망을 받는 중심인물이 되어 있었다。 나도 종종 나무리에 내왕하면서 그와 만났다。

하로는 안악에서 노백린(盧伯麟)을 만났다。 그는 그때에 육군정령(陸軍正領)의 군직을 버리고 그의 향리인 풍천에서 교육에 종사하고 있었는데 서울로 가는 길에 안악을 지나는 것이였다。 나는 부강학교로 갈겸 그와 작반하야 나무리 진초동 김정홍(進礎洞金正洪)의 집에서 하로 밤을 잤다。 김은 그 동네의 교육가였다。

저녁에 진초학교 직원들도 와서 주연을 버리고 있노라니 동네가 갑자기 요란하여 진다。 주인 김정홍이 놀라며 겨정스러운 얼굴로 설명하는 말이 이러하였다。 진초학교에 오인성(吳仁星)이라 는 여교원이 있는데 무슨 이유인지 모르나 그의 남편 이재명(李在明)이 와서 단총으로 오인성을 위협하야 인성은 학교일을 못 보고 어느 집에 피신하여 있는데 이재명은 매국적을 모주리 죽인다 고 부르짖으면서 미쳐 날뛰며 방포를 함으로 동네가 이렇게 소란한 것이라 고 한다。

나는 로백린과 상의하고 이재명이라 는 사람을 불러 왔다。 그는 이십이삼 세의 청년으로서 미우에 가득하게 분긔를 띄우고 들어섰다。 인사를 청한 즉 그는、 자긔는 어려서 하와이에 건너가서 거긔서 공부를 하던 중에 우리 나라가 왜에게 빼앗긴다 는 말을 듣고 두어 달 전에 환국하였다 는 말과 제 목적은 이완용(李完用) 이하의 매국적을 죽임에 있다 하야 단도와 권총을 내어 보이고、또 자기는 평양에서 오인성이란 여자와 결혼하였는데 그가 남편의 충의의 뜻을 몰라본다 는 말을 기탄없어 하였다。

그러나 우리는 이 사람이 장차 서울 북달은재에서 이완용을 단도로 찌를 의사 이재명이 될 사람이라 고는 생각지 못 하고 한 허열에 뜬 청년으로 만 보았다。로백린도 나와 같이 생각한 모양이어서 그의 손을 잡고 큰 일을 하랴 는 사람이 큰 일을 할 무긔를 가지고 안해를 위협하고 동네를 소란케하는 것은 아직 수양이 부족한 것이라고 간곡히 말하고 그 단총을 자긔에게 맡겨두고 마음을 더 수양하고 동지도 더 얻어 가지고 일을 단행하라 고 권하였더니 이재명은 총과 칼을 로백린에게 주기는 주면서도 선선하게 주는 빛은 없었다。

로백린이 사리원역에서 차를 타고 막 떠나려 할때에 문득 이재명이 그곳에 나타나서 로에게 그 맡긴 물건을 도로 달라 고 하였으나 로는「서울 와서 찾으시오」하고 떠나버렸다。

그 후 일삭이 못 하야 이의사는 동지 몇 사람과 서울에 들어와 군밤장사로 변장하고 천주교당에 댕겨오는 이완용을 찌른 것이었다。완용이 탔던 인력거군은 즉사하고 완용의 목숨은 살아나서 나라를 파는 마즈막 도장을 찍을 날을 주었으니 이것은 로백린이나 내가 공연한 간섭으로 그의 단총을 빼앗은 때문이였다。

나라의 명맥이 경각에 달렸으되 국민중에는 망국이 무엇인지 모르는 이가 많았다。이에 일변 깨달은 지사들이 한데 뭉치고 또 일변 못 깨달은 동포를 계발하여서 다 기울어진 국운을 만회하랴 는 큰 비밀운동이 일어났으니 그것이 신민회(新民會)였다。안창호(安昌浩)는 미국으로 부터 돌아와서 평양에 대성학교(大成學校)를 세우고 청년교육을 표면의 사업으로 하면서 이면으로는 양긔탁(梁起鐸)、안태국(安泰國)、이승훈(李昇薰)、전덕기(全德基)、이동녕(李東寧)、주진수(朱鎭洙)、이갑(李甲)、이종호(李鍾浩)최광옥(崔光玉)、김홍량(金鴻亮)등과 긔타 몇 사람을 중심으로 하고 사백여 명 정수분자로 신민회를 조직하야 훈련 지도하다가 안창호는 용산헌병대에 잡혀가쳤다。합병이 된 뒤에는 소위 주의인물을 일망타진할 것을 미리 알았음인지、안창호는 장연군 송천(松川)에서 비밀히 위해위로 가고 이종호、이갑、유동열 등 동지도 뒤를 이어서 압록강을 건넜다。

서울서 양기탁의 이름으로 비밀회의를 할 터이니 출석하라 는 통지가 왔기로 나도 출석하였다。그 때 양긔탁의 집에모인 사람은 주인 양긔탁과 이동녕、안태국、주진수、

이승훈、김도희(金道熙)와 그러고 나 김구였다。이 회의의 결과는 이러하였다——왜가 서울에 총독부를 두었으니 우리도 서울에 도독부를 두고 각도에 총감이라 는 대표를 두어서 국맥을 이어서 나라를 다스리게 하고、만주에 이민 계획을 세우고 또 무관학교를 창설하야 광복전쟁에 쓸 장교를 양성하기로 하고、각도 대표를 선정하니 황해도에 김구、평안남도에 안태국、평안북도에 이승훈、강원도에 주진수、경기도에 양기택이었다。이 대표들은 급히 말은 지방으로 돌아 가서 항해、평남、평북은 각십오만 원、강원은 십만 원、경기는 이십만 원을 십오일 이내로 판비하기로 결정하였다。

나는 경술 십일월 아츰 하로 서울을 떠났다。양기탁의 친 아우 인탁(寅鐸)이 재령재판소 서기로 부임하는 길로 그부인과 같이 동차하였으나 기탁은 내게 인탁에게도 통정은 말라 고 일렀다。부자와 형제 간에도 필요 없이는 비밀을 누설하지아니하는 것이었다。

사리원서 인탁과 작별하고 안악으로 돌아와 김홍량에게 이 번 비밀회의에서 결정된 것을 말하였더니 김홍량은 그대로 실행하기 위하야 자기의 가산을 팔기로 내어 놓았다。그러고 신천 유문형(柳文馨)등 이웃 고을 동지들 께 도 비밀히 이 뜻을 통하였다。 장연 이명서(李明瑞)는 위선 그 어머니와 아우 명선을 서간도로 보내어 추후하야 들어오는 동지들을 위하야 준비하기로 하야 일행이 안악에 도착하였기로 내가 인도하야 출발시켰다。 이렇게 우리일은 착착 진행중에 있었다。

어느 날 밤중에 안명근(安明根)이가 양산학교 사무실로 나를 찾아왔다。 그는 내가 서울 가 있는 동안에도 누차 찾아왔었던 것이다。 그가 나를 찾은 목적은, 독립운동의 자금으로 돈을 내마 하고 자기에게 허락하고도 안 내는 부자들을 경계하기 위하야 우선 안악 부자들을 육혈포로 위협하야 본을 보일 터이니 날 더러 지도해 달라 는 것이었다。 이것은 지금 우리가 진행하고 있는 사업과는 상관이 없고 안명근이 독자로 하는 일이었음으로 나는 그에게 돈을 가지고 할 일이 무었인가를 물었다。 그의 계획에 의하면 동지를 많이 모와서 황해도 내의 전신과 전화를 끊어 각지에 있는 왜적이 서로 연락하는 길을 막아 놓고 지방지방이 일어나시 제 지방에 있는 왜적을 죽이라 는 영을 내리 면 반드시 성사가 될 것이니 설사 타지방에서 왜병이 대부대로 온다 하더라도 닷새는 걸릴 것인 즉 그 동안 만은 우리의 자유로운 세상이다 싫건 원수를 갚을 수 있다 는 것이었다。

나는 명근의 손을 잡고 이 계획은 버리라 고 만류하였다。 여순에서 그 종형 중근이 당한 일을 생각하면 다른 사람과 달리 격분도 할 일이지 마는 국가의 독립은 그런 일시적 설원으로 되는 것이 아닌즉 널리 동지를 모오고 동포를 가르쳐서 실력을 길운 뒤에 크게 싸울 준비를 하여야 한다 는 뜻을 말하고 서간도에 이민을 할 것과 의기있는 청년을 많이 그리로 인도하야 인재를 양성함이 급무라 는 뜻을 설명하였다。 내 말을 듣고 그도 그렇다 고 수긍은 하나 자긔의 생각과 같지아니한 것이 불만한 모양으로 서로 작별하였다。

그런 일이 있은 후 며츨이 아니 하여서 안명근이 사리원에서 잡혀 서울로 압송되었다 는 것이 신문으로 전하였다。

해가 바교여 신해년 정월 초닷새날 새벽、 내가 아직 긔침도 하기 전에 왜헌병·하나가 내 숙소인 양산학교 사무실에 와서 헌병소장이 잠간 만나자한다 하고 나를 헌병분견소로 다리고 간다。 가 보니 벌서 김홍량、 도인권(都寅權)、 이상진、 양성진、 박도병、 한필호、 장명선 등 양산학교 직원들이 하나 씩 하나 씩 나 모양으로 불려 왔다。 경무총감부(警務總監部)의 명령이라 하고 곧 우리를 구류하였다가 이삼일 후에 재령으로 이수하였다。 재령에서 또 우리를 끌어내어 사리원으로 가더니 거기서 서울 가는 차를 태왔다。 같은 차로 잡혀 가는 사람들 중에는 송화 반정 신석충 진사(泮亭申錫忠進士)도 있었으나 그는 재령강 철교를 건널 적에 차창으로 몸을 던져서 자살하고 말았다。 신진사는 해서에 유명한 학자요 또 자선가였고 그 아오 석제(錫悌)도 진사였다。 한 번 내가 석제 진사를 찾아 갔을 때에 그 아들 낙영(洛英)과 손자 상호(相浩)가 동구 까지 마조 나오기로 내가 모사를 벗어서 인사하였더니 그들은 황망히 갓을 벗어서 답례한 일이 있었다。

또 차중에서 이승훈을 만났다。 그는 잡혀가는 것은 아니었으나 우리가 포박 되어 가는 것을 보고 차창 밖으로 고개를 돌리고 눈물을 흘리는 것이 보였다。 차가 용산역에 닿았을 때에(그 때에는 경의선도 용산을 지나서 서울로 들어왔었다) 형사 하나가 뛰어 올라와서 이승훈을 보고、

「당신 이승훈 씨 아니오?」

하고 물었다。 그렇다 한 즉 그 형사놈이、

「경무총감부에서 영감을 부르니 좀 가십시다」

하고 차에서 내리자마자 우리와 같이 결박을 지어서 끌고 간다。후에 알고 보니 황해도를 중심으로 다수의 애국자가 잡힌 것이었다。이것은 왜가 한국을 강제로 빼앗은 뒤에 그것을 아주 제 것을 만들어 볼양으로 우리 나라의 애국자인 지식계급과 부호를 모조리 없애버리랴는 계획의 제일회였다。그리하기 위하야는 감옥과 이왕 있는 유치장 만으로는 부족하야서 창고 같은 건물을 벌의 집 모양으로 간을 막아서 임시 유치장을 많이 준비하여 놓고 우리들을 잡아 올린 것이었다。이번 통에 잡혀 온 사람은 황해도에서는 안명근을 비롯하야 신천에서 이원식(李源植)、박만준(朴晩俊)、신백서(申伯瑞)、이학구(李學九)、유원봉(柳元鳳)、유문형(柳文馨)、이승조(李承祚)、박제윤(朴濟潤)、배경진(裵敬鎭)、최중호(崔重鎬)、재령에서 정달하(鄭達河)、민영룡(閔泳龍)、신효범(申孝範) 안악에서 김홍량(金鴻亮)、김용제(金庸濟)、양성진(楊成鎭)김구(金龜)、박도병(朴道秉)、이상진(李相晋)、장명선(張明善)、한필호(韓弼昊)、박형병(朴亨秉)、고봉수(高鳳洙)、한정교(韓貞敎)、최익형(崔益亨)、고정화(高貞化)、도인권(都寅權)、이태주(李泰周)、장응선(張膺善)、원행섭(원행섭)、김용진(金庸震)등이오 장연에서 장의택(張義澤)、장원용(莊元容)、최상륜(崔商崙)、은률에서 김용원(金容遠)、송화에서 오덕겸(吳德謙)、장홍범(張弘範)、권태선(權泰善)

이종록(李宗錄)、감익룡(甘益龍)、장연에서 김재형(金在衡)、해주에서 이승준(李承駿)、이재림(李在林)、김영택(金榮澤)、봉산에서 이승길(李承吉)、이효건(李孝健)、그리고 백천에서 김병옥(金秉玉)、연안에서 편강렬(片康烈)등이였고 평안남도에서는 안태국(安泰國)、옥관빈(玉觀彬)、평안북도에서는 이승훈(李昇薰)、유동열(柳東說)、김룡규(金龍圭)의 형제가 부들리고、경성에서는 양기탁(梁起鐸)、김도희(金道熙)、강원도에서 주진수(朱鎭洙)、함경도에서 이동휘(李東輝)가 잡혀 와서 다들 유치되어 있었다。나는 이동휘와는 전면이 없었으나 유치장에서 명패를 보고 그가 잡혀 온 줄을 알았다。

나는 생각하였다、평거에 나라를 위하야 십분 정성과 힘을 쓰지못한 죄로 이 벌을 받는 것이라 고。이제 와서 내게 남은 일은 고후조선생의 훈계 대로 육신과 삼학사를 본받다 죽어도 굴치않는 것 뿐이라 고 결심하였다。

심문실에 끌려나가는 날이 왔다。심문 하는 왜놈이 나의 주소、성명등을 묻고 나서、「네가 어찌하야 여기 왔는지 아느냐」하기로 나는、「잡아 오니 끌려 왔을 뿐이오 이유는 모른다」하였더니 다시는 묻지도 아니하고 내 수족을 결박하야 천정에 매어달았다。처음에 고통을 깨달았으나 차차 정신을 잃었다가 다시 정신이 들어 보니 나는 고요한 겨울 달 빛을 받고 심문실 한 구석에 누어 있는 데 얼굴과 몸에 냉수를 끼얹는 감각 뿐이오 그 동안에 무슨 일이 있었는지는 기억이 없었다。

내가 정신을 차리는 것을 보고 왜놈은 비로소 나와 안명근과의 관계를 묻기로、나는、안명근과는 서로 아는 사이나 같이 일한 것은 없다 고 하였더니 그 놈은 와락 성을 내어서 다시 나를 묶어 천정에 달고 세 놈이 둘러서서 막대기로 단장으로 수없이 내 몸을 후려갈겨서 나는 또 정신을 잃었다。세 놈이 나를 끌어다가 유치장에 누일 때에는 벌서 훤하게 밝은 때였다。어제 해질 때에 시작한 내 심문이 오늘 해뜰때 까지 계속된 것이었다。처음에 내 성명을 묻던 놈이 밤이새도록 쉬지않는 것을 보고 나는 그 놈들이 어떻게 제 나라의 일에 충성된 것을 알았다。저 놈은 이믜 먹은 남의 나라를 삭히랴 기에 밤을 새거늘 나는 제 나라를 찾으랴 는 일로 멧 번이나 밤을 새였던 고 하고 스스로 돌아보니 부끄러움을 금할 수가 없고 몸이 바늘방석에 누운 것과 같아서 스스로 애국자인 줄 알고 있던 나도 기실 망국민의 근성을 가진 것이 아닌가 하니 눈물이 눈에 넘쳤다。

이렇게 악형을 받은 것은 나 뿐이 아니었다。옆 방에 있는 김홍량、한필호、안태국、

안명근 등 도 심문을 받으러 끌려나갈 때에는 기운있게 제 발로 걸어 나가나 왜놈의 혹독한 단련을 받고 유치장으로 돌아올 때에는 언제나 반죽엄이 다 되어 있었다。그것을 볼 때 마다 나는 치미는 분함을 누를 길이 없었다。

한번은 안명근이 소리소리 지르면서、

「이놈들아、죽일 때에 죽이더라도 애국의사의 대접을 이렇게 한단 말이냐」

하고 호령하는 새이새이에、

「나는 내 말 만 하였고 김구、김홍량들은 관계가 없다 고 하였소」

하는 말을 끼어서 우리의 귀에 넣었다。

우리들은 감방에서 서로 통화하는 방법을 발명하여서 우리의 사건을 보안법 위반과 모살급강도의 둘로 나누어서 아모조록 동지의 희생을 적게하기로 의논하였다。양기타의 방에서 안대국의 방과 내가 있는 방으로、내게서 이재림이 있는 방으로 이 모양으로 좌우 줄 이십여방、사십여 명이 비밀이 말을 진하는 것이었다。

왜놈들은 우리의 심문이 진행됨을 따라 이것을 통방이라 고 칭하였다。사건의 범위가 점점 축소됨을 보고 의심이 났던 모양이어서 우리중에서 한순직(韓淳稷)을 살살 교여 우리가 밀어하는 내용을 밀고하게 하였다。어느 날 양기탁이가 밥 받는 구멍에 손바닥을 대고 우리의 비밀한 통화를 한순직이가 밀고하니 금후로는 통방을 폐하자는 뜻을 손구라 필담으로 전하였다。과연 센 바람을 겪고야 단단한 풀을 알 것이었다。안명근이 한순직을 내게 소개할 때에 그는 용감한 청년이라 고 칭양하더니 이 끝이었다。어찌 한순직 뿐이랴、최명식도 악형을 못 이겨서 없는 소리를 자백하였으나 나종에 후회하야 긍허(兢虛)라고 호를 지어서 평생에 자책하였다。그 때의 형편으로 보면 내혀 끝이 한 번 움지기는 데 몇 사람의 생명이 달렸음으로 나는 단단히 결심을 하였다。

하로는 또 불려 나가서 내 평생의 지기가 누구냐 하기로 나는 서슴지않고、

「오닌형(吳麟炯)이 내 평생의 지기다」

하고 대답하였더니 종시 다른 사람의 이름을 부는 일이 없던 내 입에서 평생의 지긔외 이름을 말하는 것을 극히 반가워하는 낯빛으로 그 사람은 어듸서 무엇을 하는가 하고 정신을 바짝 차리고 내 대답을 기다리고 있었다。나는 천연하게、

「오인형은 장련에 살더니 연전에 죽었다」

하였더니 그 놈들이 대로하야 또 내가 정신을 잃도록 악형을 하였다。

한 번은 학생 중에는 누가 가장 너를 사모하더냐 하는 질문에 나는 창졸간에 내 집에 와서 공부하고 있던 최중호(崔重鎬)의 이름을 말하고서는 나는 내 혀를 물어 끊고 싶었다。 젊은 것이 또 잡혀 와서 경을 치겠다 고 아픈 가슴으로 창밖을 바라보니 언제 잡혀왔는지 반쯤 죽은 최중호가 왜놈에게 끌려 지나가는 것이 보였다。

진고개 끝 남산 기슭에 있는 소위 경무총감부(警務總監部)에서는 밤이나 낮이나 도수장에서 소나 도야지를 따려잡는 소리가 끊임없이 들렸다。 이것은 우리 애국자들이 왜놈에게 악형을 당하는 소리였다。

하로는 한필호 의사가 심문을 당하고 돌아오는 길에 겨오 머리를 들어 밥구녁으로 나를 드려다보면서

「모두 부인했더니 지독한 악형을 받아서 나는 죽습니다」

하고 작별하는 모양을 보이기로、 나는、

「그렇게 낙심 말고 물이나 좀 자시오」

하고 위로하였더니、 한의사는、

「인제는 물도 먹을 필요가 없습니다」

하고는 다시 소식을 몰랐는 데 공관 때에야 비로소 한필호선생이 순국한 것과 신석충진사가 사리원으로 끌려오는 도중에 재령강에서 몸을 던져 자살한 것을 알았다。

하로는 나는 최고심문실(最高訊問室)이라 는 데로 끌려 갔다。 뉘라서 뜻하였으랴、십칠 년 전 내가 인천 경무청에서 심문을 당할 때에 방청석에 앉았다가 내가 호령하는 바람에 「칙쇼 칙쇼」 하고 뒷 방으로 피신하던 도변(와다나베) 순사놈이 나를 심문하랴 고 앉았을 줄이야。 그 놈은 전과 같이 검은 수염을 길러 느리고 낯바닥에는 약간 노쇠한 빛이 보였으나 이제는 경무총감부의 기밀과장(機密課長)으로 경시의 제복을 입고 위의가 엄숙하였다。

도변아놈은 나를 보고 첫 말이、제 가슴에는 엑스광선이 있어서 내 평생의 력사와 가슴 속에 품은 비밀은 소상히 다 알고 있으니 일호도 숨김이 없이 다 자백을 하면 이어니와 만일에 은휘하는 곳이 있으면 이 자리에서 나를 따려죽인다 는 것이였다。

그러나 도변이놈의 엑스광선은 내가 십칠년전 인천 감옥의 김창수인 줄은 모르는 모양이였다。 연전 해주 검사국에서 검사가 보고 있던 「金龜」라 는 책에도 내가 치하포에서 토전양량을 죽인 것이나 인천감옥에서 사형성지를 받고 탈옥도주한 것은 적혀있지 아니하였던 것과 같이 이 번 사건의 내게 관한 기록에도 그 것은 없었던 모양이다。그러고 보면 내 일을 일러바치는 한인 형사와 정탐들도 그 일 만은 빼고 내 보고를 하는 모양이니 그들이 비록 왜의 수족이 되어서 창귀노릇을 한다 하더라도 역시 마음의 한 구석에는 한인혼이 남아있는 것이라 고 나는 생각하였다。

도변이놈이 나의 경력을 묻는 데 대하여서는 나는 어려서는 농사를 하다가 근년에 종교와 교육사업을 하고 있거니와 모든 일을 내어 놓고 하고 숨어서 하는 것이 없으며、현재에는 안악 양산학교의 교장으로 있노라 고 대답하였더니 도변은 와락 성을 내며、내가 종교와 교육에 종사한다 는 것은 껍데기요 속으로는 여러 가지 큰 음모를 하고 있는 것을 제가 소상히 다 알고 있노라 하면서、내가 안명근과 공모하야 총독을 암살할 음모를 하고、서간도에 무관학교를 설치하야 독립운동을 준비하랴 고 부자의 돈을 강탈한 사실을 은휘한들 되겠느냐 고 나를 엄포하였다。이에 대하야 나는 안명근과는 전연 관계가 없고 서간도에 이민이란 것은 사실이나 이것은 빈한한 농민에게 생활의 근거를 주자 는 것 뿐이라 고 답변한 뒤에、나는 화두를 돌려서、지방

경찰의 도량이 좁고 의심 만 많아서 걸뜻하면 배일로 사람을 보니 이러고는 백성이 아모 일도 할 수 없어서 모든 사업에 방해가 많으니 이후로는 지방의 경찰에 주의하야 우리 같은 사람들이 교육이나 잘 하고 있도록 하여 달라。학교 개학기도 벌서 넘었으니 속히 가서 학교일을 보게 하여 달라 하였다。도변이놈은 악형은 아니 하고 나를 유치장으로 돌려 보내었다。

이제 보니 도변이놈은 내가 김창수인것을 전연 모른 것이 확실하고 그렇다하면 내 과거를 소상히 잘 아는 형사들이 그 말을 아니 한 것도 분명하였다。나는 기뻤다。나라는 망하였으나 민족은 망하지아니하였다。왜 경찰에 형사질을 하는 한인의 마음에도 애국심은 남아 있으니 우리 민족은 결코 망하지아니하리라 고 믿고 기뻐하는 동시에 형사들 까지도 내게 이, 같은 동정을 주었으니 나로서는 최후의 일각 까지 동지를 위하야 싸우고 원수의 요구에 응치아니하리라 하였다。그리고 김홍량은 나 보다 활동할 능력도 많고 인물의 품격도 높으니 나를 희생하여서라도 그를 살리리라 하고 심문시에도 내게 불리하면서도 그에게 유리하게 답변하였고 또「龜沒泥中鴻飛海外」라고 중얼거렸다。

전후 일곱 번 신문에 도별의 것을 제하고 여섯 번은 번번히 악형을 당하여서 정신을 잃었다。 그러나 악형을 받고 유치장으로 끌려 돌아올 때 마다 나는、

「나의 목숨은 너희가 빼앗아도 나의 정신은 너희가 빼앗지못하리라」

하고 소리를 높여 웨쳐서 동지들의 마음이 풀어 지지않도록 하였다。 내가 그렇게 떠들면、왜놈들은、

「나쁜 말이 해소도 다다귀」

라 고 위협하였으나 동지들의 마음은 내 말에 격려되었으리라 고 믿는다。

내게 대한 제팔회 심문은 과장과 각 주임경시 칠팔 명 열석하에 열렸다。 이 놈들이 나를 향하야 하는 말이、

「네 동류가 거개 자백을 하였는데 네놈 한 놈이 자백을 아니 하니 참 어리석고 완고한 놈이다。 네가 아모리 입을 다믈고 말을 아니 하기로니 다른 놈들의 실토에서 나온 네놈의 죄가 숨겨지겠느냐。 네 생각해 보아라、새로 토지를 매수한 지주가 밭에 거치정거리는 돌멩이를 추려내지 아니하고 그냥 둘 것이냐。 그러니 똑 비로 말을 하면 이어니와 일향 고집하면 이 자리에서 네놈을 따려 죽일 터이니 그리 알아라。」

한다。이 말에 나는、

「오냐、이제 잘 알았다。내가 너희가 새로 산 밭에 돌이라 면 그것은 맞았다。너희가 나를 돌로 알고 파 내랴는 수고 보다 패어내우는 내 고통이 더 심하니、그렇다 면 너희들의 손을 빌것이 없이 내 스스로 내 목숨을 끊어 버릴 터이니 보아라」

하고 머리로 옆에 있는 기둥을 받고 정신을 잃고 엎더졌다。

여러 놈들이 인공호흡을 한다、냉수를 면상에 뿜는다 하야 내가 다시 정신이 들었을 때에 여러 놈 중에서 한 놈이 능청스럽게、

「김구는 조선인 중에 존경을 받는 인물이니 이 같이 대우하는 것이 마땅치 아니하니 본직에게 맡기시기를 바라오」

하고 청을 하니 여러 놈들이 즉시 승낙한다。

승낙을 받은 그 놈이 나를 제 방으로 다리고 가더니 담배도 주고 말도 좋은 말을 쓰고 대우가 융숭하다。그 놈의 말이 자기는 황해도에 출장하야 내게 관한 조사를 하여 가지고 왔는 데 그 결과로 보면 나는 교육에 열심하야 월급을 받거나 못 받거나 여일하게 교무에 열심하고 일반인민의 여론을 듣더라도 나는 정직한 사람인 데 경무총감부에서도 내 신분을 잘 모르고 악형을 많이 한 모양이니 대단히 유감된다 하고, 또 말하기를 심문하는 데는 이렇게 할 사람과 저렇게 할 사람이 따로 있는 데 나 같은 인물에 대하여서 그렇게 한 것은 크게 실례라 고 아조 뻔뻔스럽게 듣기 좋은 소리를 한다。

왜놈들이 우리 애국자들의 자백을 짜내기 위하야 하는 수단은 대개 세 가지로 구별할 수 있으니 첫재는 악형이오 둘재는 배고프게하는 것이오 그리고 셋재는 우대하는 것이다。악형에는 호차리와 막대기로 전신을 두들긴 뒤에 다 죽게 된 사람을 등상우에 올려세우고 붉은 오라줄로 두짐결박을 지워서 천정에 있는 쇠갈구리에 달아올리고는 발등상을 빼어버리면 사람이 대룽대룽 공중에 달리는 것이다。이 모양으로 열마 동안을 지나면 사람은 고통을 못 이기어 정신을 잃어 버린다。그런 뒤에 사람을 끌러 내려 놓고 얼굴과 몸에 냉수를 끼얹으면 다시 소생하야 정신이 든다。나는 난장을 맞을 때에 내복우으로 맞으니 멀 아프다 하고 내복을 벗어버리고 맞았다。

그 다음의 악형은 화로에 쇠꼬챙이를 달구어 놓고 그것으로 벨거 벗은 사람의 몸을 막 지지는 것이다。

·그 다음의 악형은 세 손가락 사이에 손가락 만한 모난 막대기를 끼우고 그 막대기 두 끝을 노끈으로 꼭 졸라 매는 것이다。

그 다음은 사람을 거꾸로 달고 코에 물을 붓는 것이다。

、그러나 이러한 악형을 당하면 나도 악을 내어서 참을 수도 있지 마는 이보다 더 견디기 어려운 것은 굶기는 벌이다。밥을 부쩍 주려서 겨오 죽지아니하리 만큼 먹이는 것인 데 이리하여서 배가 고플 대로 고픈 때에 차입밥을 받아서 먹는 고기국과 김치 냄새를 맡을 때에는 미칠 듯이 먹고 싶다。인해가 나이 젊으니 몸을 팔아서 라도 맛있는 음식을 늘 드려 주었으면 좋겠다 는 생각 까지도, 난다。박영효(朴永孝)의 부친이 옥중에서 섬거적을 뜯어 먹다가 죽었다 는 말이며 옛날 소무(蘇武)가 전을 씹어 먹으며 십구 년 동안 한나라 절개를 지켰다 는 글을 생각할 때에 나는 사람의 마음을 배고파서 잃고 즘생의 성품 만이 남은 것이 아닌가 하고 자책하였다。

차입밥! 얼마나 반가운 것인가。그러나 왜놈들이 원하는 자백을 아니 하면 차입은 허하지 아니 한다。참 말이나 거즛 말이나 저외들의 비위에 맞는 소리로 답변을 해야 만 차입을 허하는 것이다。나는 종내 차입을 못 받았다。조석 때면 내 안해가、내게 들리라 고 큰 소리로、

「김구 밥 가져 왔어요」

하고 소리치는 것이 들리나 그 때 마다 왜놈이、

「긴 가메 나쁜 말이 햇소데 사시이레 일이 오브소다」

하고 물리치는 소리가 들렸다。「긴가메」라 는 것은 왜놈들이 부르는 내 별명이다。

그러나 배고픈 것 보다도 견되기 어려운 것이 있으니 그것은 우대였다。

내가 안해를 팔아서라도 맛있는 것을 싫건 먹고 싶다 고 생각할 때에 경무총감 명석(明石元二郞)의 방으로 나를 불러드려 극진히 우대하였다。더할 수 없는 하지하천의 대우에 진절머리가 났던 나에게 이 우대가 기쁘지아님이 아니었다。

명석이놈이 내게 한 말의 요령은 이러하였다。내가 신부민으로 일본에 대한 충성만 표시하면 즉각으로 자기가 총독에게 보고하야 옥고를 면하게 할 터이오 또 일본이 조선을 통치함에 있어서 순전히 일본인 만을 쓰는 것이 아니라 덕망이 높은 조선인사를 얻어서 정치를 하게 하려 하니 그대와 같이 충후한 장자로서 대세의 추이를 모를 바이 아닌즉 순응함이 어떠냐。 그런즉 안명근 사건에 대한 것은 사실 대로 자백을 하라 는 것이었다。

나는 명석에게 대하야、

「당신이 나의 충후함을 인정하거든 내가 자초로부터 공술한 것도 믿으시오」

하였다。 그 놈은 가장 점잖은 체모를 가지나 기색은 좋지 못하였다。

이런 일이 있은 뒤에 오늘 내가 불려나와서 처음에 당장에 따려 죽인다 고 하다가 이 놈의 방으로 끌려 들어온 것이었다。

이 놈은 국우(國友)라 는 경시다。 그는 제가 대만에 있을 때에 어떤 대만인 피의자 하나를 담임하야 심문하였는데 그 사람이 나와 같이 고집하다가 검사국에 가서야 일체를 자백하였노라 하는 편지를 국우에게 보내었다 하며、 나도 검사국에 넘어가거든 잘 자백을 할 터이니 그러면 검사의 동정을 얻으리라 하고 전화로 국수장국에 고기를 많이 넣어서 가져 오라 고 명하야 그것을 내 앞에 놓고 먹기를 청한다。 나는 나를 무죄로 안다 면 이 음식을 먹으려니와 나를 유죄로 한다 면 나는 입에 대지 않는다 고 하고 술을 듣지아니 하였다。

그런즉 그 놈이、

「김구씨는 한문병자(漢文病者)야。 김구씨는 내게 동정을 아니 하지 마는 나는 자연히 김구씨게 동정이 간단 말요。 그래서 변변치못하나마 들이는 대접이니 식기 전에 어서 자시오」

한다。 그래도 나는 일향 사양하였더니 국우는 웃으면서 한자로、

「君疑置毒否」

하는 다섯 자를 써 보이고、이제는 심문도 종결되었고 오늘 부터는 사식차입도 허한다 고 하였다。 나는 독을 넣었다 고 의심하는 것은 아니라 하고 그 장국을 받아 먹고 내 방으로 돌아왔다。 그 날 저녁 부터 사식이 들어왔다。

나와 같은 방에 이종록(李宗錄)이라 하는 청년이 있는 데 그를 따라 온 친척이 없어서 사식을 드려 줄이가 없었다。 내가 밥을 그와 한 방에서 만 먹으면 그를 놓아 줄 수도 있겠지 마는 사식은 딴 방에 불러 내어서 먹이기 때문에 그리할 수가 없어서 나는 밥과 반찬을 한 입 잔뜩 물고 방에 돌아와서 제비가 재끼 먹이 듯이 입에서 입으로 옮겨 먹였다。 그러나 그것도 한 때 뿐이오 이튿날 나는 종로구치감(鍾路拘置監)으로 넘어갔다。 방은 독방이라 심심하나 모든 것이 총감부 보다 는 편하고 거기서 주는 감식이라 는 밥도 총감부엣것 보다는 훨신 많았다。

내 사건은 사실 대로 만 처단한다 하면 보안법위반(保安法違反)으로 극형 이라하야 징역 이년 밖에 안 될 것이지 마는 나를 억지로 안명근의 강도사건에 끌어다 붙이려 하였다。 내가 억지로라 하는 분명한 이유가 있다。 내가 서울 양기탁의 집에서 서간도에 이민을 하고 무관학교를 세울 목적으로 이동녕을 파견할 회의를 한 날자가 비로、안악에서 안명근、김홍량등이 부호를 협박할 의논을 하였다 하는 그 날자임으로 나는 도저히 안악에서 한 회의에 참예할 수 없는 것이 분명하다。 그러하건 마는 안악양산학교 교직의 아들 이원형이라 하는 십사 세 되는 어린 아희를 협박하야 내가 그 자리에 참예 한 것을 보았노라 고 거즛 증언을 시켜서 나를 안명근의 강도 사건에 옭아 넣었다。 애매하기로 말하면 김홍량이나 도인권이나 김용제나 다 애매하지 마는 그래도 이들은 그 날 안악에는 있었으니 회의에 참예했다 고 억지로 우겨댈 수도 있겠으나 오백리 밖에서 다른 회의에 참예하였다 고 저의 기록에 써 놓은 내가 같은 날에 안악의 회의에도 참예시킨다 는 것은 요술이라 고 아니 할 수 없다。

나는 내게 대한 유일한 증인인 이원형 소년이 내가 심문 받는 옆 방에서 심문 받는 소리를 분명히 들었다。

「너는 안명근과 김구가 그 자리에 있는 것을 보았지?」

하는 신문에 대하야 이소년은、

「나는 안명근이라 는 사람은 얼굴도 모르고、김구는 그 자리에 없었소」

하고 사실 대로 대답하였다 옆에서 어떤 조선 순사가、

「이 미련한 놈아。안명근이도 김구도 그 자리에 있었다 고 만하면 너의 아버지를 따라 집에 가게 해 줄 터이니 시키는 대로 대답을 해」

하는 말에 원형은、

「그러면 그렇게 말할 터이니 따리지마셔요」

하였다。

검사정에서도 이원형을 증인으로 불러 들였으나、이소년이、

「네」

하는 대답이 있자 마자 다른 말이 더 나오는 것을 꺼리는 듯이 곧 문 밖으로 몰아 내었다。 나는 오백리를 재에 둔 두 회의에 한 날에 참예하는 김구를 만드노라 고 매우 수고롭겠다。 고 검사에게 말하였더니 검사는 그 말에는 대답도、 아니 하고、

「종결!」

하고 심문이 끝난 것을 선언하였다。

내가 경무총감부에 가쳐 있을 동시에 의병장 강기동(姜基東)도 잡혀 와 있었다。 그는 애초에 의병으로 댕기다가 귀순하여서 헌병보조원이 되었었다。 한 번은 사형을 당할 의병 십여 명이 가친 감방을 수직하게 되었을 때에 그는 감방문을 열어 의병들을 다 내어 놓고 무기고를 깨트리고 무기를 꺼내어 일제히 무장을 하고 그도 같이 달아나서 경기、 충청、 강원도 등지로 왜병과 싸우고 돌아다니다가 안기동이라 고 변명하고 원산에 들어가 무슨 계획을 하다가 부뜰려 온 것이었다。 그는 육군법원에서 사형선고를 받고 총살되었다。

김좌진(金佐鎭)도 애국운동으로 강도로 몰려 징역을 받고 나와 같은 감방에서 고생을 하였다。

하로는 안악군수 이모라 는 자가 감옥으로 나를 찾아 와서 양산학교 집과 기구를 공립보통학교에 내어놓는다 는 도장을 찍으라 고 함으로 나는 집은 나랏 집이니까 내어놓지 마는 기구는 사삿 것이니 사립학교인 안신학교에 긔부한다 고 하였으나 그것도 공립으로 가져가고 말았다。 양산학교는 우리는 불온분자들의 학교라 하야 강제로 폐지해 버린 것이었다。 내가 그렇게 사랑하던 아이들은 목자를 잃은 양과 같이 다 흩어져 버렸을 것이다。 특별히 손두환(孫斗煥)과 우기범(禹基範)두 학생이 생각났다。 재조로나 뜻으로나 특출하였고 어리면서도 망국한을 느낄 줄 아는 이들이였다。

아모리하여서라도 이 자리를 모면하야 해외에서 활동하게 하고 싶던 김홍량도 자기가 안명근의 부탁으로 신천 이원식(李源植)에게 권고하였다 는 것을 자백하였으니 도저히 빠지기 어려울 것이다。 심혈을 다 바치던 교육사업도 수포로 돌아가고 믿고 사랑하던 동지도 이제는 살아나갈 길이 망연하니 분하기 그지없다。

어머니는 안악에 있던 가산과 즙물을 다 팔아 가지고 내 옥바라지를 하시랴고 서울로 올라오셨다。 내 처와 딸 화경이는 평산 처형네 집에 들렀다가 공판날에 대어서 온다 는 어머님의 말슴이다。

어머님이 손소 담으신 밥그릇을 열어 밥을 떠먹으며 생각하니 이 밥에 어머님의 눈물이 점점히 떨어졌을 것이었다。 십팔 년 전 해주에서의 옥바라지와 인천옥 바라지를 하실 때에는 내외분이 고생을 나누기나 하셨건 마는 이제는 어머님 홀로시다。 어머님께 도움이 되기는 커녕 위로를 들일 능력이 있는 자가 그 누군가。

이렁그렁 공판날이 되었다。 죄수를 태우는 마차를 타고 경성지방재판소 문전에 다다르니 어머님이 화경이를 업으시고 안해를 다리고 거기서 계셨다。

우리는 이호법정이라 는 데로 끌려 들어갔다。 법정 피고석 결상에 앉은 차례는、수석에 안명근、다음에 김홍량、셋재로 나 그리고는 이승길、배경진、한순직、도인권、양성진、최익형、김용제、최명식、장윤근、고봉수、한정교、박형병등 모두 열네 명이 늘어앉고 방청석을 돌아보니 피고인의 친척、친지와 남녀 학생들이 와 있었다。 변호사、신문긔자석에도 다 사람이 있었다。 한필호선생이 경무총감부에서 매맞아 별세하고 신석충진사는 사리원으로 호송되는 도중에 재령강 철교에서 투신자살을 하였단 말을 여기서 들었다。

소위 판결이라 는 것은 안명근이 징역 종신이오 김홍량、김구、이승길、배경진、한순직、원행섭、박만준등 일곱 명은 징역 십오 년(원행섭、박경준은 결석이었다)、도인권

양성진이 십 년、최익형、김용제、장윤근、고봉수、한정교、박형병은 각々 칠 년 또는 오년이니 이것은 강도사건 관계요、보안법사건으로는 양기탁을 주범으로 하야 안태국、김구、김홍량、주진수、옥관빈、김도희、김용규、고정화、정달하、감익룡과 이름은 잊었으나 김용규의족질 한 사람이 있었는 데 판결되기는 양기탁、안태국、김구、김홍량、주진수、옥관빈은 징역 이 년이오、남아지는 일년으로 부터 육개 월이었다。그러고 재판을 통하지아니하고 소위 행정처분으로 이동휘、이승훈、박도병、최종호、정문원、김영옥등 십구 인은 무의도(無衣島)、제주도(濟州島)、고금도(古今島)、울릉도(鬱陵島)로 일년 간 거주제한이라 는 구양살이를 하게 되었다。그러고 보니 김홍량이나 내 나는 강도로 십오 년 보안법으로 이 년 모두 십칠년 징역살이를 하게 된 것이었다。

판결이 확정되어 우리는 종로구치감을 떠나서 서대문감옥으로 넘어갔다。지금 까지 미결수였으나 이제 부터는 변통없는 전중이었다。동지들의 얼굴을 날 마다 서로 대하게 되고 이따끔 말로 통정도 할 수 있는 것이 큰 위로였다。

칠년、오년징역 까지 세상에 나갈 희망이 있지 마는 십년、십오년으로는 살아서 나갈 희망은 없었다。그럼으로 나는 몸은 왜의 포로가 되어 징역을 지면서도 정신으로는 왜놈을 즘생과 같이 여기고 쾌활한 마음으로 낙천생활을 하리라 고 작정하였다。 다른 동지들도 다 나와 뜻이 같았다。

옥중에 있는 동지들은 대개 아들이 있었으나 나는 딸이 하나가 있을 뿐이오 아들이 없었다。 김용제군은 아들이 사형제나 됨으로 그 셋재 아들 문량(文亮)으로 하여곰 내 뒤를 있게 한다 고 허락하였다。 나도 동지의 호의를 고맙게 받았다。

또 한 가지 나로 하여곰 비관을 품지않게 하는 일이 있었으니 그것은 일본이 내가 잡혀오기 전에 생각하던 것과 같이 크고 무서운 나라가 아니라 는 것을 본 것이었다。 밑으로는 형사순사로 부터 꼭지로는 경무총감 •까지 만나 보는 동안에 모도 좀것들이오 대군민다운 인물은 하나도 없었다。 가슴에 엑스광선을 대어서 내 속과 내려을 다뚤러 본다면서도 내가 십칠년 전의 김창수인 줄도 몰라 보고 갑축대는 도변이야 말로 일본을 대표한 자인 것 같았다。

「일본은 한국을 오래 제 것을 만들지는 못한다。 일본의 운수는 길지 못 하다」

나는 이렇게 단정하기 때문에 우리 나라의 장래에 대하여서 비관하지아니하게 되었다。

허위、이강년 같은 큰 애국지사의 부하로 의병을 댕기다가 들어왔다 는 사람들이 인물로나 식견으로나 하잘 것 없음을 볼 때에는 낙심도 되지 마는 이재명、안중근 같은 의사의 동지로 잡혀 들어온 사람들의 애국심이 불 같고 정신이 씩々한 것을 보면、교육만 하면 우리 민족은 좋은 국민이 될 것을 아니 믿을 수 없었다。저 무지한 의병들도 일본에 복종하는 백성이 되지아니하고 십년 십오년의 벌을 받는 사람이 된 것 만 해도 고맙고 존경할 일이라고 생각하였다。나도 고후조 선생 같은 어른의 가라침이 없었던들 어찌 대의를 아는 사람이 되었으랴。

옥에 있는 동안에 나는 내 심리가 차々 변하는 것을 느꼈다。그것은 지낸 십여년간에 예수의 가라침을 따라서 무엇에나 저를 책망할지언정 남을 원망하지아니하고 남의 허물은 어디 까지나 용서하는 그러한 부드러운 태도가 변하여서 일본에 대한 것이면 무엇이나 미워하고 반항하고 파괴하랴 는 결심이 생긴 것이었다。

나는 아츰 저녁으로 다른 죄수들과 같이 왜 간수에게 절을 하는 것이 무척 괴롭고 부고러웠다。다른 죄수들은 대의를 몰라서 그러하거니와 너는 고선생의 제자가 아니냐 하고 양심을 때리는 것이 있었다。

나는 내 손으로 밭갈고 길삼함이 없이 오늘 까지 먹고 입고 살아 왔다。그 먹은 밥과 입은 옷이 뉘게서 나왔느냐、우리 대한 나라의 것이 아니냐。나라가 나를 오늘날 까지 먹이고 입힌 것이 왜놈에게 순종하야 붉은 요에 콩밥이나 얻어 먹으라 고 한 것은 아니였다。

「食人之食衣人衣。所志平生莫有違。」

내가 대한나라의 밥을 먹고 옷을 입고 살아왔으니 이 수치를 참고 살아나서 앞으로 십칠 년 후에 이 은혜를 갚을 공을 세울 수가 있느냐。

내가 이 모양으로 고민할 때에 안명근군이 굶어 죽기를 결심하였노라 고 내게 말하기로 나는 서슴지않고、

「할 수 있거든 단행하시오」

하였다。그 날 부터 안명근은 배가 아프다 고 칭하고 제게 들어오는 밥온 다른 죄수에게 늖아 주고 사오일을 연해 굶어서 기운이 탈진하였다。감옥에서 는 의사를 시켜 진찰케하였으나 아모 병이 없음으로 안명근을 결박하고 강제로 입을 버리고 계란 등속을 흘려 넣어서 죽으랴 는 목숨을 억재로 부뜰었다。죽을 자유 좇아 없는 이자리였다。「나는 또 밥을 먹소」하고 안명근은 내게 기별하였다。

우리가 서대문감옥으로 넘어온 후에 얼마 아니 하여서 또 중대사건이 생겼으니 그것은 소위 사내총독암살음모라 는 맹랑한 사건으로 전국에서 무려칠백여 명 애국자가 검거되어 경무총감부에서 우리가 당한 악형을 다 겪은 뒤에는 백오 인이 공판으로 회부된 사건이다。백오인 사건이라 고 도 하고 신민회사건이라 고 도 한다。이년형의 집행중에 있던 양기탁、안태국、옥관빈과 제주도로 정배갔던 이승훈도 부뜰려 올라왔다。왜놈들은 새로 산 밭에 뭉얼이 돌을 다 골라버리고야 말랴 는 것이였다。그러나 그것으로 대한이 제 것이 될가。

내가 복역한지 칠팔삭 만에 어머님이 서대문감옥으로 니를 면회하러 오셨다。딸깍하고 주먹 하나 드나들만한 구멍이 열리기로 내다 본즉 어머니가 서계시고 그 곁에는 왜간수 한 놈이 지키고 있다。어머님은 태연한 안색으로、

「나는 네가 경기감사나 한 것 보담 더 기쁘게 생각한다。면회는 한 사람 밖에 못한다 고 해서 네 처와 화경이는 저 밖에 와 있다。우리 세 식구는 잘있으니 염려 말아라。옥중에서 네 몸이나 잘 보중하여라。밥이 부족하거든 하루 두 번씩 사식 드려 주랴」

하시고 어성 하나도 떨리심이 없었다。 저러한 씩々하신 어머니께서 자식을 왜놈에게 빼앗기시고 면회를 하겠다 고 왜놈에게 고개를 숙이고 청원을 하셨을 것을 생각하니 황송하고도 분하였다。

우리 어머님은 참말 갸륵하시다! 십칠년징역을 받을 아들을 대할 때에 엇저면 저렇게 태연하실 수가 있었으랴。 그러나 면회를 마초고 돌아가실 때에는 눈물이 앞을 가리워서 발부리가 아니 보이셨을 것이다。

어머님이 하로 두 번 드려 주시는 사식을 한 번은 내가 먹고 한 번은 다른 죄수들에게 번갈아 놓아 주었다。 그들은 받아 먹을 때에는 평생에 그 은혜를 아니 잊을 듯이 굽신거리지 마는 다음 번에 저를 아니 주고 다른 사람을 줄 때에는 「그게 네 의붓아비냐、 효자정문 내릴라」、 이러한 소리를 하면서 내게 욕설을 퍼부었다。 그러면 그 때에、내게 얻어 먹는 편이 들고나서 나를 역성함으로 마츰내 룩탁거리고 싸움이 버러져서 둘이 다 간수에게 엄빽 얻어 맞는 일도 있었다。 나는 선을 한다 는 것이 도로혀 악이 되는 것이었다。

나도 처음 서대문감옥에 들어갔을 때에는 먼저 들어온 패들이 나를 멸시하였으나 소위 국사강도범이란 것이 알려지면서 부텀은 대접이 변하였다。 더구나 이재명의사의 동지들이 모도 학식이 있고 일어에 능통하여서 죄수와 간수 사이에 무슨 일이 있을 때에는 통역을 하기 때문에 죄수들 간에 세력이 있었는데、 그들이 나를 우대하는 것을 보고 다른 죄수들도 나를 어려워하게 되었다。

나는 처음에는 한 백여일 동안 수갑을 채인 대로 있었다。 더구나 첫 날 수갑을 채우는 놈이 넘어 단단하게 졸라서 살이 패우고 손목이 퉁々 부었음으로 이튿날 문제가 되어서、

「왜 아프다 고 말하지아니하였느냐」

고 하기로 나는

「무엇이나 시키는 대로 복종하라 고 하지아니하였느냐」

하였다。 그랬더니、

「이 다음에는 불편한 일이 있거든 말하라」

고 하였다。

손목은 아프고 방은 좁아서 몹시 괴로웠으나 나는 꾹 참았다。사람의 일이란 알 수 없는 것이어서、이러한 생활에도 차차 익으면 심상하게 되었다。수갑도 끌르게 되어서 몸이 좀 편하게 되니 불현듯 최명식군이 보고 싶었다。수갑 끌른 자리에 허물은 지금도 완연히 남아 있다。최군은 옴이 올라서 옴방에 있다 하니 나도 옴이 생기면 최군과 같이 있게 되리라 하야 인공적으로 옴을 만들었다。의사의 순회가 잇기 삼십 분 전 쯤하야 철사 끝으로 손가락 사이를 꾹々찔러 놓으면 그 자리가 볼록 볼록 부를 고 말간 진물이 나와서 천연 옴으로 보인다。이것은 내가 감옥사리에서 부그러운 배운 재주였다。

이 속임수가 성공하야 나는 옴장이 방으로 옮아서 최명식과 반가이 만날 수가 있었다。반가운 김에 밤이 늦도록 둘이 이야기를 하다가 좌등(佐藤)이라 하는 간수놈에게 들키서 뉘가 먼저 말을 하였느냐 하기로 내가 몬저 하였노라 하였더니 나를 창살 밑으로 나오라 하야 내어세워 놓고 곤봉으로 난타하였다。나는 아모 소리도 내이지 아니 하고 맞았으나 그 때에 맞은 것으로 내 왼 편 귀 위의 연골이 상하야 봉충이가 되어서 지금도 남아 있다。그러나 다행히 최군은 용서한다 하고 다시 왜말로、

「하나시 헷소데 다다귀도 (이야기하면 따려줄 테야」

하고 저등은 물러갔다。

감옥에서 죄수에게 이렇게 가혹한 대우를 하기 때문에 죄수들은 더욱 반항심과 자포자기심이 생긴다。그래서 사기나 횡령으로 들어온 자는 절도나 강도 질을 하게 된다。그리고 만기로 출옥하였던 자들도 다시 들이오는 자를 가끔 보았다。민족적 반감이 충만한 우리를 왜놈의 그 좁은 속알미리로는 도저히 감화할 수 없겠지 마는 내 민족 끼리의 나라에서 감옥을 다스린다 하면 단지 남의 나라를 모방 만 하지 말고 우리의 독특한 제도를 만들 필요가 있다。즉 감옥의 간수로 부터 대학교수의 자격이 있는 자를 쓰고 죄인을 죄인으로 보는 것 보다는 국민의 불행한 일원으로 보아서 선으로 지도하기에 만 힘을 쓸 것이오 일반 사회에서도 입감자를 멸시하는 감성을 버리고 대학생의 자격으로 대우한다 면 반다시 좋은 효과가 있으리라 고 믿는다。

왜의 감옥제도로는 사람을 적은 죄인으로 부터 큰 죄인을 맨들 뿐 더러 사람의 자존심과 도덕성을 마비시키게 된다。예하면 죄수들은 어듸서 무엇을 도적질 하던 이야기、누구를 어떻게 죽이던 이야기를 부끄러워함도 없이 도로혀 자랑삼아서 하고 있다。

그도 친한 친구에게면 몰라도 초면 사람에게도 꺼림이 없고、또 세상에 들어난 죄도 아니오 저혼자 만 아는 죄를 뻔々스럽게 말하는 것을 보아도 그들이 감옥에 들어와서 부끄러워하는 감정을 잃어버린 표다。사람이 부끄러움을 잃을진댄 무슨 짓은 못하랴、즘생과 다름이 없을 것이니 감옥이란 이런 곧이어서는 안 되겠다 고 생각하였다。

나는 최명식과 함께 소제부의 일을 하게 되었다。이것은 죄수들이 부러워하는「벼슬」이다。우리는 공장에서 죄수들에게 일깜을 돌려 주고 뜰이나 쓸고 나면 할 일이 없어서 남들이 일하는 구경이나 돌아다녔다。이 기회를 이용하야 최군과 나와는 죄수 중에서 뛰어난 인물을 골르기로 하였다。내가 돌아 보다가 눈에 띄우는 죄수의 번호를 기억하고 명식군도 기억하야 나종에 맞호아 보아서 둘의 본 바가 일치하는 자가 있으면 그의 내력과・인물을 조사하는 것이다。

이 방법으로 우리는 한 사람을 골랐다。그는 다른 죄수와 같이 차리고 같은 일을 하지 마는 그 눈에 정기가 있고 동작에도 남다른 데가 있었다。나이는 사십내외였다。인사를 청한 즉 그는 충청복도 괴산 사람이오 오년징역을 받아 이태를 치르고 앓으로 삼년을 남긴 강도범으로 통칭 김진사라 는 사람이였다。 나는 누구며 무슨 죄로 왔느냐 고 묻기로、 나는 황해도 안악 사람이오 강도로 십오년을 받았다 고 하였더니 김진사는

「저、 짐이 좀 무겁소구려」

하였다。 그러고 이어서 그가 날더러「초범이시오?」하기로 그렇다 고 대답할때에 왜간수가 와서 더 말을 못 하고 헤어졌다。

내가 그 사람과 이야기하는 것을 본 어떤 죄수가 날더러 그 사람을 아느냐 하기로 초면이라 하였더니、 그 죄수의 말이、

「남도 도적 치고 그 사람 모르는 도적은 없습니다。 그가 유명한 삼남불한당괴수 김진사요。 그 패거리가 많이 잡혀 들어왔는 데 더러는 병나 주고 사형도 당하고 놓여 나간 자도 많지오」

하였다。

그랬더니 그 날 저녁에 우리들이 빨거벗고 공장에서 감방으로 들어올 때에 그 역 빨거벗고 우리 뒤를 따라서、

「오늘 부터 이 방에서 괴로움을 끼지게 됩니다」

하고 내가 있는 감방으로 들어온다。나는 퍽으나 반가와서、

「이 방으로 전방이 되셨소?」

하고 물은 즉、그는、

「네。아、노형 계신 방이로구려」

하고 그도 기쁜 빛을 보인다。옷을 입고 점검도 끝난 뒤에 나는 죄수 두 사람에게 부탁하야 철창에 귀를 대어간수가 오는 소리를 지켜 달라 하고 김진사와 이야기를 시작하였다。

내가 먼저 입을 열어、아까 공장에는 서로 할 말을 다 못 하여서 유감일러니 이제 한 방에 있게 되니 다행이란 말을 하였더니 그도 동감이라 고 말하고는 계속하여서·그는 마치 목사가 신입 교인에게 세례문답을 하듯이 내게 여러 가지를 묻는다。

그 첫 질문은、

「노형은 강도 십오년이라 하셨지오?」

하는 것이었다。

「네、그렇소이다」

「그러면 어느 계통이시오、추설이오 목단설이시오? 북대요? 또 행라은 얼마 동안이나 하셨소?」

나는 이게 다 무슨 소린지 한 마디도 알아들을 수가 없었다。「추설」、「목단설」은 무엇이오「북대」는 무엇이오、「행라」은 대체 무엇일까。내가 어리둥절하고 있는 것을 보더니 김진사는 빙긋 웃으며、

「노형이 북대인가 싶으오」

하고 경멸하는、빛을 보였다。

내 옆에서 우리들의 이야기를 듣고 있던 죄수 하나가 김진사를 대하야 나를 가르치며、나는 국사범강도라、그런 말을 하여도 못 알아들을 것이라 고 변명하여 주었다。이 자는 찰강도라 계통있는 도적이었다。그의 설명을 듣고야 김진사는 고개를 끄덕이며、

「내 어제 어상하다 했소。아까 공장에서 노형이 강도 십오년이라 길래 우아래로 훑어 보아도 강도냄새가 안 나기로 아마 북대인가 보다 하였소이다」

한다。

나는 연전에 양산학교 사무실에서 교원들과 함께 하던 이야기를 생각하지아니할 수 없었다。세상에 활빈당(活貧黨)이니 불한당(不汗黨)이니 하는 큰 도적 떼가 있어서 능히 장거리와 큰 고을을 쳐서 관원을 죽이고 전재를 빼았으되 단결이 굳고 용기가 있으며 동에 번쩍、서에 번쩍 동작이 민활하야 나라 군사의 힘으로도 그들을 잡지못한단 말을 들었는 데 우리가 동립운동을 하자 면 견고한 조직과 기민한 훈련이 필요한 측 이 도적떼의 결사와 훈련의 방법을 연구할 필요가 있다 하야 두루 탐문해 보았으나 마츰내 아모 단서도 얻지 못 하고 만 일이었다。

사흘을 굶으면 도적질할 마음이 난다고 하지 마는 마음 만으로 도적이 될수는 없을 것이니 거지도 용기와 공부가 필요할 것이다。담을 넘고 구멍을 뚫는 좀도적은 몰라도 수십 명 수백 명 떼를 지어 댕기는 도적이라 면 거기는 조직도 있고 훈련도 있고 의리도 있으려니와 무엇 보다도 두목되는 지도자가 있을 것인 즉 수십명 수백명 도적떼의 지도자가 될 만 한 인물이면 능히 한 나라를 다스려갈만한 지혜와 용기와 위엄이 있어야 할것이다。

그래서 나는 김진사에게 도적떼의 조지에 관한 것을 물었다。그런즉 진사는 의외에도 은휘함 없이 내 요구에 응하였다。

「우리 나라의 기강이 다 해인한 이때 까지도 고대로 남은 것은 벌과 도적의 법뿐이외다」

하는 허두로 하는 김진사의 말에 의하면 고려 이전은 상고할 길이 없으나 이조시대의 도적떼의 기원은 이성계(李成桂)의 이신벌군(以臣伐君)의 불의에 분개한 지사들이 도당을 모도아 일변 이성계를 따라서 부귀영화를 누리는 소위 양반의 무리의 생명과 재물을 빼앗고 일변 그들이 세우랴 는 질서를 파괴하여서 불의에 대한 보복을 하랴는데서 나왔으니 그 정신에 있어서는 두문동 칠십이현과 같았다。그럼으로 그들은 도적이라 하나 약한 백성의 것은 건드리지아니하고 나랏 재물이나 관원이나 양반의 것을 약탈하여서 가난하고 불상한 자를 구제함으로 패사를 삼았다。이 모양으로 나라를 상대로 하기 때문에 자연히 법이 엄하고 단결이 굳어서 적은 무리의 힘으로 능히 오백년 간 나라의 힘과 겨루어 온 것이었나。

이 도적의 떼는 근본이 하나요 또 노사장(老師丈)이라 는 한 지도자의 밑에 있으나 그 중에서 강원도에 근거를 둔 일파를「목단설」이라 고 부르고 삼남에 있는 것을「추설」이라 고 부르게 되었다。그러나 이 두 설에 속한 자는 서로 만나면 곧 동지로 서로 믿고 친밀하게 하였다。이 두 설에 들지 아니 하고 임시임시로 도당을 모와서 도적질 하는 자를「북대」라 고하는 데 이 북대는 목단설과 추설에 공동의적으로알아서 닥치는 대로 죽여버리게되었다。

노사장 밑에는 유사(有司)가 있고 각지방의 두목도 유사라 고 하야 국가의 행정조직과 방사하게 전국의 도적을 통괄하였다。일년에 일차「대장」을 부르니 이것은 목단설과 추설 전체의 대회요、또 수시로「장」을 부르니 이것은 한 설 만의 대회였다。대회라 고 전원이 출석하기는 불가능함으로 각 도와 각 군에서 몇 명 씩 대표자를 과견하기로 되였는 데 그 대표자는 각기 유사가 지명하게 되며 한 번 지명을 받으면 절대복종이였다。

이「장 부르」는 처소는 흖이 큰 절이나 장거리였다。대소 공사를 혹은 의논하고 혹은 지사하야 장이 끝난 뒤에는 의례히 어느 고을이나 장거리를 쳐서 시위를 하는 것이였다。

그들이 대회에 참예하러 갈 때에는 혹은 양반으로 혹은 등짐장사로、혹은 장돌림、혹은 중、혹은 상제로 별々 가장을 하여서 관민의 눈을 피하였다。어되를 습격하러 갈 때에도 마찬가지였다。당시에 세상을 놀라게한 하동장 습격은 장례를 가장하야 무기를 관에 넣어 상여에 싣고 도적들은 혹은 상제、혹은 복인、혹은 상두군、혹은 회장객이 되어서 장날 백주에 당당히 하동읍내로 들어간 것이였다。

김진사는 이러한 설명을 구변좋게 한후에 내게

「노형 황해도라 셨지? 그러면 연전에 청단(靑丹)장을 치고 곡산 원을 죽인 사건을 아시겠구려?」

하기로、아노라 고 대답하였더니、김진사는 지낸 일을 회상하고 유쾌한 듯이 빙그레 웃으며、

「그 때에 도당을 지휘한 것이 바로 내요。나는 양반의 행차로 차리고 사인교를 타고 구종 별배로 앞 뒤 벽제 까지 시키면서 호기당당하게 청단 장에를 들어갔던 것이오。장에 볼 일을 다 보고 질풍신뢰와 같이 곡산읍으로 드러 몰아서 곡산 군수를 잡아 죽였으니 이것은 그 놈이 학성을 하여서 인민을 어육을 삼는다 하기로 체

천행도를 할 것이었소」

하고 말을 맞훈다。

「그러면 이번 징역이 그 사건 때문이오?」

하고 내가 묻는 말에、그는、

「아니오。만일 그 사건이라 면 오년만으로 되겠소? 기위 면키 어려울 뜻 하기로 대단치아니한 사건 하나를 실토 하여서 오년징역을 졌소이다」

나는 그들이 재 동지를 구할 때에 어떻게 신중하게 오래 두고 그 인물을 관찰하는 것이며、이만하면 동지가 되겠다 고 판단한 뒤에도 어떻게 그의 심지를 시험하는 것이며、이 모양으로 동지를 골르기 때문에 한 번 동지가 된 뒤에는 서로 다토거나 배반하는 일이 거의 없다 는 것이며、장물(도적한 재물)을 나눌 때에 어떻게 공평하다 는 것이며、또 동지의 의리를 배반하는 자가 만일에 있으면 어떻게 형벌이 엄중하다 는 것도 김진사에게 들었다。

인물을 고를 때에는 먼저 눈정기를 본다 는 것이며 죄 중에 가장 큰 죄는 동지의 처첩을 범하는 것과 장물을 감초는 것이오 상 중에 가장 큰 상은 불행히 관에 잡혀가더라도 동지를 불지아니하는 것이니 이러한 사람을 위하여서는 그 가족이 편안히 살도록 하여 준다 는 말도 들었다。

김진사의 말을 듣고 나는 나라의 독립을 찾는다 는 우리 무리의 단결이 저 도적만도 못 한 것을 무한히 부끄럽게 생각하였다。

여기서 나는 동지 도인권을 생각하지 아니 할 수 없다。 그는 본시 용강 사람으로 노백린、김희선、이갑등이 장령으로 있을 때에 군인이 되어서 정교의 자리에 까지 올랐다가 군대가 해산되매 향리에 돌아와 있는 것을 양산학교 체육선생으로 연빙하여 와서 우리와 동지가 되어 이번 사건에도 심년징역을 받고 나와같이 고생을 하게 된 사람이다。 이 때에 옥중에서는 죄수를 모아서 불상 앞에 예불을 시키는 예가 있었는 데 도인권은 자기는 예수교인이니 우상 앞에 고개를 숙일 수 없다 하야 아모리 위협하여도 고개를 빳빳이 하고 있었다。 이것이 문제가 되어서 마츰내 예불은 강제로 시키지아니하기로 작정이 되었다。

또 옥에서 상표를 주는 것을 그는 거절하였다。 자기는 죄를 지은 일도 없고 따라서 회개한 일도 없으니 개준을 이유로 하는 상표를 타지않는 다 는 것이었다。

또 그 후에 가출옥을 시킬 적에도 도인권은、내가 본래 무죄한 것을 지금 와서 깨달았으니 판결을 취소하고 나가라 하면 나가겠지 마는 가출옥이라 는「가」자가 불쾌하니 아니 받는다 고 버틔어서 옥에서도 할수 없이 형기를 채우고 도로 내어보내었다。 도인권의 이러한 행동은 강도로 서는 능히 못 할이라、「滿山枯木一枝靑」의 기개가 있다。

「鬼々落々赤裸々
獨步乾坤誰伴我」

라 한 불가의 구를 나는 도군을 위하야 한 번 읊었다。

하로는 나가서 일을 하고 있는 데 갑자기 일을 중지하고 명치가 죽었다 는 것과 그 때문에 대사를 내린다 는 말을 하였다。 이 때문에 최고 이년인 보안법위반에 걸린 동지들은 즉일로 나가고 나는 팔 년을 감하야 칠년이 되고 김홍량 기타 십오년은 칠 년을 감하야 팔년이 되고 십년 이라도 다 그 비례로 감형이 되었다。 그런 뒤 수삭을 지나서 또 명치의 처가 죽었다 하야 다시 잔기의 삼분지일을 감하니 내 형은 오년 남직한 경형이 되고 말았다。

이 때 종신이던 것이 이십 년으로 감하여진 안명근은 형을 가하야 죽임을 받을지언성 감형은 아니 받는다 고 항거하였으나 죄수에게 대하여서는 일체를 강제로 집행하는 것인즉 감형을 아니 받을 자유도 죄수에게는 있지아니하다 하야 필경 이십년이 되고 말았다。 그리고는 안명근은 새로 지은 마포감옥으로 이감이 되어서 다시는 그의 면목을 대할 기회도 없게 되었다。(안명근은 전후 십칠년 동안 감옥에 있다가 연전에 방면되어 신천 청계동에서 그 부인과 같이 여생을 보내고 있더니 아령에 있는 그 부친과 친 아우를 그려서 권하고 그리로 가던 길에 만주 화룡현(和龍縣)에서 만고의 한을 품고 못 돌아올 길을 떠나고 말았다。)

이렇게 연거퍼 감형을 당하고 보니 이미 치러버린 삼년 남아지를 떼면 남저지 형기가 이 년 밖에 아니 된다。 이 때 부터는 확실히 세상에 나가서 활동할 희망이 생겼다。 나는 세상에 나가면 무슨 일을 할가。 지사들이 옥에 댕겨 나가서는 왜놈에게 순종하야 구질구질하게 살아가는 사람이 많은 것을 보니 나도 걱정이 되였다。 나는 왜놈이 지어 준 뭉어리돌 대로 가리라 하고 굳게 결심하고 그 표로 내 이름「金龜」를 고쳐「金九」라 하고 당호「蓮下」를 버리고「白凡」이라 고 하야 옥중 동지들 께

알렸다。 이름자를 고친 것은 왜놈의 국적에서 이탈하는 뜻이오「白凡」이라 함은 우리 나라에서 가장 천하다는 백정과 무식한 범부 까지도 전부 적어도 나 만한 애국심을 가진 사람이 되게 하자 하는 내 원을 표하는 것이니 우리 동포의 애국심과 지식의 정도를 그 만큼 이라도 높이지 아니 하고는 완전한 독립국을 일울 수 없다 고 생각한 것이었다。 나는 감옥에서 뜰을 쓸고 유리창을 닦을 때 마다 하나님 께 빌었다。 우리 나라가 독립하야 정부가 생기거든 그 집의 뜰을 쓸고 유리창을 닦는 일을 하여 보고 죽게 하소서 하고。

나는 앞으로 이 년을 다 못 남기고 인천감옥으로 이감이 되었다。 나는 그 원인을 안다。 내가 서대문감옥 제이과장 왜놈하고 싸운 일이 있는데 그 보복으로 그 놈이 나를 힘드는 인천축항공사로 돌린 것이었다。 여러 동지가 서로 만나고 위로하며 쾌활하게 삼년이나 살던 서대문감옥과 작별하고 사십 명 붉은 옷 입은 전중이 떼에 편입이 되어서 쇠사슬로 허리를 얽혀서 인천으로 끌려갔다。 무술 삼월 초열흘날 밤중에 옥을 깨트리고 도망한 내가 십칠 년 만에 쇠사슬에 묶인 몸으로 다시 이 옥 문으로 들어울 줄을 뉘가 알았으랴。 문을 들어서서 둘러보니 새로히 감방이 증축 되었으나 내가 글을 읽던 그 감방이 그대로 있고 산보하던 뜰도 변함이 없다。 내가 호랑이 같이 소리를 질러 도변이놈을 꾸짖던 경무정은 매음녀 검사소가 되고 감리사가 좌기하던 내원당(來遠黨)은 감옥의 즙물을 두는 고깐이 되고、옛날 주사、순검이 들끓던 곳은 왜놈의 천지를 일우었다。 마치 죽었던 사람이 몇 십 년 후에 살아나서 제 고향에 돌아와서 보는 것 같다。 갑옥、뒷담넘어 용동 마르테기에서 옥에 가친 불효한 이 자식을 보겠다 고 우두커니、서서 내려다 보시던 선친의 얼굴이 보이는듯하다。 그러나 오늘의 김구가 그 날의 김창수라 고 하는 자는 없으리라고 생각하였다。

감방에 들어가니 서대문에서 몬저 전감된 낯익은、사람도 있어서 반가왔다。

어떤 자가 내 곁으로 쑥 다가앉아서 내 얼굴을 들여다보면서、

「그 분 낯이 매오 익은 데。 당신 김창수 아니오?」

한다。

참말 청천벽력이다。 나는 깜작 놀랐다。 자세히 본 즉 십칠 년 전에 나와 한 감방에 있던 절도 십년의 문종칠(文種七)、이다。 늙었을망정 젊은 때 면목이 그대로 있다。 오직 그때와 다른 것은 이마에 움쑥 드러간 구멍이 있는 것이었다。 내가 의아한뜻이

짐짓 머뭇거리는 것을 보고 제 낯바닥을 내 앞으로 쑥 내 밀어 나를 쳐다 보면서,

「창수 김서방。 나를 모를 리가 있소。 지금 내 면상에 이 구멍이 없다 고 보면 아실 것 아니오? 나는 당신이 달아난 후에 죽도록 매를 맞은 문종칠이오。 그만하면 알겠구려」

하는 데는 나는 모른다 고 버릴 수가 없어서 반갑게 인사를 하였다。 그자가 밉기도 하고 무섭기도 하였다。

문가는 날더러,

「당시에 인천항구를 진동하던 충신이 무슨 죄를 짓고 또 들어오셨소?」

하고 묻는다。 나는, 구찮게 생각하여서

「십오년 강도요」

하고 간단히 대답하였다。

문가는 입을 삐쭈거리며,

「충신과 강도는 상거가 심원한 데요。 그 때에 창수는 우리 같은 도적놈들과 동거케 한다 고 경무관 헌테 까지 드리대지않았소? 강도 십오년은 맛이 째 무던하겠구려」

하고 빈정거린다。

나는 속에 불군 치미는 것이 있었으나 문의 말을 탄하기는 고사하고 빌붙는 어조로、

「충신노릇도 사람이 하고 강도도 사람이 하는 것 아니오? 한 때에는 그렇게 놀고 한 때에는 이렇게 노는 게지오。대관절 문서방은 어찌하야 또 이렇게 고생을 하시오?」

하고 농쳐버렸다。

「나요? 나는 이 번 까지 감옥 출입이 일곱번 째니 일생을 감옥에서 보내는 심이오。」

「역한(징역 기한)은 얼마요」

「강도 칠년에 오 년이 되어서 한 반년 지내면 또 한 번 세상에 댕겨 오겠소。」

「또 한 번 댕겨 오다 니、여보시오 끔슥한 밀도 하시오。또 여기를 들어와서야 되겠소?」

「자본 없는、장사가 거지와 도적질이지오。더욱이나 도적질에 맛을 붙이면 별수가 없습니다。당신도 여기서는 별 꿈을 다 꾸리다 마는 사회에 나가 만 보시오。도적질하다가 징역한 놈이라 고 누가 받자를 하오? 자연 농공상에 접촉을 못 하지오。개눈에는 똥만 보인다 고 도적질하던 놈은 배운 길이 그것이라 또 도적질을 하지않소?

문가는 이렇게 술회를 한다。

「그렇게 여러 번 째라 면 어떻게 감형이 되었소?」

하고 내가 물었더니 문은、

「번번히 초범이지오。지난 일을 다 말했다가는 영영 바깥바람을 못 쏘여 보게요」

하고 홍하고 턱을 춘다。

나는 서대문에 있을 적에 어떤 강도가 중형을 지고 징역을 하는 중에 그의 공범으로서 잡히지 않고 있다가 횡령죄의 경형으로 들어온 것을 보고 밀고하야 중형을 지우고 저는 감형을 받고서 다른 죄수들에게 미움을 받는 사람을 보았다。이것을 생각하니 문가를 더떠려 놓았다가는 큰 일이다。이자가 내가 십칠년 전 김창수라 는 것을 밀고하거나 떠버리는 날이면 머처럼 일 년 남즛하면 세상에 나가리라 던 희망은

히사가 되고 만다。 그래서 나는 문가에게 친절우친절하게 대접 하였다。 사식도 틈을 타서 문가를 주어 먹게하고 감식（감옥에서 주는 밥）이라도 문가가 곁에 있기 만 하면 나는 굶으면서도 그를 먹였다。 이러다가 문가가 만기가 되어 출옥할 때에 나의 시언함이란 내가 출옥하는 것 보다 못지 아니 하였다。

나는 아츰이면 다른 죄수 하나와 쇠사슬로 허리를 마조 매어 짝을 지어 축항공사장으로 나갔다。 흙지게를 등에 지고 십여 길이나 되는 사다리를 오르나리는 것이다。 서대문감옥에 하던 생활은 여기 비기면 실로 호강이었다。 반 달이 못하야 어깨는 붓고 등은 헐고 발은 부어서 운신을 못 하게 되었다。 그러나 면할 도리는 없다。 나는 여러 번 무거운 짐을 진 채로 높은 사닥다리에서 떨어져 죽을 생각도 하였으나 그것도 할 수가 없는 것이、 나와 마조 맨 사람은 대개 인천에서 구두켜레나 담배갑이나 훔치고 두서너 달 징역을 지는 판이라、 그런 사람을 죽이는 것은 도리가 아니었다。 그래서 나는 조곰더 편하려하는 잔 꾀를 버리고 「熱則熱殺闍梨、寒則寒殺闍梨」의 선가의 병법으로 일하기에 아주 몸을 던져 버리고 말았다。 그리하였더니 몸이 아프기는 마찬가지라도 마음은 편안하였다。

이렇게 한지 두어 달에 소위 상표라 는 것을 준다。 나는 도인권과 같이 이를 거절할 용기는 없고 도로혀 다행으로 생각하였다。

날 마다 축항공사장에 가는 길에 나는 십칠 년 전 부모님 께 친절하던 박영문(朴永文)의 물상객주집 앞을 지낸다。 옥문을 나서서 오른 편 첫 집이었다。 그는 후덕한 사람이오 내게는 깊은 동정을 준 이다。 아버지와는 동갑이라 해서 매우 친밀히 지냈다 고 한다。 우리들이 옥문으로 들고 날 때에 박노인은 자기집 문전에 서서 물꾸럼히 쳐다보고 있었다。 이러한 은인을 목전에 보면서도 가서 내가 아모요 하고 절할 수 없는 것이 괴로웠다。

박씨집 맞은 편 집이 안호연(安浩然)의 물상객주였다。 안씨 역시 내게나 부모님 께 나 극진하게 하던 이었다。 그도 전 대로 살고 있었다。 나는 옥문을 출입할 때 마다 마음으로 만 늘 두 분 께 절하였다。

칠월 어느 심히 더운 날 돌연히 수인 전부를 교회당으로 부르기로 나도 가서 앉았다。 이윽고 분감장인 왜놈이 좌중을 향하야、

「五十五호!」

하고 부른다。 나는 대답하였다。 곳 일어나 나오라 하기로 단우으로 올라갔다。 가출옥으로 내보낸다는 뜻을 선언한다。 좌중 수인들을 향하야 점두례를 하고 곳 간수의 인도로 사무실로 가니 옷 한벌을 내어 준다。 이로써 붉은 전중이가 변하야 흰옷 입은 사람이 되었다。 옥에 맡아 두었던 내 돈이며 물건이며、 내 품값이며 조수히 내어 준다。

옥문을 나서서 첫 생각은 박영문、 안호연 두 분을 찾는 일이었으나 지금 내가 김창수라는 것을 세상에 알리는 것이 이롭지못할 것을 생각하고 안 떨어지는 발길을 억지로 떼어서 그 집 앞을 지나 옥중에서 사고인 어떤 중국사람의 집을 찾아가서 그날 밤을 묵었다。

이튿날 아츰에 전화국으로 가서 안악、우편국으로 전화를 걸고 내 안해를 불러 달라고 하였더니 전화를 맡아보는 사람이 마츰 내게 배운 사람이라、 내 이름을 듣고는 반기며 곧 집으로 기별 한다 고 약속하였다。

나는 당일로 서울로 올라가 경의선 열차를 타고 신막에서 일숙하고 이튿날 사리원에 나려 배넘이나루를 건너 나무리벌을 지내니 전에 없던 신작로에 수십 명 사람이 쏟아져 나오고 그 선두에 선 것은 어머님이셨다。어머님은 내 걸음걸이를 보시며 마조 오셔々 나를 부뜰고 낙루하시면서、

「너는 살아왔지 마는 너를 그렇게도 보고 싶어 하던 화경(化敬)이 네 떠난 서너 달 전에 죽었고나。네게 말할 것없다。고 네 친구들이 그러길래 기별도 아니 하였다。그나 그 뿐인가。화경이가 일곱 살 밖에 안 된 그 어린 것이 죽을 때에 저 죽거든 애어 옥종에 게신 아버지 헌테 기별 말라 고、아버지가 들으시면 오죽이나 마음이 상하시겠느냐 고 그랬단다」

하는 말슴을 하셨다。나는 그 후에 곳 화경의 무덤을 찾아 보아 주었다。화경의 무덤은 안악읍 동쪽 산기슭 공동묘지에 있다。

어머니 뒤로 김용제 등 여러 사람이 반갑게 또 감개깊게 나를 맞아 주었다。

나는 안신학교로 갔다。내 안해가 안신학교에 교원으로 있으면서 교실 한 간을 얻어 가지고 살고 있었기 때문이다。안해는 다른 부인들 틈에 섞여서 잠깐 내 얼굴을 바라보고는 보이지아니하였다。그는 내 친구들과 함께 내가 저녁을 먹게 하랴 고 음식을 차리러 간 것이었다。퍽 수척한 것이 눈에 띄었다。

메출 후에 읍내 이인배 李仁培)의 집에서 나를 위하야 위로연을 배설하고 기생을 불러 가무를 시켰다。 잔치 중도에 나는 어머님께 불려 가서、

「내가 여러 해 동안 고생을 한 것이 오늘 네가 기생을 다리고 술 먹는 것을 보랴 고 한 것이냐」

하시는 걱정을 들었다。 나를 연회석에서 불러낸 것은 안해가 어머님 께 고발한 때문이었다。

어머님과 내 안해와는 전에는 충돌도 없지아니하였으나 내가 옥에 간 후로 서울로 시골로 고생하고 댕기시는 동안에 고부가 일심동체가 되어서 한 번도 뜻 아니 맞은 일이 없었다 고 안해가 말하였다。 안해는 서울서 책매는 공장에도 댕겼고、 어떤 서양 부인선교사가 학비를 줄 테니 공부를 하라 는 것도 어머님과 화경이가 고생이 될가 보아서 아니 햇노라 고 내외 간에 말다툼이 있을 때면 번번히 그 말을 내세웠다。 우리 내외 간에 다툼이 생기면 어머니는 반듯이 안해의 편이 되셔서 나를 책망하셨다。 경험에 의하면 고부 간에 무슨 귀속 말이 있으면 반드시 내게 불리하였다。 내가 안해의 말을 반대하거나 조곰이라도 안해에게 불쾌한 빛을 보이면 의례히 어머님의 호령이 나린다。

「네가 옥에 있는 동안에 그렇게 절을지키고 고생한 안해를 박대해서는 안 된다。네 동지들의 안해들 총에 별々일이 다 있었지 마는 네 처 만은 참 절행이 갸륵하다。그래서는 못 쓴다」

하시는 것이였다。그래서 나는 집안 일에 하나도 내 마음 대로 해 본 일이 없었고 내외싸움에 한 번도 이겨본 일이 없었다。

내가 옥에 나와서 또 한 가지 기뻤던 것은 준영삼촌이 내 가족에 대하야 극진히 하신 것이였다。어머님이 안해와 화경이를 다리고 내 옥바라지 하려 서울로 가시는 길에 해주 본향에 들르셨을 적에、준영삼촌은 어머니께、젊은 며누리를 다리고 어떻게 사고무친한 타향에 가느냐 고、당신이 집을 하나 마련하고 형수님과 조카며누리 고생을 아니 시킬 테니 서울 갈 생각은 말고 본향에 게시라 고 굳이 만류하시는 것을、어머님은 며누리는 옥과 같은 사람이라、어듸를 가도 격정이 없다 하야 뿌리치고 서울로 가셨다 는 것이였다。

또 어머님과 안해가 서울서 내려 와서 종산 우종서(鍾山禹宗瑞) 목사에게 의탁하여 있을 때에는 준영삼촌이 소바리에 양식을 실어다 주셨다 고 한다。

어머니는 이렇게 준영삼촌의 일을 고맙게 말슴하시고 나서、

「네 삼촌님이 네게 대한 정분이 전과 달라 매오 애절하시다。네가 나온 줄만 알면 보러 오실 것이다。편지나 하여라」

하셨다。

어머니는 또 내 장모도 진 갈지 않아서 나를 소중하게、아니 거기도 출옥 하였다 는 기별을 하라 고 하셨다。내가 서대문감옥에 있을 때에 장모가 여러 번 면회를 와 주셨다。

나는 곧이라도 준영숙부를 찾아가 뵈옵고 싶건 마는 아직 가출옥 중이라 어듸를 가랴 면 일々히 헌병대의 허가를 얻어야 하는 데 왜놈에게 고개 숙이고 청하기가 싫여서 만기가 오기 만 기다리 고 있었다。오는 정초에 세 배 겸 준영숙부를 찾을 작정이었다。

그 후 내 거주제한이 해제되어서 김용진군의 부탁으로 수일 타작간검을 댕겨왔더니 준영숙부가 댕겨가셨다。젊잖은 조카를 보러 오는 길이라 하야 남의 말을 빌어 타고 오셔서 이틀이 지나도 내가 아니·돌아오기 때문에 섭々하게 돌아가셨다 는 어머님이 말슴이었다。

정초가 되었다。 나는 찾을 어른들을 찾고 어머님을 찾아 세배 오는 손님들 접대도 끝이 나서 초닷재날은 해주로 가서 준영숙부님 께 뵈옵고 오래간 만에 성묘도 하리라 고 벼르고 있던 차에 바로 초나흗날 저녁때에 재종제 대운이가 준영숙부 별세하셨다는 기별을 가지고 왔다 참으로 경악하였다。 다시는 준영숙부의 얼굴을 뵈옵지 못하게 되었다。 아버님 사형제 중에 아들이라 고는 나 하나 뿐、준영숙부는 딸 하나가 있을 뿐이었다。 오직 하나인 조카 나를 못 보고 떠나시는 숙부의 심정이 어떠하셨을가。 백영백부는 관수(觀洙) 태수(泰洙) 두 아들이 있었으나 다 조졸하야 무하고 딸 둘도 시집간지 얼마 아니하야 죽어서 자손이 없고 필영、준영 두 숙부는 각々 딸 하나 씩이 있을 뿐이었다。

날이 새는 대로 나는 태운과 함께 해주로 달려가서 준영숙부의 장례를 주장하야 텃골고개 동녘 기슭에 산소를 모셨다。 그러고 는 돌아가신 준영숙부의 가사처리를 대강하고 선친 묘소에 내가 손소 심은 잣나무를 점검하고 거기를 떠난 뒤로는 인해 따시 본향을 찾지못하였다。 당숙묘와 재종조가 생존하시다 하나 뵈올 길이 망연하다。

나는 안해가 보고 있는 안신학교 일을 좀 거들어 주었으나 소위 전과자인 나로서、 그 뿐 아니라 시국이 변하여서 나 같은 사람이 전과 같이 당々하게 교육사업에 종사할 수도 더구나 신민회와 같은 정치운동을 다시 계속할 수도 없었다。 지금 까지 애국자 던 사람들은 해외로 망명하거나 문을 닫고 숨을 길밖에 없는 세상이 되어 버렸다。 왜놈은 우리 민족의 청소년을 우리 지도자의 들어가지 못 하도록 백방으로 막아 놓고 노려보고 있었다。

나는 그렇다 고 가만히 있을 수도 없어서 농촌사업이나 해 보랴 고 마음을 먹고 김홍량일문의 농장 중에 그 중 소작인의 풍기가 괴악한 동산평(東山坪)농장의 농감이 되기를 자청하였다。 동산평이란 데는 수백 년 궁장으로 감관들이 협잡을 하고 농민을 타락시켜서 집々이 도박이오 사람사람이 모도 속임질과 음해로 일을 삼았다。 할 수 없이 가난하고 괴악 하게 된 부락이었다。 게다가 이 곳은 수토가 좋지못하야 토질구덩이로 소문이 났었다。

김씨네는 내가 이런 데로 가는 것을 원치아니하야 경치도 수토도 좋은 다른 농질으로 가라고 권하였다。 그들은 내가 한문야학으로 벗을 삼아 은거하는 생활을 하랴는 것으로 아는 모양이었다。 그러나 나는 고집하야 동산평으로 왔다。

나는 도박하는 자、학령아동이 있고도 학교에 안 보내는 자의 소작을 불허하고 그 대신 아희를 학교에 보내는 자에게 상등답 이두락을 주는 법을 내었다。 이리하여서 학부형이 아니고는 땅을 얻지못하게 되었다。

그리고 오래 동안 이 농장 마름으로 있으면서 소작인을 착취하고 도박을 시키던 로형극군형제의 과분한 소작지를 회수하여서 근면하고도 땅이 부족한 사람에게 분배하였다。 이 때문에 나는 로형극에게 팔을 물리고 집에 불을 놓는다는 위협을 받았으나 조곰도 굴치아니하고 마츰내 이 군형제를 항복받아서 다시는 성군작당하야 남을 음해하는 일을 아니 하기로 맹세를 시켰다。

이 곳은 본래 학교가 없던 데라、나는 곳 학교를 세우고 교원을 연빙하였다。 처음에는 이십명 가량의 아동으로 시작하였으나 이 농장 작인의 자녀가 다 입학하게 되니 제 법 학교가 커져서 교원 한 사람으로는 부족하야 나 자신 시간으로 도왔다。 장덕준은 재령에서 지일청(池一淸)은 나와 같은 지방에서 나와 비슷한 농촌계발운동을 하고 있었다。

내 운동은 상당한 효과를 거두어서 동산평이 도박이 없어지고 이듬해 추수 때에는 작인의 집에 벼섬이 들어가 쌓였다 고 작인의 안해들이 기뻐하였다。지금 까지는 노름빚과 술값으로 타작 마당에서 일년 소출을 몽탕 빗장이에게 빼앗기고 농민은 키 만 들고 집으로 들어갔다 는 것이었다。

나는 농촌 중에도 가장 괴악한 동산평을 이 모양으로 그만하면 쓰겠다 할 농촌을 만들어 보려하였다。그러나 기미년 삼월에 일어난 만세 소리에 나는 이 사업에서 손을 떼고 고국을 떠나게 되었다。떠날 날을 하로 앞 두고 나는 작인들을 동원하야、만세부르는 운동에는 아모 관심도 없는 듯이 가래질을 하고 있었다。내 동정을 살피러 왔던 왜헌병도 이것을 보고는 안심하고 돌아가는 모양이었다。

그 이튿 날 나는 사리원으로 가서 경의선 열차를 타고 압록강을 건넜다。신의주에서 재목상이라 하야 무사히 통과하고 안동현에서는 좁쌀 사러 왔다 고 칭하였다。

안동현에서 일혜를 묵고 영국 국적인 이륭양항(怡陶洋行)배를 타고 동지 십오 명이 나흘 만에 무사히 상해 포동 마두(上海浦東碼頭)에 도착하였다。안동현을 떠날 때에는 아직도 어름덩어리가 첩々히 쌓인 것을 보았는데 황포강가에는 벌서 녹음이 우거졌다。 공승서리(公昇西里) 십오호에 첫 날 밤을 잤다。

이때에 상해에 모인 인물 중에 내가 전부터 잘 아는 이는 이동녕(李東寧)、이광수(李光洙)、김홍서(金弘叙)、서병호(徐炳浩) 네 사람이였고 그 밖에 일본、아령、구미 등지에서 이번 일로 모인 인사와 본래부터 와 있는이가 오백여 명이나 된다 고 하였다。

이튿날 나는 벌서부터 가족을 다리고 상해에 와 있는 김보연(金甫淵)집을 찾아서 거기서 숙식을 하게 되였다。 김군은 내가 장연에서 교육사업을 총감하는 일을 할 때에 나를 성심으로 사랑하던 청년이다。 김군의 지도로 이동녕、이광수、김홍서、서병호 등 옛 동지들을 만났다。

임시정부의 조직에 관하여서는 후일 국사에 자세히 오를 것이니 약하거니와 나는 위원의 한 사람으로 뽑혔였다。 얼마 후에 안창호동지가 미주로 부터 와서 내무총장으로 국무총리를 대리하게 되고 총장들이 아직 모이지아니하였음으로 차장제를 채용하였다。 나는 안내무총장에게 임시정부 문파수를 보게 하여 달라 고 청원하였다。 도산은 처음에는 내 뜻을 의아하게 여기는 모양이었으나 내가 이 청원을 한 동기를 듣고는 쾌락하였다。 내가 본국에 있을 때에 순사 시험과목을 어더서 보고 내 자격을 시험하기 위하야 혼자 답안을 만들어 보았으나 합격이 못 된 일이 있었다。 나는 실력이 없는 허명을 탐하기를 두려워할 뿐 더러、 감옥에서 소제를 할 때에 내가 하나님 께 원하기를 생전에 한번 우리 나라 정부의 정청의 뜰을 쓸고 유리창을 닦게 하여 줍소서 하였단 말을 도산동지에게 한 것이었다。

안내무총장은 내 청원을 국무회의에 제출한결과 돌연 내게 경무국장의 사령을 주었다。 다른 총장들은 아직 취임하기 전이라 윤현진(尹顯振)、 이춘숙(李春塾)、 신익희(申翼熙) 등 새파란 젊은 차장들이 총장의 직무를 대행할 때라、 나많은 선배로 문파수를 보게 하면 드나들기에 거북하니 경무국장으로 하지 고 하였다 는 것이었다。 나는 순사될 자격도 못되는 사람이 경무국장이 당하냐 고 반대하였으나 도산은、「만일 백범이 사퇴하면 젊은 사람들 밑에 있기를 싫어하는 것 같이 오해될 염녀가 있으니 그대로 행공하라」고 강권하기로 나는 부득이 취임하야 시무하였다。

대한민국 이 년에 안해가 인을 다리고 상해로 오고 사 년에 어머님이 또 오시니 오래간만에 재미있는 가정을 일우게 되었다。그 해에 신이 났다。

내의 국모보수사건이 이십사 년 만에 인제야 왜의 귀에 들어갔다 는 보도가 왔다。내가 본국을 떠난 뒤에야 형사들도 안심하고 김구가 김창수라 는 것을 왜경찰에 말한 것이다。아々 눈물나는 민족의식이어、왜의 정탐노릇은 하여도 속에는 애국심과 동포애를 감초고 있는 것이다。이 정신이 족히 우리 민족으로 하여곰 독립국민의 행복을 누리게 할 것을 아니 믿고 어이하랴。

민국 오 년에 내가 내무총장이 되었다。

그안에 안해는 신을 낳은 뒤에 낙상으로 인하야 폐염이 되어서 몇 해를 고생하다가 상해 보륭의원(寶隆醫院)의 진찰로 서양인이 시설한 격리병원인 홍구폐병원(虹口肺病院)에 입원하기로 되어 보륭의원에서 한 작별이 마즈막 작별이 아주 영결이 되고 민국 육년 일월 일일에 세상을 떠나매 볍계 숭산로(法界嵩山路)의 공동묘지에 매장하였다。

내 본의는 독립운동 기간 중에는 혼상을 물론하고 성대한 의식을 쓰는 것을 불가하게 알아서 안해의 장례를 극히 검소하게 할 생각이었으나 여러 동지들이、내 안해가 나를 위하야 평생에 무쌍한 고생을 한 것이 곧 나라일이라 하야 돈을 거두어 성대하게 장례를 지내고 묘비 까지 세워 주었다。그 중에도 유세관인욱(柳世觀寅旭)군은 병원교섭과 묘지주선에 성력을 다하여 주었다。

안해가 입원할 무렵에는 인이도 병이 중하였으나 안해 장례후에는 완쾌하였고 신이는 겨오 걸음발을 탈 때요 아직 젖을 떨어지지아니하였음으로 먹기는 우유를 먹었으나 잘 때에는 어머님의 뷔인 젖을 물었다。그런으로 신이가 말을 배우게 된 때에도 할마니란 말을 알고 어머니란 말을 몰랐다。

민국팔년에 어머님은 신이를 다리고 환국하시고 이듬해 구년에는 인이도 보내라 시는 어머님의 명으로 인이도 내곁을 떠나서 본국으로 갔다。나는 외로운 몸으로 상해에 남아 있었다。

민국구년 십일월에 나는 국무령(國務領)으로 선거되었다。국무령은 임시정부의 최고수령이다。나는 임시의정원 의장(臨時議政院議長) 이동녕을 보고 아모리 아직 완성되지아니한 국가라 하더라도 나 같이 미미한 사람이 한 나라의 원수(元首)가 된다는 것은 국가의 위신에 관계된다 하야 고사하였으나 강권에 못 이기어 부득이 하야 취임하였다。

나는 윤기섭(尹琦燮)、오영선(吳永善)、김갑(金甲)、김철(金澈)、이규홍(李圭洪)으로 내각을 조직한 후에 헌법개정안을 의정원에 제출하야 독재적인 국무령제를 고쳐서 평등인 위원제로 하고 지금은 나 자신도 국무위원의 하나로 일하고 있다。

내 육십평생을 돌아보니 넘어도 상리에 벗어나는 일이 한、두 가지가 아니다。대개 사람이 귀하면 궁함이 없겠고 궁하고는 귀함이 없을 것이언 마는、나는 귀역궁 불귀역궁으로 평생을 궁하게 지내었다。우리가 나라가 독립하는 날에는 삼철리강산이 다 내 것이 될는지 모르거니와 지금의 나는 넓고 넓은 지구면에 한 치 땅、한 간 집도 가진 것이 없다。나는 과거에는 궁을 면하고 영화를 얻으랴 고 몽상도 하고 버둥거려 보기도 하였다。옛날 한유(韓愈)는 송궁문(送窮文)을 지었으나 나는 차라리 우궁문(友窮文)을 짓고 싶다。자식들에게 대하야 아비 된 의무를 조곰도 못 하였으니 너희들이 나를 아비라 하야 자식된 의무를 하여 주기도 원치아니한다。너희들은 사회의 은택을 입어서 먹고 입고 배우는 터이니 사회의 아들이 되어 사회를 아비로 여겨 효도로 섬기면 내 소망은 이에서 더 만족할 수는 없을 것이다。

이 붓을 놓기 전에 두어 가지 더 적을 것이 있다。

내가 동산평 농장에 있을 때 일이다。 기미 이월 이십륙일이 어머님의 환갑임으로 약간 음식을 차려서 가까운 친구나 모와 간략하나마 어머님의 수연을 삼으리라 하고 내외가 상의하야 진행하던 차에 어머님이 눈치를 채시고 지금 이 어려운 때에 환갑잔치가 당치아니하니 후년에 더 넉々하게 살게 된 때에 미루라 하심으로 중지하였더니 그후 몇을이 못하야 나는 본국을 떠났다。 어머님이 상해에 오신 뒤에도 마음은 먹고 있었으나 독립운동을 하노라 고 날 마다 수십 수백의 동포가 혹은 목숨을, 혹은 집을 잃는 참보를 듣고 앉아서 설사 힘이 있기로서니 어떻게 어머님을 위하야 수연을 차릴 경황이 있으랴。 하물며 내 생일 같은 것은 입밖에 내인 일도 없었다。

민국 팔년이었다。 하로는 나석주(羅錫疇)가 조반전에 고기와 반찬거리를 들고 우리 집에 와서 어머님을 보고 오늘이 내 생일이라、옷을 전당을 잡혀서 생일 차릴 것을 사왔노라 하여서、처음으로 영광스럽게 내 생일을 차려 먹은 일이 있었다。 나석주는 나라를 위하야 동양척식회사에 폭탄을 던지고 제 손으로 저를 쏘아 충혼이 되었다。 나는 그가 차려 준 생일을 영구히 기념하기 위하야 또 어머님의 화연을 못 들인것이 황송하야 평생에 다시는 내 생일을 기념치 않기로 하고 이 글에도 내 생일 날자를 기입하지아니한다。

인천 소식을 듣건댄 박영문은 별세하고 안호연은 생존하다 하기로 신편에 회중시계 한 개를 사 보내고 내가 김창수란 말을 하여 달라 하였으나 회보는 없었고 성태영은 길림(吉林)에 와 산다 하기로 통신하였으며 유완무는 북간도에서 누구에게 죽임을 당하고 그 아들 한경(漢卿)은 아직도 거기 살고 있다 고 한다。나와 서대문감옥에서 이태나 한 방에 있으며 내게 글을 배우고 또 내게 끔직히 하여 주던 이종근(李種根)은 아라사 여자를 얻어 가지고 상해에 와서 종종 만났다。이종근은 의병장 이운룡(李雲龍)의 종제로 헌병 보조원을 댕기다가 이진룡이 죽이려 하매 회개하고 그를 따라 의병으로 댕기다가 잡혀 왔었다。김형진의 유족의 소식은 아직도 모르고 강화 김주경의 유족의 소식도 탐문하는 중이다。

지난 일의 연월일은 어머님께 편지로 엿자와서 기입한 것이다。

내 일생에 제일 행복은 몸이 건강한 것이다。감옥생활 오년에 하루도 병으로 쉰 날은 없었고 인천감옥에서 학질로 반일을 쉰 일이 있을 뿐이다。병원이라 고는 혹은 메노라 고 제중원에 일개월、상해에서는 서반아감기로 이십 일 동안 입원하였을 뿐이다。

기미년에 고국을 떠난지 우금 십여 년에 중요한 일、진긔한 일도 많으나 독립완성 전에는 말할 수 없는 것이매 아니 적긔로 한다。

이 글을 쓰기 시작한지 일 년 남은 대한민국 십일년 오월 삼일에 임시정부 청사에서 붓을 놓는다。

——白凡逸志上卷 終

하 편

머리말

내 나이 이제 육십칠。중경 화평로오사야항(重慶和平路吳師爺巷) 일호 대한민국 임시 정부청사에서 다시 이 붓을 드니 오십삼 세 때、상해 법조계 마랑로 보경리 사호(上海法祖界馬浪路普慶里) 임시 정부청사에서 백범일지상권을 쓰던 때에서 십사 년의 세월이 지낸 후이다。

나는 왜 백범일지를 썻던고?

내가 젊어서 붓대를 던지고 국가와 민족을 위하야、제 힘도 재조도 혜아리지아니하고 성패도 영욕도 돌아봄이 없이 분루하기 삼십여 년、그러고 명의만이라도 임시정부를 지키기 십여 년에 일러 놓은 일은 하나도 없이 내 나이는 육십을 바라보고 있었다。이에 나는 침체된 국면을 타개하고 국민의 쓸어지려하는 삼일운동의 정신을 다시 떨치기 위하야 미주와 하와이에 있는 동포들에게 편지로 독립운동의 위기를 말하야 돈의 후원을 얻어 가지고 열혈남자를 물색하야 암살과 파괴의 테로운동을 계획한 것이었다。 동경사건과 상해사건 등이 다행히 성공되는 날이면 냄새나는 내 가죽껍더기도 최후가 될 것을 예기하고 본국에 있는 두 아들이 장성하야 해외로 나오거든 그들에게 전하여 달라는 뜻으로 쓴 것이 이 백범일지다。 나는 이것을 등사하야 미주와 하와이에 있는 몇분 동지에게 보내어 후일 내 아들들에게 보여주기를부탁하였었다。

그러나 나는 죽을 땅을 얻지못하고 천한 목숨이 아직 남아서 백범일지 하권을 쓰게 되었다。 이 때에는 내 두 아들도 이미 장성하였으니 그들을 위하여서 이런 것을 쓸 필요는 없어졌다。 내가 지금 이것을 쓰는 목적은 해외에 있는 동지들이 내 오십년 분루사정을 보고 허다한 과오로 은감을 삼아서 다시 복철을 밟지 말기를 원하는 노파심에 있는 것이다。

지금 이 하권을 쓸 때의 정세는 상해에서 상권을 쓸 때의 것 보다는 훨신 호전되었다。 그 때로 말하면 임시정부라고、 외국 사람은 말할 것도 없고 우리 한인으로도 국무위원과 십수인의 의정원의원 외에는 와 보는 자도 없었다。 그야 말로 이름만 남고 실상은 없는 임시정부였었다。 그런데 하권을 쓰는 오늘날로 말하면 중국 본토에 있는 한인의 각당 각파가 임시정부를 지지하고 옹호할 뿐 더러 미주와 하와이

에 있는 만여 명 동포가 이 정부를 추대하야 독립운동자금을 상납하고 있다。 또 외
교로 보더라도 종래에는 중국、소련、미국의 정부당국자가 비밀한 찬조는 한 일이 있
으나 공식으로는 거래가 없었던 것이、지금에는 미국 대통령 루스벨트씨가 「한국은 장
래에 완전한 자주독립국이 될 것이라」 고 방송하였고 중국에서도 입법원장 손과(立法
院長孫科) 씨가 공공한 석상에서、「일본의 제국주의를 박멸하는 중국의 양책은 한국임
시정부를 승인함에 있다」 고 부르짖었으며、우리 자신도 워싱톤에 외교위원부를 두어 이
승만박사를 위원장으로 임명하야 외교와 선전에 힘을 쓰고 있고、또 군정으로 보더라
도 한국광복군(韓國光復軍)이 정식으로 조직되어 이청천(李靑天)으로 총사령을 삼아 서
안(西安)에 사령부를 두고 군사의 모집과 훈련과 작전을 계획중이며、재정도 종래에는
동립운동의 침체、인심의 퇴축、적의 압박、경제의 곤난등으로 임시정부의 수입이 해가
갈사록 감하야 집세를 내기도 어려울 지경이던 것이 홍구(상해)폭탄사건 이래로 내외
국인의 임시정부에 대한 인식이 변하여서 점차로 정부의 수입도 늘어、민국이십삼년도
에는 수입이 오십삼만원 이상에 달하였으니 실로 임시정부 설립이래의 첫 기록이었다。
이 모양으로 임시정부의 상태는 상해에서 이 책 상권을 쓸 때 보다 나아졌지 마는

나 자신으로 말하면 일부일 노병과 노쇠를 영접하기에 골몰하다。상해시대를 죽자고나 하던 시대라 하면 중경시대는 죽어가는 시대라 고 할 것이다。만일 누가 어떤 모양으로 죽는 것이 네 소원이냐 하거든 나는 최대한 욕망은 독립이 다된 날 본국에 들어가 영광의 입성식을 한 뒤에 죽는 것이지 마는 적더라도 미주와 하와이에 있는 동포들을 만나보고 오는 길에 비행기 우에서 죽어서 내 시체를 던져 그것이 산에 떨어지면 날즘생 길즘생의 밥이 되고 물에 떨어지면 물고기의 배속에 영장하는 것이다。

세상은 고해라 더니 살기도 어렵거니와 죽기도 또한 어렵다。나는 서대문감옥에서와 인천축항공사장에서 몇 번 자살할 생각을 가졌으나 되지못하였고 안매산 명근 (安梅山明根) 형도 모처럼 굶어 죽으랴 고 나흘이나 식음을 전폐한 것을 서대문 옥리들이 억지로 닭의알을 입에 흘러넣어 죽지 못 하였으니 죽는 것도 자유가 있는 자라야 할 일이어서 결코 용이한 일이 아니다。

나의 칠십평생을 회고하면 살랴 고 하야 산 것이 아니오 살아져서 산 것 이고 죽으랴 고 하야도 죽지 못 한 이 몸이 필경은 죽어져서 죽게 되었다。

三·一運動의 上海

기미년 삼월、안동현에서 영국사람 쏠지의 배를 타고 상해에 온 나는 김보연군을 앞세우고 이동녕선생을 찾았다。서울 양기탁 사랑에서 서간도 무관학교 의논을 하고 헤어지고는 십여 년 만에 서로 만나는 것이었다。그 때에 광복사업을 준비할 전권의 임무를 맡던 선생의 좋던 신수는 십여 년 고생에 약간 쇠하야 얼굴에 주름살이 보였다。서로 악수하니 감개가 무량하였다。

내가 상해에 갔을 때에는 먼저 와 있던 인사들이 신한청년당 新韓青年黨)을 조직하야 김규식(金奎植)을 파리평화회의에 대한민족대표로 파견한지 벌서 두 달이나 후이었다。

삼일운동이 일어난 뒤에 각지로 부터 모여온 인사들이 임시정부와 임시의정원을 조직하야 중외에 선포한 것이 사월 초순이었다。이에 탄생된 대한민국 임시정부의 수반은 국무총리 이승만박사 그 밑에 내무、외무、재무、법무、교통등 부서가 있어 광복운동의 여러 선배수령을 그 총장에 추대하였다。총장들이 원지에 있어서 취임치못함으로 청년들을 차장으로 임명하야 총장을 대리케 하였다。내가 내무총장 안창호선생에게 정부 문파수를 청원한 것이 이 때였다。

나는 문파수를 청원한 것이 경무국장으로 취임하게 되니 이후 오년간 심문관 판사 검사의 직무와 사형 집행 까지 혼자겸하여서 하게 되었다。왜 그런고하면 그때에 범죄자의 처벌이 설유방송이 아니면 사형이었기 때문이다。예를 들면 김도순(金道淳)이라 는 십칠 세의 소년이 본국에 특파되었던 임시정부특파원의 뒤를 따라 상해에 와서 왜령사관에 매수되여 그 특파원을 잡는 압잡이가 되랴 고 돈 십원을 받은 죄로 미성년자임에 불구하고 극형에 처한 것은 기성국가에서는 보지못할 일이었다。

내가 맡은 경무국의 임무는 기성국가에서 하는 보통 경찰행정이 아니오 왜의 정탐의 활동을 방지하고 독립운동자가 왜에게 투항하는 것을 감시하며 왜의 마수가 어느 방면으로 들어오는가를 감시하는 데 있다。이 일을 하기 위하야 나는 정복과 사복의 경호원(警護員) 이십여 명을 썼다。이로써 홍구의 왜령사관과 대립하야 암투하는 것이 다。

당시 프란스조계 당국은 우리의 국정을 잘 앎으로 일본령사관에서 우리 동포의 체포를 요구해 온 때에는 미리 우리에게 알려 주어서 피하게 한 뒤에 일본경관을 대동하고 빈 집을 수사할 뿐이었다。

왜구 전중의일(田中義一)이 상해에 왔을 때에 황포마두(黃浦碼頭)에서 오성륜(吳成倫)이 그에게 폭탄을 던졌으나 폭발 되지아니함으로 권총을 쏜 것이 전중은 아니 맞고 미국인 여자 한 명이 맞아죽은 사건이 났을 때에 일본、영국、법국 세 나라가 함작하야 법조계의 한인을 대거 수색한 일이 있었다。우리 집에는 어머님이 본국으로 부터 상해에 오신 때 였다。하로는 이른 새벽에 왜경관 일곱 놈이 프란스 경관 서대납(西大納)을 압세우고 내 침실에 들어섰다。서대납은 나와 잘 아는 자라 나를 보더니 옷을 입고 따라오라 하며 왜 경관이 나를 결박하랴 는 것을 금하였다。프란스경무청에 가니 원세훈(元世勳)등 다섯 사람이 벌서 잡혀 와 있었다。프란스 당국은 왜경관이 우리를 심문하는 것도 허치아니하고 왜령시관으로 넘기라 는 것도 아니 듣고 나로 하여곰 다섯 사람을 담보케 한 후에 나 아울러 모두 석방해 버렸다。우리 동모 관계의 일에는 내가 임시정부를 대표하야 언제나、배심관이 되어 프란스조계의 법정에 출석하였음으로 현행범이 아닌 이상 내가 담보하면 석방하는 것이었다。왜 경찰이 나와 프란스당국과의 관계를 안 뒤로는 다시는 내 체포를 프란스당국에 요구하는 일이 없고 나를 법조계 밖으로 유인해 내랴 는 수단을 씀으로 나는 한 걸음도 조계 밖에를 나가지 아니하였다。

내가 오년 간 경무국장을 하는 동안에 생긴 기이한 일을 일일히 적을 수도 없고 또 이로다 기억도 못 하거니와 그 중에 몇 가지를 말하랸다。

고등정탐 선우갑(鮮于甲)을 잡았을 때에 그는 죽을 죄를 깨닫고 사형을 자원하기로 장공속죄를 할 서약을 받고 살려 주었더니 나흘 만에 도망하야 본국으로 들어갔다。

강린우(康麟佑)는 왜 경부로 상해에 와서 총독부에서 받아 가지고 온 사명을 말하고 내게 거즛 보고 자료를 달라 하기로 그리하였더니 본국에 돌아가서 그공으로 풍산군수가 되었다。

구한국 내무대신 동농 김가진(東農金嘉鎭)선생이 삼일선언후에 왜에게 받았던 남작을 버리고 대동당(大同黨)을 조직하야 활동하다가 아들 의한(懿漢)군을 다리고 상해에 왔을 적 일이다。 왜는 남작이 독립운동에 참가하였다 는 것이 수치라 하야 의한의 처의 종형 정필화를 보내어 동농선생을 귀국케할 운동을 하고 있음을 탐지하고 정가를 검거하야 심문한즉 낫낫이 자백함으로 처교하였다。

황학선(黃鶴善)은 해주 사람으로 삼일운동 이전에 상해에 온 자인데 가장 우리 운동에 열심이 있는 듯 하기로 타처에 오는 지사들을 그 집에 유숙케 하였더니 그 자가 이것을 기화로 하야 일변 왜 영사관과 통하야 거기서 돈을 얻어 쓰고 일변 애국청년에게 임시정부를 악선전하야 나창헌(羅昌憲)、김의한등 십수 명이 작당하야 임시정부를 습격하는 일이 있었으나 이 것은 곧 진압되고 범인은 전부 경무국의 손에 체포되었다가 그들이 황학선의 모략에 속은 것이 분명함으로 모도 설유하야 방송하고 그때에 중상한 나창헌、김기제는 입원시켜 치료를 받게 하였다。이 사건을 조사한 결과 황학선이가 왜 영사관에서 자금과 지령을 받이 우리 정부 각 총장과 경무국장을 살해할 계획으로 나창헌이 경성의전의 학생이던 것을 이용하야 삼층양옥을 세를 내어 병원간판을 붙이고、총장들과 나를 그리로 유인하야 살해할 계획이던 것이 판명 되었다。나는 이 문초의 기록을 나창헌에게 보였더니 그는 펄펄 뛰며 속은 것을 자백하고 장인 황학선을 사형에 처할 것을 주장하였다。그러나 그 때는 벌서 황학선은 처교된 뒤었다。나는 나、김등이 전연 악의가 없고 황의 모략에 속은 것이라 고 판단

하였다。

한번은 박모라 는 청년이 경무국장 면회를 청하기로 만났다。 그는 나를 대하자 곧 낙루하며 단총 한 자루와 수첩 하나를 내 앞에 내어 놓며、 자기는 수일 전에 본국으로 부터 상해에 왔는 데 왜 영사관에서 그의 체격이 건장함을 보고 김구를 죽이라 하고 성공하면 돈도 많이 주려니와 설사 실패하야 그가 죽는 경우에는 그의 가족에게는 나라에서 좋은 토지를 주어 편안히 살도록 할 터이라 하고 만일 이에 응치아니하면 그를「불령선인」으로 엄벌한다 하기로 부득이 그러마 하고 무기를 품고 법조계에 들어와 길에서 나를 보기도 하였으나 독립을 위하야 애쓰는 사람을 자기도 대한 사람이면서 어찌 감히 상하랴 하는 마음이 생겨서 그 단총과 수첩을 내게 바치고 자기는 먼 지방으로 달아나서 장사나 한다 는 것이였다。 나는 그 말을 믿고 감사하다는 말을 하고 놓아 보내었다。

나는「의심 하는 사람이어든 쓰지를 말고、 쓰는 사람이어든 의심을 말라」는 것을 신조로 하야 살아왔거니와 그 때문에 실패한 일도 없지아니하였으니 한태규(韓泰圭)사건이 그 예다。

한태규는 평양 사람으로서 매우 근실하야 내가 칠팔 년을 부리는 동안에 내외국인의 신임을 얻었었다。 내가 경무 국장을 사면한 후에도 그는 여전히 경무국 일을 보고 있었다。

하로는 계원 노백린(桂園盧伯麟)형이 아츰 일주 내 집에 와서 뒤 노변에 한복 입은 젊은 여자의 시체가 있다 하기로 나가 본즉 그것은 명주(明珠)의 시체였다。 명주는 상해에 온 후로 정인과(鄭仁課)、황석남(黃錫南)이 빌어 가지고 있는 집에 식모로도 있었고 젊은 사내들과 추행도 있다 는 소문이 있던 여자다。 어느 날 밤에 한번 한태규가 이 여자를 동반하여 가는 것을 보고 한군도 젊은 사람이니 그러나 보다 하고 지나친 것이 얼마 오래지아니한 것이 기억되었다。

시체를 검사하니 피살이 분명하다。 머리에 피가 묻었으니 처음에는 따린 모양이오 목에는 바로 매였던 자욱이 있는데 그 수법이 내가 서대문감옥에서 활빈당 김진사에게 배운 것을 경호원들에게 가르쳐 준 그 것이었다。 여기서 단서를 얻어 가지고 조사한 결과 그 범인이 한태규인 것이 판명되어 그 프란스경찰에 말하야 그를 체포케하야 내가 배심관으로 그의 문초를 들선댄 그는 내가 경무국장을 사직한 후로 부터 여러가지 사정으로 왜에게 매수되여 그 밀정이 되어、명주와 비밀히 통기하던 중、명주가 한이 밀정인 눈치를 알게 되매 한은 명주가 자기의 일을 내게 밀고할 것을 겁내어서 죽인 것이라 는 것을 자백하였다。명주는 행실이 부정할 망정 애국심은 열렬한 여자였다。그는 종신징역의 형을 받았다。후에 나와 동관이던 나우(羅愚)도 한태규가 돈을 흔히 쓰는 것으로 보아 오래 의심은 하였으나 확적한 증거도 없이 내게 그런 말을 고하면 내가 동지를 의심한다 고 책망할 것을 두려워하야 말을 아니 하고 있었다 고 하였다。

후에 한태규는 다른 죄수들을 선동하야 양력 일월 일일에 옥을 깨트리고 도망하기로 약속을 하여 놓고 제가 도로혀 감옥당국에 밀고 하야 간수들이 담총하고 경비하게 한 후에 약속한 시간이 되매 여러 감방문이 일제히 열리며 칼、몽동이、돌멩이、재 같은 것을 가지고 죄수들이 뛰어 나오는 것을 한태규가 총을 놓아 죄수 여듧 명을 즉사케 하니 다른 죄수들은 겁을 내어 움지기지 못 하매 이 파옥소동이 진정되었다。그러고 이 사건을 재판하는 마당에 한태규는 제가 쏘아 죽인 여듧 명의 시체를 담은 관 머리에 증인으로 출정하더란 말을 들었고、또 그 후에 한의 편지를 받았는

데, 그는 같은 죄수 여듧 명을 죽인 것이 큰 공로라 하야 방면이 되었고 전에 잘못한 것은 다 회개하니 다시 써 달라 고 하였다。나종에 듣건댄 이 편지에 대한 내 회답이 없는 것을 보고 겁이 나서 본국으로 도망하야 무슨 조고마한 장사를 하고 있다 고 하였다。내가 이런 흉악한 놈을 절대로 신임한 것이 다시 세상에 머리를 들 수 없을 만치 부끄러워서 심히 고민하였다。

내가 경무국장이던 때에 있던 일은 이 만치 말하고 상해에 임시정부가 생긴 이후에 이러난 우리 운동 전체의 파란곡절을 회상해 보기로 하자。

기미년 즉 대한민국 원년에는 국내나 국외를 물론하고 정신이 일치하야 민족 독립운동으로 만 진전되었으나 당시 세계사조의 영향을 따라서 우리 중에도 점차로 봉건이니 무산혁명이니 하는 말을 하는 자가 생겨서 단순하던 우리 운동선에도 사상의 분렬, 대립이 생기게 되었다。임시정부 직원 중에도 민족주의니 공산주의니 하야 음으로 양으로 투쟁이 개시되었다。심지어 국무총리 이동휘가 공산혁명을 부르짖고 이에 대하야 대통령 이승만은 데모크라시를 주장하야 국무회의 석상에서도 의견이 일치하지 못하고 대립과 충돌을 보는 기괴한 현상이 층생첩출하였다。예하면 국무회의서는 로시아에 보내는 대표로 여운형、인공근、한형권(韓亨權) 세 사람을 임명하였건 마는、정작 여비가 손에 들어오매 이동휘는 제 심복인 한형권 한 사람 만을 몰래 떠내 보내고 한이 시베리아를 지났을 때 쯤 하여서 이것을 발표하였다。이동휘는 본래 강화진위대 참령(江華鎭衛隊參領)으로서 군대 해산 후에 해삼위로 건너가 이름을 대자유(大自由)라고 행세한 일도 있다。

하로는 리동휘가 내게 공원에 산보가기를 청하기로 따라 갔더니 종용한 말로 자기를 도와 달라 하기로 나는 좀불쾌하여서 내가 경무국장으로 국무총리를 호위하는 데 내 직책에 무슨 불찰이 있느냐 고 물었다。이씨는 손을 흔들며、그런 것이 아니라。대저 혁명이라 는 것은 피를 흘리는 사업인 데 지금 우리가 하고 있는 독립운동은 민주주의 혁명에 불과하니 이대로 독립을 하더라도 다시 공산주의 혁명을 하여야 하겠은 즉 두번 피를 흘림이 우리 민족의 대불행이 아닌가。그러니「적은이 (아오님이라는 뜻이니 이동휘가 수하 동지에게 질겨 쓰는 말이다) 도 나와 같이 공산혁명을 하는 것이 어떤가」하고 내 의향을 묻는 것이었다。

이에 대하야 나는 이씨에게、

「우리가 공산혁명을 하는 데는 제삼국제공산당(第三國際共產黨의 지휘와 명령을 안 받고도 할 수 있습니까」

하고 반문하였다。

이씨는 고개를 흔들며、

「안 되지오」

한다。 나는 강경한 어조로、

「우리 독립운동은 우리 대한민족 독자의 운동이오。 어느 제삼자의 지도나 명령에 지배되는 것은 남에게 의존하는 것이니 우리 임시정부헌장에 위반되오。 총리가 이런 말슴을 하심은 대불가니 나는 선생의 지도를 받을 수가 없고、 또 선생께 자중하시기를 권고하오」

하였더니 이동휘는 불만한 낯으로 돌아섰다。

이총리가 몰래 보낸 한형권이 로시아 국경 안에 들어서서 우리 정부의 대표로 온 사명을 국경 관리에게 말하였더니 이것이 모스코 정부에 보고되어 그명령으로 철도 각 정거장에는 재류 한인 동포들이 대극기를 무르고 크게 환영하였다。 모스코에 도착하여서는 소련 최고 수령 레닌이 친히 한형권을 만났다。레닌이 독립운동 자금은 얼마나 필요하냐 하고 묻는 말에 한은 입에서 나오는 대로 이백만 루불이라 고 대답한 즉 레닌은 웃으며、

「일본을 대항하는 데 이백만 루불로 족하겠는가」

하고 반문함으로 한은 넘어 적게 부른것을 후회하면서 본국과 미국에 있는 동포들이 자금을 마련하니 당장 그 만큼이면 된다 고 변명하였다。레닌은、

「제 민족의 일은 제가 하는 것이 당연하다」

하고 곧 외교부에 명하야 이백만 루불을 한국임시정부에 지불하게 하니 한형권은 그 중에서 제일차 분으로 사십만 루불을 가지고 모스코를 떠났다。

이동휘는 한형권이 돈을 가지고 떠났다 는 기별을 받자 국무원에는 알리지 아니하고 또 몰래 비서장이오 자기의 심복인 김립(金立)을 시베리아로 마조보내어 그 돈을 임시정부에 내놓지 않고 직접 자기 손에 받으려 하였으나 김립은 또 제 속이 따로 있어서 그 돈으로 우선 자기 가족을 위하야 북간도에 토지를 매수하고 상해에 돌아와서도 비밀히 숨어서 광동(廣東) 여자를 첩으로 드리고 호화롭게 향락생활을 시작하였다。임시정부에서는 이동휘에게 그 죄를 물으니 그는 국무총리를 사임하고 로시아로 도망하여 버렸다。

한형권은 다시 모스고로 가서 통일운동의 자금이라 칭하고。이십만 루불을 더 얻어 가지고 몰래 상해에 들어와 공산당 무리들에게 돈을 뿌려서 소위 국민대포대회라 는 것을 소집하였다。그러나 공산당도 하나가 못 되고 세 파로 갈렸으니 하나는 이동휘를 수령으로 하는 상해파요 다음은 안병찬(安秉贊)、여운영(呂運亨)을 두목으로 하는 일쿠츠코파요 그리고 셋재는 일본에 유학하는 학생으로 조직되어 일인 복본화부(福本和夫)의 지도를 받는 김준연(金俊淵)등의 엠엘(ML)당 파였다。엠엘당은 상해에서는 미미하였으나 만주에서는 가장 맹렬히 활동하였다。

있을 것은 다 있어서 공산당 외에 무정부당 까지 생겼으니 이을규(李乙奎)、이정규(李丁奎)두 형제와 유자명(柳子明)등은 상해、천진 등지에서 활동하던 아나키스트의 맹장들이었다。

한형권의 붉은 돈 이십만 원으로 상해에 개최된 국민대회라 는 것은 참말로 잡동산이회라 는 것이 옳을 것이었다。일본、조선、중국、아령 각처에서 무슨 단체 대표 무는 단체 대표 하는 형형색색의 명칭으로 이백여 대표가 모여들었는 데 그 중에서 이르쿠츠코파 상해파 두 공산당이 민족주의자인 다른 대표들을 서로 경쟁적으로 끌고 쫓고 하야 이르쿠츠코파는 창조론、상해파는 개조론을 주장하였다。창조론이란 것은 지금 있는 정부를 해소하고 새로 정부를 조직하자 는 것이오 개조론이란 것은 현재의 정부를 그냥 두고 개조만 하자 는 것이었다。이 두 파는 암만 싸와도 귀일이 못 되어서 소위 국민대표회는 필경 분렬되고 말았고、이에 창조파에서는 제 주장 대로「한국정부」라 는 것을「창조」하야 본래 정부의 외무총장인 김규식이 그 수반이 되어서 이「한국정부」를 끌고 해삼위로 가서 로시아에 출품하였으나 모스코가 돌아보지도 아니 함으로 계불입낭하야 흐지브지 쓸어지고 말았다。

이 공산당 두 파의 싸움 통에 순진한 독립운동자들 까지도 창조니 개조니 하는 공산당 양 파의 언어모략에 현혹하야 시국을 요란함으로 당시 내무총장이던 나는 국민대표대회에 대하야 해산을 명하였다。이것으로 붉은 돈이 이르킨 한 막의 희비극이 끝을 맺고 시국은 안정되었다。

이와 전후하야 임시정부 공금 횡령범 김립은 오면직(吳冕稙)、노종균(盧宗均) 두 정년에게 총살을 당하니 인심이 괘하다 하였다。

임시정부에서는 한형권의 로시아에 대한 대표를 과면하고 안공근을 대신 보내었으나 별효과가 없어서 임시정부와 로시아와는 외교관계는 인해 끊어지고 말았다。

상해에 남아있는 공산당원들은 국민대표대회가 실패한 뒤에도 좌우 통일이라 는 미명으로 민족운동자들을 달래어 지금까지 하여 오던 민족적 독립운동을 공산주의운동으로 방향을 전환하자 고 떠들었다。 재중국청년동맹(在中國青年同盟)、주중국청년동맹(住中國青年同盟)이라 는 두 파 공산당의 별동대도 상해에 있는 우리 청년들을 쟁탈하면서 같은 소리를 하였다。 민족주의자와 공산주의자가 통일하여서 공산혁명운동을 하자 는 것이었다。

그런데 또 한 희극이 생겼다。「식민지 에서는 사회운동 보다 민족독립운동을 몬저하여라」하는 레닌의 새로운 지령이다。 이에 어제 까지 민족독립운동을 비난하고 조소하던 공산당원들은 경각간에 민족독립운동자로 졸변하야 민족독립이 공산당의 당시라 고 부르짖었다。 공산당이 이렇게 되면 민족주의자도 그들을 배척할 이유가 없어졌음으로 유일독립당촉성회(唯一獨立黨促成會)라 는 것을 만들었다。

그러나 공산주의자들은 입으로 하는 말 만 고쳤을 뿐이오 속은 고대로 있어서 민족운동이란 미명하에 민족주의자들을 몰어넣고는 그들의 소위 헤게모니로 이를 옭아매라는 것이었다。 그러나 이제는 민족주의자들도 그들의 모략이나 전술을 다 알아서 그들의 손에 쥐어지지아니함으로 자기네가 설도하야 만들어 놓은 유일독립촉성회를 자기네 음모로 깨트려 버리고 말았다。

그러고 생긴 것이 한국독립당(韓國獨立黨)이니 이것은 순전한 민족주의자의 단체여서 이동녕、안창호、조완구、이유필(李裕弼)、차이석(車利錫)、김붕준(金朋濬)、송병조(宋秉祚)와 및 나 김구가 수뇌가 되어 조직한 것이었다。 이로 부터서 민족운동자와 공산주의자가 딴 조직을 가지게 되었다。 이렇게 민족주의자가 단결하게 되매 공산주의자들은 상해에서 할 일을 잃고 남북만주로 다라났다。 거기는 아직 동포들의 민족주의적 단결이 분산、박약하고 또 공산주의의 정체에 대한 인식이 없었음으로 그들은 상해에서 보다 더 맹렬하게 날뛸 수가 있었다。 예하면 이상룡(李尙龍)의 자손은 공산주의에 충실한 남아에 살부회(아비 죽이는 회)까지 조직하였다。 그러나 제 아비를 제 손으로는 죽이지 않고 회원 끼리 서로 아비를 바꾸아 죽이는 것이라하니 아직도 사람의 마음이 조금은 남은 것이었다。 이 붉은 무리는 만주의 독립운동단체인 정의부(正義府)、신민부

(新民府)、 참의부(參議府)、 남군정서(南軍政署)、 북군정서(北軍政署)등에 수며 들어가 능난한 모략으로 내부로 부터 분해시키고 상극을 시켜 이 모든 기관을 혹은 붕궤하게 하고 혹은 서로 싸와서 여지없이 파괴하여 버리고 동포 끼리 많은 피를 흘리게 하니 백광운(白狂雲)、 김좌진(金佐鎭)、 김규식 (金奎植——나종에 박사라고 부르게 된 김규식은 아니다) 등 우리 운동에 없지못할 큰 일군들이 이통에 아까운 희생이 되고 말았다。

국제정세의 우리에게 대한 냉담、 일본의 압박등으로 민족의 독립사상이 날로 감쇄하던 중에 공산주의자의 교란으로 민족전선은 분렬에서 혼란으로 혼란에서 궤멸로 굴러 떨어져 갈 뿐이었는 데 엎친 네 덮치기로 만주의 주인이라 할 장작림(張作霖)이 일본의 꾀에 넘어가서 그의 치하에 있는 독립운동자를 더치는 대로 잡아 일본에 넘기고 심지에는 중국 백성들이 한인의 미리를 버혀 가지고 가서 왜 영사관에서 한 개에 많으면 십원 적으면 삼사 원의 상금을 받게 되고、 나종에는 우리 동포 중에도 독립군의 소개를 밀고하는 일 까지 생겼으니、 여기는 독립운동자들이 통일이 없이 셋、 다섯으로 갈라져서 재물 기타로 동포에게 구찮음을 준 책임도 없지아니하다。 이러하던 끝에 왜

사 만주를 점령하야 소위 만주국이란 것을 만드니 우리 운동의 최대근거지라 할 만주에 있어서의 우리 운동은 거의 불가능하게 되어 버렸다。

애초에 만주에 있던 독립운동 단체는 다 임시정부를 추대하였으나 차차로 군웅할거의 폐풍이 생겨、정의부와 신민부가 위선 임시정부의 절제를 안 받게 되었다。그러나 참의부 만은 끝까지 임시정부게 대한 의리를 지키더니 이 셋이 합하야 새로 정의부가 된 뒤에는 아주 임시정부와는 관계를 끊고、자기들 끼리도 사분오열하야 서로 제 살을 깎고 있다가 마츰내 공산당으로 하야 서로 제 목숨을 끊는 비극을 연출하고 막을 나리고 말았으니 진실로 슬픈 일이다。

상해의 정세도 소위 양패구상으로 둘이 싸와、둘이 다 망한 심이 되었다。

한국독립당 하나로 겨오 민족진영의 껍데기를 유지할 뿐이었다。

임시정부에는 사람도 돈도 들어오지아니하야 대통령 이승만이 물러나고 박은식(朴殷植)이 대신 대통령이 되였으나 대통령제를 국무령(國務領)제로 고쳐 놓을 뿐으로 나가고 제일세 국무령으로 뽑힌 이상룡(李尙龍)은 서간도로 부터 상해로 취임하러 왔으나 각원을 고르다가 지원자가 없어 도로 서간도로 불러가고 다음에 홍면희(洪冕憙

나종의 洪震) 가 선거되어 진강(鎭江)으로 부터 상해에 와서 취임하였으나 역시 내각 조직에 실패하였다. 이리하야 임시정부는 한참동안 무정부상태에 빠져서 의정원에서 큰 문제가 되었다。

하로는 의정원 의장 이동녕선생이 나를 찾아 와서 내가 국무령이 되기를 권하였으나 나는 두 가지 이유로 사양 하였다。 첫재 이유는 나는 해주 서촌의 일개 김존위(경기도 지방의 영좌에 상당한 것)의 아들이니 우리 정부가 아모리 아직 초창시대의 추형에 불과하다 하더라도 나 같이 미천한 사람이 일국의 원수가 된다 는 것은 국가와 민족의 위신에 큰 관계가 있다 는 것이오、 둘재로 말하면 이상룡、 홍면희 두 사람도 사람을 못얻어서 내각조직에 실패하였거늘 나 같은 자에게 더욱 응할 인물이 없을 것이란 것이었다。 그런즉 이씨 말이 첫재는 이유가 안 되는 것이니 말할 것 없고 둘재로 말하면 나 만 나서면 따라 나설 사람이 있다 고 강권함으로 나는 승낙하였다。 이에 의정원의 정식 절차를 밟아서 내가 국무령으로 취임하였다。 나는 윤기섭(尹琦燮)、 오영선(吳永善)、 김갑(金甲)、 김철(金澈)、 이규홍(李圭洪)등으로 내각을 조직하고 현재의 제도로는 내각을 조직하기가 번々히 곤난할 것을 통절히 깨달았음으로 한 사람에게 책임을 지우는 국무령제를 폐지하고 국무위원제로 개정하야 의정원의 동의를 얻었다。그래서 나는 국무위원의 주석이 되었으나 제도로 말하면 주석은 다만 회의의 주석이 될 뿐이오 모든 국무위원은 권리에나 책임에나 평등이었다。그러고 주석은 위원들이 번차례로 할 수 있는 것임으로 매우 편리하야 종래의 모든 분리를 일소할 수가 있었다。

이렇게하야 정부는 자리가 잡혔으나 경제곤난으로 정부의 이름을 유지할 길도 망연하였다。정부의 집세가 삼십 원、심부름군 월급이 이십 원 미만이였으나、이것도 낼 힘이 없어서 집주인에게 여러번 송사를 겪었다。

다른 위원들은 거의 다 가권이 있었으나 나는 아이들 둘도 다 본국 어머님 께로 돌려보낸 뒤라 홀몸이었다。그래서 나는 임시정부 정청에서 자고 밥은 돈벌이 직업을 가진 동포의 집으로 이집저집 돌아다니면서 얻어 먹었다。동포의 직업이라하야 전차회사의 차표검사원인 인스펙터가 제일 많은 직업이어서 칠십 명 가량 되었다。나는 이들의 집으로 댕기며 아츰、저녁을 빌어 먹는 것이니、거지 중에는 상 거지었다。다들 내 처지를 잘 앎으로 누구나 내게 미움 밥은 아니 주었다 고 믿는다。특히 조봉길(曺奉吉)、 이춘태(李春台)、 나우、 진희창(秦熙昌)、 김의한 같은 이들이 절친한 농지들이니 더 말할 것 없고 다른 동포들도 내게 진정으로 동정하였다。

엄항섭(嚴恒燮)군은 프랑스공무국(工務局)에서 받는 월급으로 석오(石吾——이동녕의 당호) 나 나 같은 궁한 운동자를 먹여 살렸다。 그의 전실 임씨(林氏)는 내가 그 집에 갔다가 나올 때면 대문 밖에 따라나와서 은전 한 두 푼을 내 손에 쥐어 주며、

「애기 사탕이나 사 주서요」

하였다。 애기라 함은 내 둘째 아들 신을 가리친 것이었다。 그는 초산에 딸 하나를 낳고 가없이 세상을 떠나서 노가만(盧家灣)공동묘지에 묻혔다。 나는 그 무덤을 볼 때마다 만일 엄군에게 그러할 힘이 아니 생기면 내라도 묘비 하나는 해 세우리라 하였으나 숨어서 상해를 떠나는 몸이라、 그것을 못 한 것이 유감이다。 오늘날도 노가만 공동묘지 임씨의 무덤이 눈에 암암하다。 그는 그 남편이 존경하는 늙은 이라 하야 내게 그렇게 끔쪽이 해 주었다。

「나는 애초에 임시정부의 문파수를 지원하였던 것이 경무국장으로、 노동국총판(勞働局總辦)으로、 내무총장으로、 국무령으로 오를 대로 다 올라서 다시 국무위원이 되고 주석이 되었다。 이것은 문파수의 자격이던 내가 진보한 것이 아니라、사람이 없어진 때문이었다。 비기건댄 이름났던 대가가 몰락하야 거지의 소굴이된 것과 마찬가지었다。 일즉 이승만이 대통령으로 시무할 때에는 중국인은 물론이오、눈 푸르고 코 높은 영、미、법등 외국인도 정청에 찾아오는 일이 있었으나 지금은 서양사람이라 고는 프란스 순포가 왜경관을 대동하고 사람을 잡으러 오거나 밀린 집세 재근을 오는 것 밖에는 없었다。 그리고 한창적에는 천여 명이나 되던 독립운동자가 인제는 수십 명도 못 되는 형편이었다。

왜 이렇게 독립운동자가 줄었는가。 첫재로는 임시정부의 군무차장 김희선、독립신문사장 이광수、의정원 부의장 정인과·같은 무리는 왜에게 항복하고 본국으로 들어가고、둘재로는 국내 각도 각군 각면에 조직하였던 연통제(聯通制)가 발각되어 많은 동지가 왜에게 잡혔고、셋재로는 생활난으로 하야 각각 흩어져 밥벌이를 하게 된 때문이었다。

이러한 장태에 있어서 임시정부의 할 일이 무엇인가。

첫재로 돈이 있어야 할 터인데 돈이 어듸서 나오나?

본국과 만주와는 이미 연락이 끊겼으니 미주와 하와이에 있는 동포에게 임시정부의 곤난한 사정을 말하야 그 지지를 구할 수 밖에 없었다。그래서 시작한 것이 내 편지정책이었다。나는 미주와 하와이 재류 동포의 열렬한 애국심을 믿었다。그것은 서재필、이승만、안창호、박용만(朴容萬)등의 훈도를 받은 까닭이었다。

나는 영문에는 문맹임으로 편지 겉봉도 쓸 줄 몰랐음으로 엄항섭、안공근 등에게 의뢰하여서 쓰게 하였다。

이 편지 정책의 효과를 기다리기는 벅찼다。그 때에는 아직 항공우편이 없었음으로 상해 미국 간에 한번 편지를 붙이고 답장을 받으라면 두 달이나 걸렸기 때문이다。그러나 기다린 보람은 있어서 차차 동정하는 회답이 왔고 시카고에 있는 김경(金慶)은 그 곳 공동회(共同會)에서 모은 것이라 하야 집세나 하라 고 미화 이백 불을 보내어 왔다。당시 임시정부의 형편으로는 이것이 결코 적은 돈이 아니었다。돈도 돈이어니와 동포들의 정성이 고마웠다。김경은 나와는 일면식도 없는 사람이었다。

하와이에서도 안창호(安昌浩)、가와이(加哇伊)、현순(玄楯)、김상호(金商鎬)、이홍기(李鴻基)、임성우(林成雨)、박종수(朴鍾秀)、문인화(文寅華)、조병요(趙炳堯)、김현구(金鉉九)、황인환(黃仁煥)、김윤배(金潤培)、박신애(朴信愛)、심영신(沈永信)등 제씨가 임시정부를 위하야 정성을 쓰기 시작하고 미주에서는 국민회에서 점차로 정부에 대한 향심이 생겨서 김호(金乎)、이종소(李鍾昭)、홍언(洪焉)、한시대(韓始大)、송종익(宋鍾翊)、최진하(崔鎭河)、송헌주(宋憲澍)、백일규(白一圭)등 제씨가 일어나 정부를 지지하고、멕시코에서는 김기창(金基昶)、이종오(李鍾旿)、큐바에서는 임천택(林千澤)、박창운(朴昌雲)등 제씨가 임시정부를 후원하고 동지회(同志會) 방면에서는 이승만박사를 위시하야 이원순(李元淳)、손덕인(孫德仁)、안현경(安賢卿) 제씨가 임시정부를 유지하는 운동에 참가하였다。

그리고 하와이에 있는 안창호(도산 말고)、임성우 양 씨는 내가 민족에 생색날 일을 한다 면 돈을 주선하마하였다。

하로는 어떤 청년 동포 한 사람이 거류민단으로 나를 찾아왔다。 그는 이봉창(李奉昌)이라 하였다。(나는 그 때에 상해거류민단장도 겸임하였다) 그는 말하기를 자기는 일본서 노동을 하고 있었는데 독립운동에 참예하고 싶어서 왔으니 자기와 같은 노동자도 노동을 해 먹으면서 독립운동을 할 수 있는가 하였다。 그는 우리 말과 일본 말을 섞어 쓰고 임시정부를 가정부라고 왜식으로 부름을 나는 특별히 조사할 필요가 있다 고 생각하고 민단 사무원을 시켜 여관을 잡아 주라 하고 그 청년 더러는 이미 날이 저물었으니 내일 로 만나자 하였다。

며츨 후였다。하로는 내가 민단 사무실에 있노라 니 벽에서 술 먹고 떠드는 소리가 들리는 데 그 청년이 이런 소리를 하였다、

「당신네들은 독립운동을 한다 면서 왜 일본 천왕을 안 죽이오？」

이 말에 어떤 민단 사무원이、

「일개 문관이나 무관 하나도 죽이기가 어려운 데 천황을 어떻게 죽이오？」

한 즉、그 청년은、

「내가 작년에 천황이 능행을 하는 것을 길가에 업드려서 보았는데、그 때에 나는 지금 내 손에 폭발탄 한 개 만 있었으면 천황을 죽이겠다 고 생각하였소」

하였다。

나는 그 날 밤에 이봉창을 그 여관으로 찾았다。그는 상해에 온 뜻을 이렇게 말하였다——

「제 나이가 이제 설흔한 살입니다。앞으로 설흔한 해를 더 산다 하여도 지금 까지보다 더 나은 재미는 없을 것입니다。 늙겠으니까요。 인생의 목적이 쾌락이라면 지난 삼십일 년 동안에 인생의 쾌락이란 것을 대강 맛을 보았습니다。 인제 부터는 영원한 쾌락을 위해서 독립사업에 몸을 바칠 목적으로 상해에 왔습니다。」

이씨의 이 말에 내 눈에는 눈물이 찼다。

이봉창선생은 공경하는 태도로 내게 국사에 헌신할 길을 지도하기를 청하였다。 나는 그러마 하고 쾌락하고 일년 이내에는 그가 할 일을 준비할 터이나 시방 임시정부의 사정으로는 그의 생활비를 대일 길이 없으니 그 동안은 어떻게 하랴는가 고 물었더니、 그는 자기는 철공에 배운 재조가 있고 또 일어를 잘하야 일본서도 일본 사람으로 행세하였고 또 일본사람의 양자로 들어가 성명도 목하창장(木下昌藏)이라 하야 상해에 오는 배에서도 그 이름을 썼으니 자기는 공장에서 생활비를 벌면서 일본 사람 행세를 했고 언제 까지나 나의 지도가 있기를 기다리노라 고 하였다。

이리하야 나는 그에게、 나 하고는 번번한 교제를 말고 한 달에 한 번씩 밤에 나를 찾아와 만나자 고 주의시킨 후에 일인이 많이 사는 홍구로 떼내보내었다。

수일후에 그가 내게 와서 월급 팔십원에 일본인의 공장에 취직하였노라 하였다。

그후부터 그는 종종 술과 고기와 국수를 사, 가지고 민단사무소에 와서 민단 직원들과 놀고 술이 취하면 일본 소리를 잘함으로 「일본영감」이라는 별명을 얻었다.

어느 날은 하오리에 게다를 신고 정부 문을 들어서다가 중국인 하인에게 쫓겨난 일도 있었다. 그래서 나는 이동녕선생과 기타 국무원들에게 한인인지 일인인지 판단키 어려운 인물을 정부문내에 출입시킨다는 책망을 받았고 그때마다 조사하는 일이 있어서 그런다고 변명하였으나 동지들은 매우 불쾌하게 여기는 모양이었다.

이럭저럭 이씨와 약속한 일년이 거의다 가서야 미국에 부탁한 돈이 왔다. 인제는 폭탄도 돈도 다 준비가 되었다. 폭탄 한 개는 왕웅(王雄)을 시켜 상해 병공창(上海兵工廠)에서, 또 한 개는 김현(金鉉)을 하남성 유치(河南省劉峙)헌테 보내어 얻어 온 것이니 모도 수류탄이었다. 이 중에 한 개를 일본천황에게 쓸 것이오 한 개는 이씨 자살용이었다.

나는 거지 복색을 입고 돈을 몸에 지니고 저지 생활을 계속하니 아모도 내 품에 천여 원의 큰 돈이 든 줄을 아는 이가 없었다.

집이월 중순 어느날 나는 이봉창선생을 비밀히 법조계 중흥여사(中興旅舍)로 청하야 하로 밤을 같이 자며 이선생이 일본에 갈 일에 대하야 여러 가지 의논을 의논하였다。만일 자살이 실패되어 왜관헌에게 신문을 받게 되거든 이선생이 할 대답 문구 까지 일러 주었다。그 밤을 같이 자고 이튿날 아츰에 나는 내 헌옷 주머니 속에 돈 뭉텅이를 내어 이봉창선생에게 주며 일본 갈 준비를 다 하여 놓고 다시 오라 하고 서로 작별하였다。

이틀 후에 그가 찾아왔기로 중흥려사에서 마즈막 한 밤을 둘이 함께 잤다。그 때에 이씨는 이런 말을 하였다、

「일전에 선생님이 내게 돈뭉치를 주실때에 나는 눈물이 났읍니다。나를 어떤 놈으로 믿으시고 이렇게 큰 돈을 내게 주시나。내가 이 돈을 떼어 먹기로、법조계 밖에는 한 걸음도 못 나오시는 선생님이 나를 어찌할 수 있읍니까。나는 평생에 이처럼 신임을 받아 본 일이 없읍니다。이것이 처음이오 또 마즈막입니다。과시 선생님이 하시는 일은 영웅의 도량이라 고 생각하였읍니다。」

그길로 나는 그를 안공근의 집으로 다리고 가서 선서식을 행하고 폭탄 두개를 주고 다시 그에게 돈 삼백원을 주며 이 돈은 모도 동경 까지 가기에 다 쓰고 동경

가서 전보 만 하면 곧 돈을 더 보내마 고 말하였다。 그리고 기념사진을 박을 때에 내 낯에는 체연한 빛이 있던 모양이어서, 이씨가 나를 돌아보고,

「제가 영원한 쾌락을 얻으러 가는 길이니 우리 기쁜 낯으로 사진을 바깁시다」

하고 얼굴에 빙그레 웃음을 띄운다。 나도 그를 따라 웃으면서 사진을 박혔다。

자동차에 올라앉은 그는 나를 향하야 깊이 허리를 굽히고 홍구를 향하야 가 버렸다。

십여 일 후에 그는 동경에서 전보를 보내었는데 물품은 일월 팔일에 방매 하겠다 고 하였다。 나는 곧 이백 원을 전보환으로 부쳤더니, 편지로 미친 놈 처럼 돈을 다 쓰고 여관비 밥값이 밀렸던 차에 이백 원 돈을 받아 주인의 빚을 청산하고도 돈이 남았다 고 하였다。

당시 정세로 말하면 우리 민족의 독립사상을 떨치기로 보거나 또 만보산사건, 만주사변 같은 것으로 우리 한인에 대하야 심히 악화된 중국인의 악감을 풀기로 보거나 무슨 새로운 국면을 타개할 필요가 있었다。 그래서 우리 임시정부에서 회의한 결과 한인애국단(韓人愛國團)을 조직하야 암살과 파괴공작을 하되 돈이나 사람이나 내가 전담

하야 하고 다만 그 결과를 정부에 보고하라 는 전권을 위임받았었다。 일월 팔일이 임박함으로 나는 국무위원에 한하야 그 동안의 경과를 보고 하여 두었었다。 기다리던 일월 팔일 중국 신문에

「韓人李奉昌狙擊日皇不中」

이라 고 하는 동경전보가 계재되었다。 이봉창이 일황을 저격하였다 는 것은 좋으나 맞지아니하였다 는 것이 극히 불쾌하였다。 그러나 여러 동지들은 나를 위로하였다。 일본천황이 그 자리에서 죽은 것 만은 못 하나 우리 한인이 정신상으로는 그를 죽인 것이오、또 세계 만방에 우리 민족이 일본에 동화되지않았다 는 것을 웅변으로 증명하는 것이니 이번 일은 성공으로 볼 것이라 하는 것이었다。 그리고 동지들은 내 신변을 주의할 것을 부탁하였다。

아니나다를가、이튿날 조조에 프란스 공무국으로 부터 비밀히 통지가 왔다。 과거 십년간 프란스 관헌이 김구를 보호하였으나 이번 김구의 부하가 일황에게 폭탄을 던진데 대하여서는 일본의 김구 체포 인도의 요구를 거절할 수 없다 는 것이었다。

중국、국민당 기관지 청도의 국민일보는 특호 활자로

「韓人李奉昌狙擊日皇不幸不中」이라 고 썼다 하야 당지 주둔 일본 군대와 경찰이 그 신문사를 습격하야 파괴하였고 그 밖에 장사(長沙)등 여러 신문에서도 「不幸不中」이라 는 문구를 썼다 하야 일본이 중국 정부에 엄중한 항의를 한 결과로 「不幸」자를 쓴 신문사는 모도 폐쇄를 당하고 말았다。

그리자 상해에서 일본 중 하나가 중국인에게 맞아 죽었다 는 것을 비밀로 하야 일본은 一、二八상해 사변을 일으켰으니 기실은 이봉창의사의 일황저격과 이에 대한 중국인의 「不幸不中」이라 고 할만한 감정이 이 전생의 주요원인인 것이었다。

나는 동지들의 권에 의하야 낮에는 일체 활동을 쉬이고 밤에는 동지의 집이나 창기의 집에서 자고 밥은 동포의 집으로 돌아다니면서 얻어 먹었다。동포들은 정성것 나를 대접하였다。

십구로군의 채정해(蔡廷楷)와 중앙군 제오군장 장치중(張治中)의 참전으로 일본군에 대한 상해 싸움은 가장 격렬하게 되어서 법조계 안에도 후방 병원이 설치되어 중국측 전사병의 시체와 전상병을 가뜩가뜩 실은 트력이 피를 흘리고 왕내하는 것을 보고 나는 언제나 우리도 왜와 싸와 본국 강산을 피로 물들일 날이 올가 하고 하도 눈물이 흘러 통행인들이 수상히 볼 것이 두려워 고개를 숙이고 피해 버렸다。

동경사건이 전하자 미주와 하와이 동포들로 부터 많은 편지가 오고 그 중에는 이번 중일전쟁에 우리도 한 목 끼어 중국을 도와서 일본과 싸우는 일을 하라 는 이도 있고 적당한 사업을 한다면 거기 필요한 돈을 마련하마 하는 이도 있었다。 그러나 이번 중일전쟁에 한 목 끼이기는 임갈굴정이라 준비도 없이 무엇을 하랴。 나는 한안 중에 일본 군중에 노동자로 출입하는 사람들을 이용하야 그 비행기 격납고와 군수품 창고에 연소탄을 장치하야 이것을 태워버릴 계획을 진행하고 있었으나 송호협정(淞滬協定)으로 중국이 일본에 굴복하야 상해전쟁이 끝을 막으니 내 계획은 수포로 돌아가고 말았다。 송호협정의 중국측 전권은 곽태기(郭泰祺)였다。

이에 나는 암살과 파괴계획을 계속하야 실시하랴 고 인물을 물색하였다。 내가 믿던 제자요 동지인 나석주(羅錫疇)는 벌서 연전에 서울 동양척식회사에 침입하야 칠 명의 일인을 쏘아 죽이고 자살하였고 이승춘(李承春)은 천진에서 부뜰려 사형을 당하였으니 인제는 그들을 생각하여도 할일없었다。

새로 얻은 동지 이덕주(李德柱) 유진식(兪鎭植)은 왜 총독의 암살을 명하야 몬저 본국으로 보냈고 유상근(柳相根)、최흥식(崔興植)은 왜의 관동군 사령관 본장번(本庄繁)의 암살을 명하야 만주로 보내랴 고 할 즈음에 윤봉길(尹奉吉)이 나를 찾아왔다。윤군은 동포 박진(朴震)이가 경영하는 말총으로 모자 기타 일용품을 만드는 공장에서 일하다가 근래에는 홍구소채장에 소채장사를 하던 사람이다。

윤봉길군은 자기가 애초에 상해에 온것이 무슨 큰 일을 하려 함이었고 소채를 지고 홍구방면으로 돌아댕긴 것도 무슨 기회를 기다렸던 것인 데 인제는 중일간의 전쟁도 끝이 났으니 아모리 보아도 죽을 자리를 구하기가 어렵다 고 한탄한 뒤에 내게 동경사건과 같은 계획이 있거든 자기를 써 달라 는 것이었다。

나는 그에게 나라를 위하야 목숨을 버리랴 는 큰 뜻이 있는 것을 보고 기꺼히 이렇게 대답하였다──

「내가 마츰 그대와 같은 인물을 구하던 중이니 안심하시오」

그러고 나는 왜놈들이 이번 상해 싸움에 이긴 것으로 자못 의기양々하야 오는 사월 이십구일에 홍구공원에서 그 놈들의 소위 천장절(天長節) 축하식을 성대히 거행한다 하니 이 때에 한 번 큰 목적을 달해 봄이 어떠냐 하고 그 일의 계획을 말하였다。내 말을 듣더니 윤군은、

「할랍니다。인제 부텀은 마음이 편안합니다。준비해 줍시오」

하고 쾌히 응낙하였다。

그 후、왜의 신문인 상해일일신문에 천장절 축하식에 참예하는 사람은 점심 벤또와 물통 하나와 일장기 하나를 휴대하라 는 포고가 났다。이 신문을 보고 나는 곧 서문로(西門路) 왕웅(王雄——본명은 金弘逸)을 방문하야 상해병공창장 송식마(宋式驫)에게 교섭하야 일인이 매는 물통과 벤또그릇에 폭탄 장치를 하야 사흘안에 보내기를 부탁케 하였더니 왕웅이 다녀와서 말하기를 내가 친히 병공창으로 오라 고 한다 함으로 가보니 기사 왕백수(王伯修)의 지도 밑에 물통과 벤또그릇으로 만든 두 가지 폭탄의 성능을 시험하여 보여 주었다。시험 방법은 마당에 토굴을 파고 그 속을 사면으로 철판으로 싸고 폭탄을 그 속에 넣고 뇌관에 긴 줄을 달아서 사람 하나가 수십 보 밖에 엎드려서 그 줄을 당기니 토굴 안에서 벽력 소리가 나며 깨어진 철판 조각이 공중에 날아 오르는 것이 아주 장관이었다。뇌관을 이 모양으로 이십 개나 실험하여서 한 번도 실패가 없는 것을 보고야 실물에 징치한다 고 하는 데 이렇게 까지 이 병공창에서 정성을 들이는 까닭은 동경사건에 쓴 폭탄이 성능이 부족하였던 것을 유감으로 생각하는 때문이라 고 왕기사는 말하였다。그래 이십여 개 폭탄을 이 모양으로 무료로 만들어 준다 는 것이였다。

이튿날 불통폭탄과 벤또폭탄을 병공창 자동차로 선문로 왕웅군의 집 까지 실어다 주었다。이런 금물을 우리가 운반하기가 어렵다 고 생각한 친절에서 였다。나는 내가 입고 있던 중국 거지 복색을 벗어 버리고 녀마졈에 가서 양복 한 벌을 사 입어 엄연한 신사가 되어 가지고 하나 씩·둘 씩 이 폭탄을 날라다가 법조계 안에 사는 친한 동포의 집에 주인에게도 그것이 무엇이라 고는 알리지아니하고 다만 귀중한 약이니 불조심만 하라 고 일르고 가마귀 떡 감추듯 이집 저집에 감추았다。나는 오랜 상해 생활에 동포들과 다 친하게 되어 어느 집에를 가나 내외가 없였다。더구나 동경사건 이래로 그러하여서 부인네들도 나와 허물없이 되어、

「선생님 아이 좀 보아 주셔요」

하고 우는 젖먹이를 내게 안겨 놓고 제 일들을 하였다。내게 가면 울던 아이도 울음을 그치고 잘 논다 는 소문이 났다。

사월 이십구일이 점々 박두하여 왔다。윤봉길군은 말숙하게 일본식 양복을 사입혀서 날 마다 홍구공원에 가서 식장 설비하는 것을、살펴서 그 당일에 자기가 행사할 적당한 위치를 골르게 하고 일변 백천대장의 사진이며 일본 국기 같은 것도 마련하게 하였다。하로는 윤군이 홍구에 갔다가 와서、

「오늘 백천이 놈도 식장설비하는 데 왔겠지오。바로 내 곁에 와 선단 말야요。내게 폭탄 만 있었더면 그 때에 해 버리는 겐 데」

하고 아까와하였다。나는 정색하고 윤군을 책하였다——

「그것이 무슨 말이오? 포수가 사냥을 하는 법이 앉은 새와 자는 즘생은 아니 쏜다 는 것이오。날려 놓고 쏘고 달려 놓고 쏘는 것이야。윤군이 그런 소리를 하는 것을 보니 내일 일에 자신이 없나 보구려。」

윤군은 내 말에 무료한듯이、

「아니오。그 놈이 내 곁에 있는 것을 보니 불현듯 그런 생각이 나더란 말입니다。」

내일 일에 왜 자신이 없어요、있지오。」

하고 변명하였다。

나는 웃는 낯으로、

「나도 윤군의 성공을 확신하오。 처음 이 계획을 내가 말할 때에 윤군이 마음이 편안해진다 고 하지 않았소? 그것이 성공할 증거라 고 나는 믿고 있소。 마음이 움지겨서는 안 되오。 가슴이 울렁거리는 것이 마음이 움지기는 게요。」

하고 내가 치하포에 토정양량을 타살하려 할 때에 가슴이 울렁거리던 것과 고능선 선생에게 들은、

「得樹攀枝不足奇。懸崖撒手丈夫兒」

라는 글구를 생각하매 마음이 고요하게 되었다 는 것을 말하니 윤군은 마음에 새기는 모양이었다。

윤군을 여관으로 보내고 나는 폭탄 두 개를 가지고 김해산(金海山)군 집으로 가서 김군 내외에게、 내일 윤봉길군이 중대한 임무를 띄고 동삼성(만주라는 뜻)으로 떠나니 고기를 사서 이른 조반을 지어 달라 고 부탁하였다。

이튿날은 사월 이십구일이었다。 나는 김해산 집에서 윤봉길군과 최후의 식탁을 같이 하였다。밥을 먹으며 가만히 윤군의 기색을 살펴보니 그 태연자약함이 마치 농부가 일터에 나가랴 고 넉々히 밥을 먹는 것 모양과 같았다。

김해산군은 윤군의 침착하고도 용감한 태도를 보고、종용히 내게 이런 권고를 하였다。

「지금 상해에 민족 체면을 위하야 할일이 많은 데 윤군 같은 인물을 구타여 다른 데로 보낼 것은 무엇이오?」

「일은 하는 사람에게 맡기는 것 좋지。윤군이 어되서 무슨 소리를 내나 들어봅시다」

나는 김해산군에게 이렇게 대답하였다。

식사도 끝나고 시계가 일곱 점을 친다。윤군은 자기의 시계를 꺼내어 내게주며、

「이 시계는 어제 선서식 후에 선생님 말씀 대로 육원을 주고 산 시계인 데 선생님 시계는 이원 자리니 제 해 하고 바꿉시다。제 시계는 앞으로 한 시간 밖에는 쓸 데가 없으니까요」

하기로 나도 기념으로 윤군의 시계를 받고 내 시계를 윤군에게 주었다。

식장을 향하야 떠나는 길에 윤군은 자동차에 앉아서 그가 가졌던 돈을 꺼내어 내게 준다。

「왜 돈은 좀 가지면 어떻소?」

하고 묻는 내 말에、윤군이、

「자동차 값 주고도 오륙 원은 남아요」、

할 즈음에 자동차가 움지겼다。나는 목이 메인 소리로、

「후일 지하에서 만납시다」

하였더니 윤군은 차창으로 고개를 내밀어 나를 향하야 숙였다。자동차는 크게 소리를 지르며 천하 영웅 윤봉길을 싣고 홍구공원을 향하야 달렸다。

그 길로 나는 조상섭(趙尙燮)의 상점에 들러 편지 한 장을 써서 점원 김영린(金永麟)을 주어 급히 안창호 선생에게 전하라 하였다。그 내용은「오전 십시 경 부터 댁에 계시지 마시오。무슨 대 사건이 있을뜻합니다」하는 것이었다。그리고 나는 석오 선생께로 가서 지금 까지 진행한 일을 보고하고 점심을 먹고 무슨 소식이 있기를 기다리고 있었다。

오후 한 시 쯤 해서야 중국 사람들의 입으로 홍구공원에서 누가 폭탄을 던져서 일인이 많이 죽었다 고 술렁술렁하기 시작하였다。 혹은 중국인이 던진 것이라 하고 혹은 고려인의 소위라 고 하였다。 우리 동포 중에도 어제 까지 소채 바구니를 지고 댕기던 윤봉길이 오늘에 경천위지할 이 일을 했으리라 고 아는 사람은 김구 이외에는 이동녕、 이시영、 조완구 같은 몇 사람이나 짐작하였을 것이다。

이 날 일은 순전히 내가 혼자 한 일임으로 이동녕 선생에게도 이 날에 처음 자세한 보고를 하고 자세한 소식을 기다리고 있었다。 오후 세 시에 비로소 신문 호외로、

「홍구공원 일인의 천장절 경축 대상에 대량의 폭탄이 폭발하야 민단장 하단(河端)은 즉사하고 백천대장、 중광(重光)대사、 야촌(野村)중장 등 문무 대관이 다수 중상」

이라 는 것이 보도되었다。

그날 일인의 신문에는 폭탄을 던진 것은 중국인의 소위라 고 하더니 이튿날 신문에야 일치하게 윤봉길의 이름을 크게 박고 법조계에 대수색이 일어났다。

나는 안공근과 엄항섭을 비밀히 불러 이로 부터 나를 따라 일을 같이 할 것을 명하고 미국인 피취(費吾生이라 고 중국식으로 번역한다) 씨에게 잠시 숨겨 주기를 교섭하였더니 피취씨는 쾌락하고 그 집 이층을 전부 내게 제공함으로 나와、김철、안공근、엄항섭 넷이 그 집에 있게 되었다。피취씨는 고 피취 목사의 아들이오 피취 목사는 우리 상해 독립운동의 숨은 은인이었었다。피취부인은 손소 우리의 식절을 보살폈다。

우리는 피취 댁 전화를 이용하야 누가 잡힌 것 등을 알고 또 잡혀간 동지의 가족의 구제며 피난할 동지의 여비 지급 같은 일을 하고 있었다。내가 전인하야 편지까지 하였건 마는 불행히 안창호 선생이 이유필의 집에 갔다가 잡히고 그 밖에 장헌근(張憲根)、김덕근(金德根)과 몇몇 젊은 학생들이 잡혔을 뿐이오 독립운동 동지들은 대개 무사함을 알고 다행히 생각하였다。그러나 수색의 손이 날 마다 움지기니 재류동포가 안거할 수가 없고 또 애매한 동포들이 잡힐 우려가 있음으로 나는 동경사건과 이번 홍구폭탄사건의 책임자는 나 김구라 는 성명서를 즉시로 발표하려 하였으나 안공근의 반대로 유예하다가 마츰내 엄항섭으로 하여곰 이성명서를 기초케하고 피취부인에게 번역을 부탁하야 통신사에 발표하였다。이러하야 일본 천황에게 폭탄을 던진 이봉창 사건이나、상해에 백천대장 이하를 살상한 윤봉길 사건이나 그 주모자는 김구라는 것이 전 세계에 알려진 것이였다。

이 일이 생기자 은주부(殷鑄夫)、주경란(朱慶瀾)같은 중국 명사가 내게 특별 면회를 청하고 남경에 있던 남파 박찬익(南坡朴贊翊)형의 활동도 있어 물질로도 원조가 답지하였다。만주사변、만보산 사건 등으로 악화하였던 중국인의 우리 한인에게 대한 감정은 윤봉길 의사의 희생으로 말미암아 극도로 호전하였다。

왜는 제일차로 내 몸에 이십만 원 현상을 하더니 제이차로 일본 외무성、조선총독부、상해 주둔군사령부의 삼부합작으로 육십만 원 현상으로 나를 잡으려 하였다。그러나 전에는 법조계에서 한 발자욱도 아니 나가던 나는 자동차로 영조계、법조계 할 것 없이 막 돌아 댕겼다。하로는 전차공사 인스펙터 댕기는 별명 박대장 집에 가서 혼인 국수를 먹으러 가는 것이 십여 명 왜 경관대에게 발견되어 박대장 집 아궁지 까지 수색되었으나 나는 벽에서 선 채로 국수를 얻어 먹고 벌서 나온 뒤었다。아슬아슬하게 면하였다。

남경정부에서는 내가 신변이 위험하다면 비행기를 보내마 고 까지 말하여 왔다。그러나 그들이 나를 대려가려함은 반다시 무슨 요구가 있을 것인 데 내게는 그들을 만족시킬 아모 도리도 없음을 생각하고 헛도히 남의 나라의 신세를 질것이 없다 하야 모도 사절하여 버렷다。

이러하는 동안에 이십여 일이 지냈다。 하로는 피취부인이 나를 보고 내가 피취 댁에 있는 것을 정탐이 알고 그들이 번갈이 집을 포위하고 지키고 있다 함으로 나는 피취 댁에 더 있을 수 없음을 깨닫고 나는 피취 댁 자동차에 피취 부인과 내외인 것 처럼 동승하고 피취씨가 운전수가 되어 대문을 나서 보니 과연 중국인、로시아인、프란스인 정탐들이 늘어서 있었다。 그 사이로 피취씨가 차를 빨리 법조계를 지나 중국 땅에 있는 정거장으로 가서 기차로 가흥 수륜사창(嘉興秀綸紗廠)에 피신하였다。 이는 박남파가 은주부、저보성(褚補成) 제씨에게 주선하여 얻어 놓은 곳으로 이동녕 선생을 비롯하야 엄항섭、김의한 양 군의 가족은 수일 전에 벌서 반이해 와 있었다。

나종에 들은 즉 우리가 피취 댁에 숨은 것이 발각된 것은 우리가 그집 전화를 남용한 데서 단서가 나온 것이라 하였다。

긔적장강만리풍(寄跡長江萬里風)

나는 이로부터 일시 가흥에 몸을 붙이게 되었다。성은 조모님을 따라 장(張)이라 하고 이름은 진구(震球)、또는 진(震)이라 고 행세하였다。

가흥은 내가 의탁하여 있는 저보성씨의 고향인 데 저씨는 일즉 강소성장(江蘇省長)을 지낸 이로 덕망이 높은 신사요 그 맏아들 봉장(鳳章)은 미국 유학생으로 그 곳 동문 밖 민풍지창(民豐紙廠)이라 는 조희 공장의 기사장이었다。저씨의 집은 가흥 남문 밖에 있는 데 구식 집으로 그리 굉장하지는 아니 하나 대부의 져택으로 보였다。저씨는 그의 수양자인 진동손(陳桐蓀)군의 정자를 내 숙소로 지정하였는 데 이것은 호수 가에 반양제로 지은 말숙한 집이었다。수륜사창이 바라보이고 경치가 좋았다。저씨댁에 내 본색을 아는 이는 저씨 내외와 그 아들 내외와 진동손 내외 뿐인 데 가장 곤난한 것은 내가 중국 말을 통치 못 함이었다。비록 광동인(廣東人)이라 고 행세는 하지 마는 이렇게도 말을 모르는 광동인이 어듸 있으랴。

가흥에는 산은 없으나 호수와 운하가 낙지발 같이 사통팔달하여서 칠팔 세 되는 아이들도 배 저을 줄을 알았다。 토지는 극히 비옥하야 물산이 풍부하고 인심은 상해와는 딴판으로 순후하야 상점에 에누리가 없고 고객이 물건을 잊고 가면 잘 두었다가 주었다。

나는 진씨 내외와 동반하야 남호연우루(南湖烟雨樓)와 서문밖 삼탑(三塔)등을 구경하였다。 여기는 명나라 적에 왜구가 침입하야 횡포하던 유적이 있었다。 동문 밖으로 십리쯤 나아가면 한나라 적 주매신(朱買臣)의 무덤이 있고 북문 밖 낙범정(落帆亭)은 주매신이 글을 읽다가 나락 멍석을 떠내보내고 안해 최씨에게 소박을 받은 유적이라 고 한다。 나중에 주매신이 회계태수(會稽太守)가 되어 올 때에 최씨는 엎질을 동에엣 물을 주어담지 못하야 낙범정 밑에서 물에 빠져 죽었다 고 한다。

가흥에 우접한지 얼마아니하야 상해 일본영사관에 있는 일인 관리 중에 우리의 손에 매수된 자로 부터 호항선(상해、항주 철도)을 수색하려 일본 경관이 가니 조심하라 는 긔별이 왔다。 가흥 정거장에 사람을 모내어 알아보았더니 과연 변장한 왜 경관이 내려서 여긔저긔 둘러보고 갔다 고 함으로 저봉장의 처가인 주(朱)씨 댁 산정으로 가기로 하였다。 주씨는 저봉장씨의 새취로 첫 애기를 낳온지 얼마 아니 되는 젊고 아름다운 부인이었다。 저씨는 이러한 그 부인을 단독으로 내 동행을 삼아서 귀선의로 하로 길 되는 해염현성(海鹽縣城) 주씨 댁으로 나를 보내었다。

주씨 댁은 성내에 제일 큰 집이라 하는 데 과연 굉장하였다。 내 숙소인 양옥은 그 집 후원에 있는 데 대문 밖은 돌을 깔아놓은 길이오 길건너는 대소 선박이 내왕하는 호수다。 그리고 대문 안은 정원이오 한 협문을 들어가면 사무실이 있는 데 여기는 주씨 댁 총경리가 매일 이 집 살림살이 말아보는 곳이다。 예전에는 사백여 명 식구가 한 식당에 모여서 먹었으나 지금은 사농공상의 직업을 따라서 대부분이 각처로 분산하고 남아 있는 식구들도 소가족으로 자취를 원함으로 사무실에서는 물자 만 배급한다 고 한다。

집의 생김은 벌의 집과 같아서 세 채나 네 채가 한 가족 차지가 되었는데 다 앞에는 큰 객청이 있고 뒤에는 양옥과 화원이 있고 또 그 뒤에는 운동장이 있다。

해염에 대화원 셋이 있는 데 전(錢)가 화원이 첫재요 주가화원이 둘재라 하기로 전가 화원도 구경하였다。 과연 전씨 댁이 화원으로 주씨 것 보다 컸으나 집과 설비로는 주씨 것이 전씨 것 보다 나았다。

해염 주씨 댁에서 하로 밤을 지내고 이튿날 다시 주씨부인과 함께 긔차로 노리언(盧里堰)까지 가서 거긔서 부터 는 서남으로 산 길 오륙 리를 걸어 올라갔다。저부인이 굽높은 구두를 신고 연해 손수건으로 땀을 씻으며 칠팔월 염천에 고개를 걸어 넘는 광경을 영화로 박아 만대 후손에게 전할 마음이 간절하였다。부인의 친정 시비 하나가 내가 먹을 것과 기타 일용품을 들고 우리를 따랐다。국가가 독립이 된다 면 저부인의 정성과 친절을 내 자손이나 우리동포가 누구는 감사하지아니하랴。영화로 는 못 박아도 글로라도 전하랴 고 이것을 쓰는 바이다。

고개턱에 오르니 주씨가 지은 한 정자가 있다。거기서 잠시 수이고 다시 걸어 수백 보를 나려가니 산 중턱에 소쇄한 양옥 한 채가 있다。집을 수호하는 비복들이 나와서 공손하게 저부인을 맞는다。

부인은 시비에게 들려 가치고 온 고기며 과일을 꺼내어 비복들에게 주며 내 식성과 어떻게 요리할 것을 설명하고 또 나를 안내하야 어듸를 가거든 얼마、어듸어든 열마를 받으리 고 안내료금 까지 자장하게 분별하여 놓고 당일로 해염 친가로 돌아갔다。

나는 이로부터 매일 산에 오르기로 일을 삼았다。나는 상해에 온지 십사년이 되어 남들이 다 보고 말하고 소주니 항주니 남경이니 하는 데를 구경하기는 고사하고 상해 테두리 밖에 한걸음을 내어 놓은 일도 없었다。그러다가 마음 대로 산과 물을 즐길 기회를 얻으니 유쾌하기 짝이 없었다。

이 집은 본래 저부인의 친정 숙부의 여름 별장이러니 그가 별세하매 이 가까히 매장한 뒤로는 이 집은 그 묘소의 묘막과 제각을 겸한 것이라 고 한다。명가가 산정을 지을만한 곳이라 풍경이 자못 아름다왔다。산에 오르면 앞으로는 바다요 좌우는 푸른 솔 붉은 가을 잎 이었다。

하로는 응과정(鷹窠頂)에를 올랐다。거기는 일좌 승방이 있어、한 늙은 여승이 나와 맞었다。그는 말 끝 마다 나무아미타불을 불렀다。

「원로 잘 오셔계시오 아미타불、내불당으로 들어오시오 아미타불」

이모양이였다。그를 따라 암자로 들어가니 방방이 얼굴 희고 입설 붉은 젊은 여승이 승복을 맵시있게 입고 목에는 긴 염주、손에는 단주를 들고 저두추파로 인사를 하였다。

암자 뒤에 바위 하나가 있는데 그 우에 지남침을 놓으면 거꾸로 북을 가리친다 하기로 내 시계에 달린 윤도를 놓아 보니 과연 그러하였다. 아 자철광 관계인가 하였다.

하로는 해변 어느 진에 장구경을 갔다가 경찰의 눈에 걸려서 마츰내 정체가 이 지방 경찰에 알리게 되었음으로 안전치못하다 하야 도로 가홍으로 돌아왔다. 가홍에 와서는 거진 매일 배를 타고 호수에 뜨거나 운하로 오르나리고 혹은 엄가빈(嚴家濱)이라 는 농촌의 농가에 몸을 붙여 있기도 하였다.

이렇게 강남의 농촌을 보니 누에를 쳐서 길삼을 하는 법이나 벼농사를 짓는 법이나 다 우리 나라 보담은 발달 된 것이 부러웠다. 구미 문명이 들어와서 그런 것 외에 고래의 것도 그러하였다. 나는 생각하였다. 우리 선인들은 한, 당, 송, 원, 명, 청 시대에 끊임이 없이 사절이 내왕하면서 왜 이 나라의 좋은 것은 못 배와 오고 궂은 것 만 드려왔는고. 의관문물 실준중화(衣冠文物實遵中華)라 는 것이 이조 오백 년의 정책이라 하건 마는 머리아픈 망건과 기타 망하기 좋은 것 뿐이오 이용후생에 관한 것은 없었다. 그러고 민족의 머리에 드러박운 것은 원수엣 사대사상 뿐이 아니냐. 주자학으로 주자 이상으로 발달시킨 결과는 공수위좌하야 손가락 하나 안 놀리고 주둥이 만 까게 하여서 민족의 원기를 소진하여 버리니 남는 것은 편협한 당과싸움과 의뢰심 뿐이다。

오늘날로 보아도 요새 일부 청년들이 제 정신을 잃고 로시아로 조국을 삼고 레닌을 국부로 삼아서 어제 까지 민족혁명은 두 번 피흘릴 운동이니 대번에 사회주의혁명을 한다 고 떠들던 자들이 레닌의 말 한 마듸에 돌연히 민족혁명이야말로 그들의 진면목인 것 처럼 들고 나지 않는가。주자님은 방구 까지 향긔롭게 여기던 부유들 모양으로 레닌은 똥 까지 달다 고 하는 청년들을 보게 되니 한심한 일이다。나는 반다시 주자를 옳다 고도 아니 하고 맑스를 그르다 고도 아니 한다。내가 청년 제군에게 바라는 것은 저를 잊지 말란 말이다。우리의 역사적 이상 우리의 민족성、우리의 환경에 맞는 나라를 생각하라 는 것이다。밤낮 저를 잃고 남만 높여서 남의 발뒤꿈치를 따르는 것으로 장한체를 말라 는 것이다。제 뇌로 제 정신으로 생각하란 말이다。

나는 엄가빈에서 다시 사회교(砂灰橋)엄항섭군 집으로、오룡교 진동생(五龍橋陳桐生)의 집으로 옮아다니며 숙식하고 낮에는 주애보(朱愛寶)라 는 여자가 사공이 되어 부리는 배를 타고 이 운하 저 운하로 농촌 구경을 돌아다니 는 것이 나의 일과였다。

가흥성내에 있는 진명사(鎭明寺)는 유명한 도주공(陶朱公)의 집터라 한다。그 속에는 축오자(암소 다섯 마리를 길우다)하고 또 양어하던 못이 있고 절문 밖에는「陶朱公遺址」라 는 돌 비가있다。

하로는 길로 돌아다니다가 큰 길 가 마당에서 군사가 조련하는 것을 사람들이 보고 있기로 나도 그 듬에 끼었더니 군관 하나가 나를 유심히 보며 내 앞으로 와서 누구냐 하기로 나는 언제나 하는 대로 광동인이라 고 대답하였다。이 군관이 정작 광동인인 줄이야 뉘라 알았으랴。나는 곧 보안대본부로 부뜰려 갔다。저씨 댁과 진씨 댁에 조사한 결과로 무사하게는 되었으나 저봉장군은 내가 피신할 줄을 모른다 고 책하고 그의 친우요 중학교 교원인 과부가 하나 있으니 그와 혼인하여서 살면 행색을 감초리라 고 권하였다。나는、그런 유식한 여자와 같이 살면 더욱 내본색이 탄로되기 쉬우니 차라리 무식한 배 사공 주애보에게 몸을 의탁하리라 하야 아주 배 속에서 살기로 하였다。오늘은 남문 밖 호수 가에 자고 내일은 북문 밖 운하 가에 자고 낮에나「육지에 나와 댕겼다。

이러는 동안에도 박남파、엄일파、안신암 세 사람은 줄곳 외교와 정보 수집에 종사하였다。중국인 친구의 동정과 미주 동포의 후원으로 활동하는 비용에는 곤난이 없었다。

박남파가 중국국민당 당원이던 관계로 당의 조직부장이오 강소성 주석인 진과부(陳果夫)와 면식이 있어、그의 소개로 장개석 장군이 내게 면회를 청한다 는 통지를 받고 나는 안공근、엄항섭 두 사람을 대동하고 남경으로 갔다。공패성(貢沛誠)、소쟁(蕭錚) 등 요인들이 진과부씨를 대표하야 나를 나와맞아 중앙반점(中央飯店)에 숙소를 정하였다。

이튿날 밤에 중앙군관학교 구내에 있는 장개석 장군의 자택으로 진과부씨의 자동차를 타고 박남파군을 통역으로 다리고 갔다。중국 옷을 입은 장씨는 온화한 낯빛으로 나를 접하여 주었다。인사가 끝난 뒤에 장주석은 간명한 어조로、

「동방 각 민족은 손중산 선생의 삼민주의에 부합하는 민주정치를 하는 것이 좋을 것이라」

고 하기로 나는 그렇다 고 대답하고

일본의 대륙 침략의 마수가 각일각으로 중국에 침입하니 벽좌우를 하시면 필담으로 몇 마듸를 하겠소」

하였더니 장씨는

「하오하오 (좋소)」

함으로 진과부와 박남파는 밖으로 나갔다。나는 붓을 들어、

「선생이 백만 금을 허하시면 이태 안에 일본、조선、만주 세 방면에 폭동을 일으켜 일본의 대륙침략의 다리를 끊을 터이니 어떻게 생각하시오」

하고 써서 보였다。

그것을 보더니 이번에는 장씨가 붓을들어、

「請以計劃書詳示」

라 고 써서 내게 보이기로 나는 물러나왔다。

이튿날 간단한 계획서를 만들어 장주석에게 드렸더니 진과부씨가 자기의 별장에 나를 초대하야 연석을 베풀고 장주석의 뜻을 대신 내게 전한다。특무공작으로는 천황을 죽이면 천황이 또 있고 대장을 죽이면 대장이 또 있으니 장래의 독립전쟁을 위하야 무관을 양성함이 어떠한가 하기로 나는 이야말로 불감청이언정 고소원이라 하였다。이리하야 하남성 낙양(河南省洛陽)의 군관학교 분교를 우리 동포의 무관양성소로 하기로 작정되어 제일차로 북평、천진、상해、남경 등지에서 백여 명의 청년을 모집하야 학적에 올리고 만주로 부터 이청천(李青天)과 이범석(李範奭)을 청하야 교관과 영관이 되게 하였다。(그러나 이군관학교는 겨우 제일기생의 필업을 하고는 일본 영사 수마(須磨)의 항의로 남경정부에서 폐쇄령이 나렸다。)

이 때에 대일전선통일동맹(對日戰線統一同盟)이란 것이 발동하야 또 통일론이 일어났다。김원봉(金元鳳)이 내게 특별히 만나기를 청하기로 어느날 진회(秦淮)에서 만났더니 그는 자기도 통일운동에 참가하겠은 즉 나 더러도 참가하라 는 것이었다。그가 이 운동에 참가하는 동기는 통일이 목적인 것 보다도 중국인에게 김원봉은 공산당이라 는 혐의를 면하기 위함이라 하기로 나는、통일은 좋으나 그런 한 이불 속에서 딴 꿈을 꾸랴 는 통일운동에는 참가할 수 없다 고 거절하였다。

얼마 후에 소위 오당 통일회의(五黨統一會議)라 는 것이 개최되어 의렬단(義烈團)、신한독립당(新韓獨立黨)、조선혁명당(朝鮮革命黨)、한국독립당(韓國獨立黨)、미주대한인독립단(美洲

大韓人獨立團)이 통하야 조선민족혁명당(朝鮮民族革命黨)이 되어 나왔다。이 통일에 주동자가 된 김원봉、김두봉(金科奉)등 의렬단은 임시정부를 눈에 든 가시와 같이 싫어하는 패라、임시정부의 해소를 극렬히 주장하였고 당시 임시정부의 국무위원이던 김규식(金奎植)、조소앙(趙素昻)、최동오(崔東旿)、송병조(宋秉祚)、차리석(車利錫)、양기탁(梁起鐸)유동열(柳東悅)일곱 사람 중에 차리석、송병조 두 사람을 내어놓고는 김규식、조소앙、최동오、양기탁、유동열 등 다섯 사람이 통일이란 말에 취하야 임시정부에 무관심한 태도를 보이니 김두봉은 좋다고나 하고 임시정부 소재지인 항주로 가서 차리석、송병조 양 씨에게 오당이 통일 된 이 날에 이름 만 남은 임시정부는 취소해 버리자 고 강경하게 주장하였으나 송병조、차리석 양 씨는 굳이 반대하고 임시정부의 문패를 지키고 있었다。그러나 각원 일곱 사람에서 다섯이 빠졌으니 국무회의를 열 수도 없어서 사실상 무정상태였다。조완구형이 편지로 내게 이런 사정을 전하였음으로 나는 분개하야 즉시 항주로 달려갔다。이 때에 김철은 벌서 작고하여 없고 오당통일에 참가하였던 조소앙은 벌서 거기서 탈퇴하고 있었다。

나는 이시영、조완구、김붕준、양소벽(楊小碧)、송병조、차리석 제씨와 임시정부 유지문제를 협의한 결과 의견이 일치하기로 일동이 가흥으로 가서 거기 있던 이동녕、안공근、안경근、엄항섭등을 가하야 남호의 노리배 한 척을 얻어 타고 호상에 나 떠서 선중에서 의회를 열고 국무위원 세 사람을 더 뽑으니 이동녕、조완구와 김구였다。이에 송병조、차리석을 합하야 국무위원이 다섯 사람이 되었으니 인제는 국무회의를 진행할 수가 있게 된 것이었다。

오당통일론이 났을 때에도 여러 동지들은 한 단체를 조직할 것을 주장하였으나 나는 참아 또 한 단체를 만들어 파장을 늘이기를 원치아니한다 는 이유로 줄곧 반대하야 왔었다。그러나 임시정부를 유지하랴 면 그 배경이 될 단체가 필요하였고 또 조소앙이 벌서 한국독립당을 재건한다 하니 내가 재 단체를 조직하더라도 통일을 파괴하는 책임은 지지아니하리라 하야 동지들의 찬동을 얻어 대한국민당을 조직하였다。

나는 다시 남경으로 돌아왔으나 왜는 내가 남경에 있는 냄새를 맡고 일변 중국 관헌에 대하야 나를 체포할 것을 요구하고 일변 암살대를 보내어 내 생명을 엿보고 있었다。남경 경비사령관 곡정륜(谷正倫)은 나를 면대하야 말하기를、일본측에서 대역 김구를 체포할 터이니 입적 기타의 이유로 방해 말나 하기로、자기가 김구를 잡거든 일본서 걸어놓은 상금은 자기게 달라 고 대답 하였으니 조심하라 고 하였다。 또 사복입은 일본 경관 일곱이 부자묘(夫子廟)부근으로 돌아다니더라 는 말도 들었다。

이에 나는 남경에서도 내 신변이 위험함을 깨닫고 회청교(淮淸橋)에 집 하나를 얻고 가흥에서 배저어 주던 주애보를 매삭 십오 원 씩 주기로 하고 다려다가 동거하며 직업은 고물상이오 원적은 광동성 해남도(廣東省海南島)라 고 멀죽이 대었다。 혹시 경관이 호구조사를 오더라도 주애보가 나서서 설명하기 때문에 내가 나서서 본색을 탄로할 필요는 없었다。

노구교(蘆溝橋)사건이 일어나자 중국은 일본에 대하야 항전을 개시하였다。 이에 재류한인의 인심도 매우 불안하게 되어서 오당통일로 되었던 민족혁명당이 쪽쪽이 분렬되여 조선혁명당이 새로 생기고、 미주대한인독립단은 탈퇴하고 근본 의렬단 분자 만이 민족혁명당의 이름을 차지하고 있었다。 이렇게 분렬된 원인은、 의렬단 분자가 민족운동의 가면을 쓰고 속으로는 공산주의를 실행 하기 때문이였다。

이렇게 민족혁명당이 분렬되는 반면에 민족주의자의 결합이 생기니 곧 한국국민당、 조선혁명당、 한국독립당과 및 미주와 하와이에 있는 모든 애국단체들이 연결하야 임시정부를 지지하게 되었다。이리하야 임시정부는 점점 힘을 얻게 되었다。

중일전쟁은 강남에 까지 및어서 상해의 전루가 날로 중국에 불리하였다。일본 공군의 남경 폭격도 갈사록 우심하야 회청교의 내가 들어있는 집도 폭격에 묺어졌으나 나와 주애보는 간신히 죽기를 면하고 이웃에는 시체가 누루하였다。나와 보니 남경 각처에는 불이 일어나서 밤하늘은 붉은 모전과 같았다。날이 밝기를 기다려 묺어진 집과 흩어진 시체 사이로 마로가(馬路街)에 어머님 계신 집을 찾아 갔더니 어머님이 친히 문을 열으시며、내가 놀라셨겠다 는 말에、어머님은、

「놀라기는 무얼 놀라。침대가 들석들석 하두군」

하시고、

「우리 사람은 상하지 않았나」

하고 물으셨다。

나는 그길로 동포 사는 데를 돌아보았으나 남기가(藍旗街)에 많이 있는 학생들도 다 무고하였다。

남경의 정세가 위험하야 정부 각 기관도 중경으로 옮기게 됨으로 우리 광복전선삼

당(光復戰線三黨)의 백여 명 대가족은 물가가 싼 장사(長沙)로 피난하기로 정하고 상해, 항주에 있는 동지들에게 남경으로 모이라 는 지위를 하였다。 율양 고당암(溧陽古堂菴)에게 선도(仙道)를 공부하고 있는 양기탁에게도 같은 기별을 하였다。 그러고 안공근을 상해로 보내어 그 가권을 다려오되 그의 맏 형수고 안의사중근 부인을 꼭 모셔오라 고 신신 부탁하였더니 안공근이 돌아올 때에 보니 제 가권 뿐이오 안의사 부인이 없음으로 나는 크게 책망하였다。 양반의 집에 불이 나면 신주 부터 몬저 안아 뫼시는 법이어늘 혁명가가 피난을 하면서 나라 위하야 몸을 버린 의사의 부인을 적진 중에 버리고 가는 법이 어듸 있는가、 이는 다만 안공근 한 집의 잘못 만이 아니라 혁명가의 도덕에 어그러지고 우리 민족의 수치라 고 하였다。 그러고 안공근은 피난하는 동포들의 단체에 들기를 원치 아니 함으로 제 뜻에 맡겨 버렸다。

나는 안휘 둔계중학(安徽屯溪中學)에 재학중인 신아를 불러오고 어머님을 모시고 영국 윤선으로 한구로 가고 대가족 백여 시구는 중국 목선 두 척에 행리 까지 잔뜩 싣고 남경을 떠났다。

나는 어머님을 모시고 신이를 다리고 한구를 거처서 무사히 장사에 도착하였다。 선발대로 임시정부의 문부를 가지고 진강을 떠난 조성환 조완구등은 남경서오는 일행 보다 수일 몬저 도착하였고 목선으로 오는 대가족 일행도 풍랑은 겪었다 하나 무고히 장사에 왔다。남기가 사무소에서 부리던 중국인 채군이 무호(蕪湖) 부근에서 풍랑 중에 물을 길어 올리다가 실족하야 익사한 것이 유감이었다。그는 사람이 충실하니 다리고 가라 하시는 어머님 명령으로 일행중에 편입하였던 것이다。

내가 남경서 다리고 있던 주애보는 거기를 떠날 때에 제 본향 가흥으로 돌려보내였다。그후 두고두고 후회되는 것은 그때에 여비 백원 만 준 일이다。그는 오 년이나 가깝게 나를 광동인으로 만 알고 섬겨 왔고 나와는 부부 비슷한 관계도 부지중에 생겨서 실로 내게 대한 공로란 적지아니한 데 다시 만날 기약이 있을 줄 알고 노자 이외에 돈이라도 넉넉하게 못 준 것이 참으로 유감천만이다。

안공근의 식구는 중경으로 갔거니와 장사에 모인 백여 식구도 공동생활을 할 줄 모름으로 저 마다 방을 얻어서 저 각기 밥을 짓는 살림을 하였다。나도 어머님을 모시고 또 한 번 살림을 시작하여서 어머님이 손소 지어 주시는 음식을 먹었다。그러나 이 글을 쓰는 오늘 날에는 이미 어머님은 이 세상에 아니 계시다。어머님이 계셨더면 상편을 쓸 때에와 같이 지난 일과 날자도 많이 여쭈어 볼 것이언 마는 이제는 어머님은 아니 계시다。

이 기회에 나는 어머님이 내가 상처 후에 본국으로 가셨다가 다시 상해로 오시던 일을 기록하랸다。

어머님 이 신아를 다리시고 인천에 상륙하셨을 때에는 노자가 다 떨어졌었다。그 때에는 우리가 상해에서 조석이 어려워서 어머님이 중국 사람들의 쓰레기통에 버린 배추 떡닢을 뒤져다가 겨우 반찬을 만드시넌 때라 노자를 넉넉히 들였을 리가 만무하다。

인천서 노자가 떨어진 어머님은 내가 말슴도 한 일이 없건 마는 동아일보지국으로 가셔서 사정을 말슴하셨다。지국에서는 벌서 신문 보도로 어머님이 귀국하시는 것을 알았다 하면서 서울 까지 차표를 사 들였다。어머님은 서울에 나려서는 동아일보사를 가셨다。동아일보사에서는 사리원 까지 차표를 사들였다。

어머님은 해주 본향에선영과 친족을 찾으시지 않고 안악 김씨 일문에서 미리 준비하여 놓은 집에 계시게하였다。

내가 인아를 다리고 있는 동안、어머님은 당신의 생활비를 절약하셔서 때때로 내게 돈을 보내 주셨다。

이봉창、윤봉길 두 의사의 사건이 생기매 경찰은 가끔 어머님을 괴롭게 한다 는 소식을 듣고 나는 어머님 께 아이들을 다리고 중국으로 나오시라 고 기별하였다。그 때에는 내게는 어머님이 굶으시지 않으리만한 힘이 있다 고 여쭈었다。

어머님은 중국으로 오실 결심을 하시고 안악경찰서에 친히 가셔서 출국허가를 청하였더니 의외에 좋다 고 함으로 살림을 걷어치우셨다。그랬더니 서울 경무국으로 부터 관리 하나가 안악으로 위해 나려와서 어머님께、경찰의 힘으로도 못 찾는 아들을 노인이 어떻게 찾느냐 고、그러니 출국허가를 취소한다 고 하였다。

어머님은 대로하여서、

「내 아들을 찾는 데는 내가 경관들 보다 나을 터이고、또 가라 고 허가를 하여서 가장즙물을 다 팔게 해 놓고 이제 또 못 간다는 것이 무슨 법이냐。너희놈들이 남의 나라를 빼앗아 먹고 이렇게 정치를 하고도 오래 갈 줄 아느냐」

하면서 기절하셨다。이에 경찰은 어머님을 김씨네게 맡기고 가 버렸다。

그후에 경찰이 물으면 어머님은、

「그렇게 말성많은 길은 안 떠난다」

하시고는 목수를 불러 다시 집을 수리하고 즙물을 마련하시는 등 오래 사실모양을 보이셨다。

이러하신지 수삭 후에 어머님은 송화 동생을 보러 가신다 칭하고 신아를 다리시고 신천으로、재령으로、사리원으로 도막도막 몸을 옮겨서 평양에 도착하야 숭실중학에 재학중인 인아를 다리고 안동현으로 가는 직행차를 타셨다。대련서 왜 경관의 취조를 받았으나 거기서 인아의 답변으로 늙은 조모를 모시고 위해위 친척의 집에 간다 고 하여서 무사히 통과하셨다。어머님이 상해 안공근 집을 거쳐 가흥 엄학섭 집에 오셨다는 기별을 남경에서 듣고 나는 곧 가흥으로 달려 와서 구 년 만에 다시 모자가 서로 만났다。

나를 보시는 말에 어머님은 이러한 의외엣 말슴을 하셨다——

「나는 인제 부터 너라 고 아니 하고 자네라 고 하겠네。또 말로 책하더라도 초달로 자네를 따리지는 않겠네。들으니 자네가 군관학교를 설립하고 청년들을 교육한다니 남의 사표가 된 모양이니 그 체면을 보아 주사 는 것일세」

나는 어머님의 이 분부에 황송하였고 또 이것을 큰 은전으로 알았다。

나는 어머님을 남경으로 모셨다가 따로 집을 잡고 계시게 하다가 일 년이 못 하야 장사로 가게 된 것이었다。

어머님이 남경에 계실 때 일이다。 청년단과 늙은 동지들이 어머님의 생신축하연을 베플려함을 눈치채시고 어머님은 그들에게、 그 돈을· 돈으로 달라、 그러면 당신이 자시고 싶은 음식을 만들겠다 하심으로 발기하던 사람들은 어머님의 청구 대로 그 돈을 드렸더니 어머님은 그것으로 단총 두 자루를 사서 그것을 독립운동에 쓰라 하고 내어 놓으셨다。

장사로 옮아온 우리 백여 명 대 가족은 중국 중앙정부의 보조와 미국에 있는 동포들의 후원으로 생활에 곤난은 없어서 피난민으로는 고등 피난민이라 할만하게 살았다。 더욱이 장사는 곡식이 흔하고 물가가 지천하였고 호남성접 부주석으로 새로 도임한 장치중(張治中)장군은 나와는 숙친한 사람이었기 때문에 더욱이 우리에게 많은 편의를 주었다。

나는 상해、항주、남경에서는 특별한 경우를 제하고는 변명을 하였으나 장사에서는 언제나 빼것이 김구로 행세하였다。

오는 노중에서 부터 발론이 되었던 삼 당 합동문제가 장사에 들어 와서는 더욱 활발하게 진전되었다。합동하랴 는 삼 당의 진용은 이러하였다。

첫재는 조선혁명당이니 이청천、유동열、최동오、김학규(金學奎)、황학수(黃學秀)、이복원(李復源)、안일청(安一淸)、현익철(玄益哲) 등이 중심이오。

둘재는 한국독립당이니 조소앙、홍진、조시원(趙時元) 등이 그 간부며、

다음으로 셋재는 내가 창립한 한국국민당이니 이동녕、이시영、조완구、차리석、송병조、김붕준、엄항섭、안공근、양묵(楊墨)、민병길(閔丙吉)、손일민(孫逸民)、조성환 등이 그중에 주요인물이었다。

이상 삼 당이 통합문제를 토의하랴 고 조선혁명당본부인 남목청(南木廳)에 모였는 데 나도 거기 출석하여 있었다。

내가 의식을 회복하여 보니 병원인듯 하였다。웬 일이냐 한즉 내가 술에 취하야 졸도하여서 입원한 것이라 고 하였다。의사가 회진할 때에 내 가슴에 웬 상처가 있는 것을 알고 이것은 웬 것이냐 한즉 그것은 내가 졸도할 때에 상머리에 부드친 것이라 함으로 그런 줄 만 알고 병석에 누어 있었다。 한 달이나 지나서야 엄항섭군이 내게 비로소 진상을 설명하여 주었다。 그것은 이러하였다。

그 날 밤、 조선혁명단원으로서 내가 남경 있을 때에 상해로 특무공작을 갔다 고 하여서 내게 금전의 도움을 받은 일이 있는 이운한(李雲漢)이가 회장에 돌입하야 권총을 난사하야 첫 방에 내가 맞고 둘재로 현익철、 셋재로 유동열이 다 중상하고 넷재 방에 이청천이 경상하였는데 현익철은 입원하자 절명하고 유동열은 치료 경과가 양호하다 는 것이었다。

범인 이운한은 장사 교외 적은 정거장에서 곧 체포되고 연루자로 강창제(姜昌濟)、 박창세(朴昌世)등도 잡혀 가쳤었으나 강、 박 양인은 석방되고 이운한은 탈옥하야 도망하였다。

성주석 장치중 장군은 친히 내가 입원한 상아의원(湘雅醫院)에 나를 위문하고 병원 당국에 대하여서는 치료비는 얼마가 들든지 성정부에서 담당할 것을 말하였다。 고 당시 한구에 있던 장개석 장군은 하로에도 두 세 번 전보로 내 병상을 묻고 내가 퇴원한 기별을 듣고는 나하천(羅霞天)을 대표로 내게 보내어 돈 삼천원을 요양비로, 쓰라 고 주었다。

퇴원하야 어머님을 찾아뵈이니 어머님은、

「자네 생명은 하나님이 보호하시는 줄아네——사불범정이지」

이렇게 말씀하시고 또、

「한인의 총에 맞고 살아있는 것이 왜놈의 총에 맞아 죽는 것 만 못 해」

하시기도 하였다。

애초에 내 상처는 중상이어서 병원에서 의사가 보고 입원수속도 할 필요가 없다 하야 문간방에 두고 절명하기 만 기다렸던 것이 네 시간이 되어도 살아있었기 때문에 병실로 옮기고 치료하기를 시작하였다 고 한다。 내가 이런 상태임으로 향항에 있던 인아에게는 내가 총을 맞아 죽었다 는 전보를 놓아서 안공근은 인아와 함께 내 장례에 참예할 생각으로 달려왔었다。

전쟁의 위험이 장사에도 파급되어서 성정부에서도 끝 까지 이 사건을 법적으로 구명할 여유가 없었던 것이다。 내추측으로는 이운한이 강창제、박창세 두 사람의 악선전에 혹하야 그런 일을 한 것인듯 하다。

내가 퇴원하야 엄항섭군 집에서 정양을 하고 있는 데 하로는 갑작이 신기가 불편하고 구역이 나며 우편 다리가 마비하기로 다시 상아의원에 가서 진찰을 받았다。 엑스광선으로 본 결과 서양인 외과 주임이 말하기를 내 심장 옆에 박여 있던 탄환이 혈관을 통하야 우편 갈비대 옆에 옮아가 있으니 불편하면 수술하기도 어렵지 하니하나 그대로 두어도 생명에는 관계가 없다 하고 또 말하기를 옮은 편 다리가 마비하는 것은 탄환이 대혈관을 압박하는 때문이어니와 작은 혈관들이 확대되어서 압박된 혈관의 기능을 대신하게 되면 다리 마비하던 것도 차々 나으리라 는 것이였다。

그러든 장사가 또 위험하게 되매 우리 삼 당의 백여 명 가족은 또 광주(廣州)로 이전하였으니 호남의 장치중 주석이 광동성 주석 오철성(吳鐵城)씨에게 소개하여 준 것이었다。 광주에서는 중국 군대에 있는 동포 이준식(李俊植)、채원개(蔡元凱) 두 분의 알선으로 동산백원(東山栢園)을 임시 정부의 청사로、아세아여관을 전부 우리 대가족의 숙사로 쓰게 되었다。 이렇게 정부와 가족을 안돈하고 나는 안의사 미망인과 및 가족을 상해에 나오게 할 계획으로 다시 향항으로 가서 안정근、안공근 형제를 만나 강경하게 그 일을 주징하였으나 그들은 교통이 어렵나 는 이유로 듣지아니하였다。 사실상 그 때 사정으로는 어렵기도 하였다。 나는 안의사의 유족을 적진 중에 둔 것과 윤양 고 당암에서 중국 도사 임한정(任漢廷)에게 신도를 공부하고 있던 양기탁을 구출하지 못 한 것이 유감이었다。

향항에서 이틀을 묵어서 광주로 돌아오니 거기도 왜의 폭격이 시작되었음으로 또 나 는 어머님과 우리 대 가족을 불산(佛山)으로 이접하게 하였다。 이것은 오철성 주석의 호의와 주선에 의함이었다。

이 모양으로 광주에서 두 달을 지나、 장개석 주석에게 우리도 중경으로 가기를 원 한다 고 청하였더니 오라 는 회전이 왔기로 조성환、 나태섭(羅泰燮) 두 동지를 대동 하고 나는 다시 장사로 가서 장치중 주석에게 교섭하야 공로(公路)차표 석 장과 귀 주성 주석 오정창(貴州省主席吳鼎昌)씨에게로 하는 소개장을 얻어 가지고 중경 길을 떠 나 십여 일 만에 귀주성 수부 귀양에 도착하였다。

내가 지금 까지에 본 중국은 물산이 풍부한 지방 뿐이었으나 귀주 지경에 들어서 는 눈에 띄우는 것이 모도 빈궁이었다。 귀양 시중에 왕래하는 사람들을 보면 극소수를 제하고는 모조리 의복이 남루하고 혈색이 좋지못하였다。원체 산이 많은 지방인 데다가 산들이 다 돌로 되고 흙이 적어서 농가에서는 바위돌 우에 흙을 펴고 씨를 뿌리는 형편이었다。그 중에도 한족(漢族)은 좀 나으나 원주민인 묘족(苗族)의 생활은 더욱 곤궁하고 야매한 모양이었다。중국 말을 모르는 나는 말을 듣고 한족과 묘족을 구별할 수는 없으나 복색으로는 묘족의 여자를 알아내일 수 있고 안광으로는 묘족의 남자를 지적할 수가 있었다。한족의 눈에는 문화의 빛이 있는 데 묘족의 눈에는 그것이 없었다。묘족은 요순시대의 삼묘씨(三苗氏)의 자손으로서 사천 년 이래로 이렇게 불서러운 생활을 하고 있으니 이 무슨 전쟁의 업보인 고。요순 이후로는 역사 상에 묘족의 이름이 다시 나타나지아니하기로 그들은 이미 다 절멸된 줄 만 알았더니 호남、광동、광서、운남、귀주、사천、서강 등지에 수십백 종족으로 갈린 묘족이 퍼져 있으면서도 이렇게 소문이 없는 것은 그 들 중에 인물이 나지 못 한 까닭이다。현재 광서의 백숭희(白崇禧)와 운남의 용운(龍雲) 두 장군이 묘족의 후예라 하는 말도 있으나 나는 그 진부를 단정할 자료를 가지지못하였다。

귀양에서 여드래를 묵어서 나는 무사히 중경에 도착하였으나 그 동안에 광주가 일본군에게 점령되었다。 우리 대가족의 소식이 궁금하던 차에、 다 무사히 광주를 탈출하야 유주(柳州)에 와 있다 는 전보를 받고 안심하였다。 그들은 다 중경에 오기를 희망함으로 내가 교통부와 중앙당부에 교섭하야 사동차 여섯 개를 얻어서 기강(綦江)이라 는 곳에 대가족을 옮겨왔다。 군수품 운송에도 자동차가 극히 부족하던 이때에 이렇게 빌려 준 중국의 호의는 이루 감사할 말이 없는 일이었다。

나는 미주서 오는 통신을 기다리노라고 우정국(우편국)에 가 있는 때에 인아가 왔다。 유주에 계신 어머님이 병환이 중하신 데 중경으로 오기를 원하심으로 모시고 온 것이였다。 나는 인아를 따라 달려 가니 어머님은 내 여관인 저기문 홍빈려사(儲奇門鴻賓旅舍) 미즘 편에 와 계셨다。 곧 내 여관으로 모시고 와서 하로 밤을 지나게 하시고 강 남쪽 아궁보 손가화원(鵝宮堡孫花園)에 있는 김홍서(金弘叙)군 집으로 가 계시게 하였다。 이것은 김홍서군이 호의로 자청한 것이였다。

어머님의 병환은 인후증인 데 의사의 말이 이것은 광서(廣西)의 수토병으로 젊은 사람이면 수술을 할 수 있으나 어머님 같이 팔십 노인으로서는 그리할 수도 없고 또 이미 치료할 시기를 놓쳐서 손 쓸 길이 없다 고 하였다。

어머님이 중경으로 오시는 일에 관하야 잊지못할 은인이 있으니 그는 의사 유진동(劉振東)군과 그 부인 강영파(姜映波)여사였다。이 부처는 상해에서 학생으로 있을 때부터 나를 위하여 주던 사람들인데 쿨링(牯嶺)에서 요양원 경영하던 것을 걷어치우고 제 몸이 제 몸이 아닌 나를 대신하야 내 어머님을 모시고 간호하기 위하야 중경으로 온 것이었다。그러나 유의사 부처가 왔을 때는 벌서 어머님은 더 손 쓸 수 없게 되셨던 때였다。

내가 중경에 와서 할 일은 세 가지 였었다。첫재는 차를 얻어서 대가족을 실어 오는 일이오、둘재는 미주、하와이와 연락하야 경제적 후원을 받는 일이오、셋재로는 장사에서 부터 말이 되면서도 되지못한 여러 단체의 통일을 완성하는 것이었다。대가족도 안돈이 되고 미주와 연락도 되었음으로 나는 셋재 사업인 단체 통일에 착수하였다。

나는 중경에서 강건너 아궁보(鵝宮堡)에 있는 조선의용대(朝鮮義勇隊)와 민족혁명당 본부를 찾았다。그 당수 김약산은 계림(桂林)에 있었으나 윤기섭、성주식(成周湜)、김홍서、석정(石丁)、김두봉(金枓奉)、최석순(崔錫淳)、김상덕(金商德)등 간부가 나를 위하야 환영회를 열었다。 그 자리에서 나는 모든 단체를 통일하야 민족주의의 단일당을 만들 것을 제의하였더니 그 자리에 있던 이는 일치하야 찬성하였고、 한 걸음 더 나아가서 미주와 하와이에 있는 여러 단체에도 참가를 권유하기로 결의하였다。

미주와 하와이에서는 곧 회답이 왔다。 통일에는 찬성이나 김약산은 공산주의자 인즉 만일 내가 그와 일을 같이 한다 면 그들은 나와의 관계 까지도 끊어 버린다 는 것이었다。 그래서 나는 김약산과 상의한 결과 그와 나와 연명으로、 민족운동이야 말로 조국광복에 필요하다 는 뜻으로 성명서를 발포하였다。

그러나 여기 의외의 고장이 생겼으니 그것은 국민당 간부들이 연합으로 하는 통일은 좋으나 여기 있던 당을 해산하고 공산주의자들을 합한 단일당을 조직하는 데는 반대한다 는 것이었다。 주의가 서로 다른 자는 도저히 한 조직체를 유지할 수 없다 는 것이 그 이유였다。

나는, 병을 무릅쓰고 기강으로 가서 국민당의 전체회의를 열고 노력한지 일개월 만에 비로소 단일당으로 모든 당들을 통일하자 는 의견에 국민당의 합의를 얻었다。 그래서 민족운동 진영인 한국국민당、 한국독립당、 조선혁명당과 공산주의 전선인 조선민족혁명당、조선민족해방동맹、조선민족전위동맹、조선혁명자련맹의 일곱으로 된 칠당통일회의를 열게 되었다。

회의가 진행함을 따라 민족운동 편으로 대세가 기울어지는 것을 보고 해방동맹과 전위동맹은 민족운동을 위하야 공산주의의 조직을 해산할 수 없다。고 말하고 퇴석하였다。이렇게 되니 칠당이 오당으로 줄어서 순전한 민족주의적인 새 당을 조직하고 팔개조의 협정에 다섯 당의 당수들이 서명하였다。

이에 좌우 오당의 통일이 성공하였음으로 며츨을 쉬이고 있던 차에 이미 해산 하였을 민족혁명당 대표 김약산이 돌연히 탈퇴를 선언하였으니 그 이유는 당의 간부들과 그가 거느리는 청년의용대가 아모리하여도 공산주의를 버릴 수 없으니 만일 팔개조의 협정을 수정하지 아니 하면 그들이 다 달아나겠다 는 것이었다。

이러하야 오당통일도 실패되어서 나는 민족진영 삼당의 동지들과 미주、하와이 여러 단체에 대하야 나의 불명한 허물을 사과하고 이어서 원동에 있는 삼당만을 통일하야 새로 한국독립당이 생기게 되었다。하와이애국단과 가와이단합회가 각々 해소하고 한국독립당 하와이지부가 되었으니 역시 오당통일은 된 셈이었다。

새로 된 한국독립당의 간부로는 집행위원장에 김구, 요위원으로는 홍진, 조소앙, 조시원, 이청천, 김학규, 유동열, 안훈(安勳), 송병조, 조완구, 엄항섭, 김붕준, 양묵, 조성환, 차리석, 이복원이오, 감찰위원장에 이동녕, 위원에 이시영, 공진원(公鎭遠), 김의한 등이었다.

임시의정원에는 나를 국무회의의 주석으로 선거하였는데, 종래의 주석을 국무위원이 번갈아 하던 제도를 고쳐서 대내 대외에 책임을 지도록 하였다. 그리고 미국 서울 워싱톤에 외교위원부를 설치하고 이승만 박사를 그 위원장으로 임명하였다.

한편 중국 중앙정부에서는 우리 대가족을 위하야 토교 동감폭포(土橋東坎瀑布) 우에 개와 집 세 채를 짓고 또 시가에도 집 한 채를 사 주었으나 그 밖에 우리 독립운동을 원조하여 달라는 청에 대하여서는 냉담하였다. 그래서 나는 중국이 일본군의 손에 여러 대도시를 빼앗겨 자신의 항전에 골몰한 이 때에 우리를 위한 원조를 바라기가 미안하니 나는 미국으로 가서 미국의 원조를 청할 의사인 즉 여행권을 달라고 청하였다. 그런즉 중앙정부의 서은증(徐恩曾)씨가 말하기를 내가 오래 동안 중국에 있었으니 중국에서 무슨 일을 하나 남김이 좋지아니하냐 사업계획서를 제출하기를 청함으로 나는 장래 독립한 한국의 국군의 기초가 될 광복군 조직의 계획을 제출하였더니 곧 좋다는 회답이 왔다。

이에 임시정부에서는 이청천을 광복군총사령으로 임명하고 있는 힘 (미주와 하와이 동포가 보내어 준 돈 사만 원)을 다하야 중경 가릉빈관(嘉陵賓館)에 중국인 서양인 등 중요 인사를 초청하야 한국광복군성립식을 거행하였다。 그리고 위선 삼십여 명 간부를 서안(西安)으로 보내어 미리 가 있던 조성환 등과 합하야 한국광복군 사령부를 서안에 두고、이범석(李範奭)을 제일 지대장으로 하야 산서(山西)방면으로 보내고 고운기(高雲起——본명 公鎭遠)를 제이 지대장으로 하야 수원(綏遠)방면으로 보내고 김학규를 제삼 지대장으로 하야 산동(山東)으로 보내고 나월환(羅月煥)등의 한국청년전지공작대(韓國靑年戰地工作隊)를 광복군으로 개편하야 제오 지대를 삼았다。

그러고 강서성、상요(江西省上饒)에 황해도 해주 사람으로서 죽안군 제삼 전구 사령부 정치부에서 일보고 있는 김문호(金文鎬)를 한국광복군 징모처 제삼 분처 (韓國光復軍徵募處第三分處) 주임을 삼고 그 밑에 신정숙(申貞淑)을 회계조장、이지일(李志一)을 정보조장、한도명을 훈련조장으로 각々 임명하야 상요로 파견하였다。

독립당과 임시정부와 광복군의 일체 비용은 미주、멕시코、하와이에 있는 동포들이 보내는 돈으로 썼다。장개석 부인 송미령(宋美齡)이 대표하는 부녀위로총회(婦女慰勞總會)로 부터 중국 돈으로 십만원의、기부가 있었다。

이 모양으로 광복군이 창설되었으나 인원도 많지못하야 몇 달 동안을 유명 무실하게 지내다가 문득 한 사건이 생겼으니 그것은 오십여 명 청년이 가슴에 태극기를 붙이고 중경에 있는 임시정부 정청으로 애국가를 부르며 들어온 것이다。이들은 우리 대학생들이 학병으로 일본 군대에 편입되어 중국 전선에 출전하였다가 탈주하여 안휘성 부양(安徽省阜陽)의 광복군 제삼 지대를 찾아 온 것을 지대장 김학규가 임시정부로 보낸 것이였다。이 사실은 중국인에게 큰 감동을 주어 중한문화협회(中韓文化協會)식당에서 환영회를 개최하였는 데 서양 여러 나리의 통신기자들이며 대사관원들도 출석하야 우리 학병들에게 여러 가지 질문을 발하였다。어려서 부터 일본의 교육을 받아 국어도 잘 모르는 그들이 조국의 독립을 위하야 목숨을 바치라 고 총살의 위험을 무릅쓰고 임시정부를 찾아왔다 는 그들의 말에 우리 동포들은 말할 것도 없이 목이 메였거니와 외국인들도 감격에 넘친 모양이였다。

이것이 인연으로 우리 광복군이 연합국의 주목을 끌게 되어 미국의 OSOS를 주관하는 싸전트 박사는 광복군 제이 지대장 이범석과 합작하야 서안에서, 웹쓰 중위는 제삼 지대장 김학규와 합작하야 부양에서 우리·광복군에게 비밀 훈련을 실시하였다。 예정 대로 삼개월의 훈련을 맞후고 정탐과 파괴공작의 임무를 띄고 그들을 비밀히 본국으로 파견할 준비가 된 때에 나는 미국 작전부장 다노배장군과 군사협의를 하기 위하야 미국 비행기로 서안으로 갔다。

회의는 광복군 제이지대 본부 사무실에서 열렸는 데 정면 우편 태극기 밑에는 나와 제이지대 간부가, 좌편 미국기 밑에는 다노배장군과 미국인 훈련관들이 앉았다。 다노배장군이 일어나,

「오늘 부터 아메리가 합중국과 대한민국 임시정부와의 적 일본을 항거하는 비밀공작이 시작된다」

고 선언하였다。

다노배장군과 내가 정문으로 나올 때에 활동사진의 촬영이 있고 식이 끝났다。

이튿날 미국 군관들의 요청으로, 훈련받은 학생들의 실지의 공작을 시험하기로 하야 두곡(杜曲)에 동남으로 사십리, 옛날 한시에 유명한 종남산(終南山)으로 자동차를 몰았

다。동구에서 차를 비리고 오리 쯤 걸어 가면 한 고찰이 있는 데 이것이 우리 청년들이 훈련을 받은 비밀훈련소였다。여기서 미국 군대식으로 오찬을 먹고 참외와 수박을 먹었다。

첫재로 본 것은 심리학적으로 모험에 능한 자、슬긔가 있어서 정탐에 능한 자、눈과 귀가 밝아서 무선전신에 능한자를 고르는 것이였다。이 시험을 한 심리학자는 한국 청년이 용기로나 지능으로나 다 우량하여서 장래에 희망이 많다 고 결론하였다。다음에는 청년 일곱을 뽑아서 한 사람에게 숙마바 하나 씩을 주고 수백 길이나 되는 절벽 밑에 내려가서 나무닢 하나 씩을 따 가지고 오라 는 시험이였다。일곱 청년은 잠깐 모여서 의논하더니 그들의 숙마바를 이어서 한 긴 바를 만들어、한 끝을 바위에 매고 그 줄을 부들고 일곱이 다 나려 가서 나무 닢 하나 씩을 따 입에 물고 다시 그 줄에 달려 일곱이 차례차례로 다 올라왔다。시험관은 이것을 보고 크게 칭찬하였다。그는 이렇게 말하였다——

「내가 중국 학생 사백명을 모와 놓고 시켰건 마는 그들이 해결치못한 문제를 한국 청년 일곱이 훌륭하게 하였소。참으로 한국 사람은 전도 유망한 국민이오。」

일곱 청년이 이 칭찬을 받을 때에 나는 대단히 기뻤다。

다음에는 폭파술、사격술、비밀히 강을 건너가는 재조 같은 것을 시험하야 다 좋은 성적을 얻은 것을 보고 나는 만족하야 그 날로 두곡으로 돌아왔다。

이튿날은 중국 친구들을 찾을 차로 서안으로 들어갔다。두곡서 서안이 사십 리였다。호종남(胡宗南)장군은 출타하여서 참모장 만을 만나고 성주석 축소주(祝紹周)선생은 나와 막역한 친우라 이튿날 그의 사저에서 석반을 같이하기로 하였다。성당부에서는 나를 위하야 환영회를 개최한다 하고 서안부인회에서는 나를 환영하기 위하야 특별히 연극을 준비한다 하고 서안의 각 신문사에서도 환영회를 개최하겠으니 출석하여 달라는 초청이 왔다。

나는 그 밤을 우리 동포 김종만(金鍾萬)씨 댁에서 지내고 이튿날은 서안의 명소를 대개 구경하고 저녁에는 어제 약속 대로 축주석 댁 만찬에 불려갔다。식사를 맟호고 객실에 돌아와 수박을 먹으며 담화를 하는 중에 문득 전령이 울었다。축주석은 놀라는 듯 자리에서 일어나、중경에서 무슨 소식이 있나 보다 고 전화실로 가더니 잠시 후에 뛰어나오며

「왜적이 항복한다 오」

하였다。

「아! 왜적이 항복!」

이것은 내게는 기쁜 소식이라 기 보다는 하늘이 무너지는 듯한 일이었다。천신만고로 수년 간 애를 써서 참전할 준비를 한 것도 다 허사다。서안과 부양에서 훈련을 받은 우리 청년들에게 각종 비밀한 무기를 주어 산동에서 미국 잠수함을 태워 본국으로 드려 보내어서 국내의 요소를 혹은 파괴하고 혹은 점령한 후에 미국 비행기로 무기를 운반할 계획 까지도 미국 육군성과 다 약속이 되었던 것을 한 번 해 보지도 못 하고 왜적이 항복하였으니 진실로 전공이 가석야어니와 그 보다도 걱정되는 것은 우리가 이번 전쟁에 한 일이 없기 때문에 장래에 국제간에 발언권이 박약하리라는 것이다。

나는 더 있을 마음이 없어서 곧 축씨 댁에 나왔다。내 차가 큰 길에 나설 때에는 벌서 거리는 인산인해를 일우고 만세 소리가 성중에 진동하였다。

나는 서안에서 준비되고 있던 나를 위한 모든 환영회를 사퇴하고 즉시 두곡으로 돌아왔다。와 보니 우리 광복군은 제 임무를 하지못하고 전쟁이 끝난 것을 실망하야 침울한 분위긔에 잠겨 있는 네 미국 교관들과 국인들은 질서를 잊으리만콤 기뻐 뛰고 있었다。미국이 우리 광복군을 수천 명을 수용할 병사를 건축하랴 고 일변 종남산에서 재목을 운반하고 벽돌가마에서 벽돌을 실어 날르던 것도 이 날 부터 일제히 중지하고 말았다。내 이번 길의 목적은 서안에서 훈련받은 우리 군인들을 제일 차로 본국으로 보내고 그길로 부양으로 가서 거기서 훈련받은 이들을 제이차로 떠내보낸 후에 중경으로 들아감이었으나 그 계획도 다 수포로 돌아가고 말았다。내가 중경서 올 때에는 군용긔를 탔으나 그리로 돌아갈 때에는 여객긔를 타게 되었다。

중경에 와 보니 중국인들은 벌서 전쟁중의 긴장이 풀어져서 모도 혼란한 상태에 빠져 있고 우리 동포들은 지향할 바를 모르는 형편에 있었다。임시정부에서는 그 동안 임시의정원을 소집하야 혹은 임시정부 국무위원의 총사직을 주장하고 혹은 이를 해산하고 본국으로 드러가자 고 발록하야 귀결이 못 나다가 주석인 내가 돌아온다 는 소식을 듣고 삼일 간 정회를 하고 있었다。

나는 의정원에 나아가 해산도 총사직도 천만부당하다 고 단언하고 서울에 드러가 진체 국민의 앞에 정부를 내어 바칠 때 까지 현상 대로 가는 것이 옳다고 주장하야 전원의 동의를 얻었다。 그러나 미국측으로 부터 서울에는 미국 군정부가 있으니 임시정부로는 입국을 허락할 수 없은 즉 개인의 자격으로 오라 하기로 우리는 할수없이 개인의 자격으로 고국에 돌아가기로 결정하였다。

이리하야 칠년 간의 중경 생활을 마초게 되니 실로 감개가 많아서 무슨 말을 써야할지 두서를 찾기가 어렵다。

나는 교자를 타고 강건너 화상산에 있는 어머님 묘소와 아들 인의 무덤에 가서 꽃을 놓고 축문을 읽어 하직하고 묘직이를 불러 금품을 후히 주어 수호를 부탁하였다。

그리고는 가죽 상자 여듧개를 사서 정부의 모든 문서를 싸고 중경에 거류하는 오백여 명 동포의 선후책을 정하고、임시정부가 본국으로 돌아간 뒤에 중국정부와 연락하기 위하야 주중화대표단을 두어 박찬익을 단장으로 민필호(閔弼鎬)、이광(李光)、이상만(李象萬)、김은충(金恩忠)등을 단원으로 임명하였다。

우리가 중경을 떠나게 되매 중국공산당 본부에서는 주은래(周恩來)、동필무(董必武)제씨가 우리 임시정부 국무원 전원을 청하야 송별연을 하였고 중앙정부와 국민당에서는 장개석 부처를 위시하야 정부、당부、각계 요인 이백여 명이 모여 우리 임시정부 국무위원과、한국독립당 간부들을 초청하야 국민당 중앙당부 대례당에서 중국긔와 태극긔를 교차하고 융숭하고도 간곡한 송별연을 열어 주었다。장개석 주석과 송미령 여사가 선두로 일어나 장래 중국과 한국 두 나라이 영구히 행복되도록 하자 는 축사가 있고 우리 편에서도 답사가 있었다。

중경을 떠나던 일을 긔록하기 전에 칠년 간 중경 생활에 잊지못할 것 몇 가지를 적으려한다。

첫재 중경에 있던 우리 동포의 생활에 관하여서다。중경은 원래 인구 몇 만 밖에 안 되던 적은 도시었으나 중앙정부가 이리로 옮겨온 후로 일본군에게 점령당한 지방의 관리와 피난민이 모여들어서 일약 인구 백만이 넘는 대도시가 되었다。아모리 재로 집을 지어도 밎어 다 수용할 수 없어서 여름에는 한데에서 사는 사람이 수십만이나 되었다。

식량은 배급제여서 배급소 앞에는 언제나 장사진을 치고 서로 욕하고 따리고 하야 분규가 아니 일어나는 때가 없었다。그러나 우리 동포는 따로 인구를 성책하여서 한목으로 양식을 타서 하인을 시켜 집집에 배급하기 때문에 대단히 편하였고 쌀을 씻기 까지 하였다。먹을 물도 사용인을 시켜 길렀다。중경시 안에 사는 동포들 뿐 아니라、교외인 토교(土橋)에 사는 이들로 한인촌을 일우고 중국 사람의 중산계급정도의 생활을 유지할 수가 있었다。간혹 부족하다 는 불평도 있었으나 규률있고 안전한 단체생활을 유지할 수가 있었다。

나 자신의 중경생활은 임시정부를 지고 피난하는 것이 일이오 틈틈이 먹고 잤다 고 할 수 있었다。중경의 폭격이 점점 심하여가매 임시정부도 네 번이나 옮겼다。첫번 정청인 양류가(楊柳街)집은 폭격에 견딜 수가 없어서 석판가(石版街)로 옮겼다가、이 집이 폭격으로 일어난 불에 전소하야 의복 까지 다 태우고 오사야항(吳獅爺巷)으로 갔다가 이 집이 또 폭격을 당하야 뚫어진것을 고쳤으나 정청으로 쓸 수는 없어서 직원의 주택으로 하고 네번재로 연화지(蓮花池)에 칠십여 간 집을 얻었는데 집세가 일년에 사십만원이라、그러나 이돈은 장주석의 보조를 받게 되어 임시정부가 중경을 떠날 때까지 이 집을 쓰고 있었다。

이 모양으로 연너어 오는 폭격에 중경에는 인명과 가옥의 손해가 막대하였으나 동포 중에 죽은 이는 신익희씨조카와 김영린의 안해 두 사람이 있었다。

이 두 동포가 죽던 폭격이 가장 심한 폭격이어서 한 방공호에서 사백 명이니 팔백 명이니 하는 질식자를 내인 것도 이 때에였다。 그 시체를 운반하는 광경을 내가 목도하였는데 화물자동차에 짐을 싣듯 시체를 싣고 달리면 시체가 흔들려 굴러 떨어지는 일이 있고 그것을 다시 싣기가 구찮아서 목아지를 매어 자동차 뒤에 달면 그 시체가 땅바닥으로 엎치락 뒤치락 끌려가는것이었다。 시체는 남녀를 물론하고 옷이 다 찢겨서 살이 나왔는데 이것은 서로 앞을 다토아 발악한 형적이었다。

가족을 이 모양으로 잃어 한편에 통곡하는 사람이 있으면 다른 편에는 방공호에서 시체를 끌어내는 인부들이 시체가 지녔던 은금보화를 뒤져서 대번에 부자가 된것도 있었다。 이렇게 질식의 참사가 일어난 것이 밀매음녀 많기로 유명한 교장구(較場口)이기 때문에 죽은 자의 대다수가 밀매음녀였다。

중경은 옛날 이름으로는 파(巴)다。 지금은 성도(成都)라 고 부르는 촉(蜀)과 아울러 파촉이라 고 하던 데다。 시가의 왼편으로 가릉강(嘉陵江)이 흘러 와서 바른 편으로 오는 양자강과 합하는 곳으로서 천 톤 급의 기선이 정박하는 중요한 항구다. 지명을 파(巴)라 고 하는 것은 옛날 파장군(巴將軍)이란 사람이 도읍하였던 때문이어서 연화지에는 파장군의 분묘가 있다.

중경의 기후는 심히 건강에 좋지 못하야 호흡기병이 많다. 칠 년 간에 우리 동포도 폐병으로 죽은 자가 팔십 명이나 된다. 구월 초생 부터 이듬해 사월 까지는 운무가 껴서 별을 보기가 드물고 그압이 낮은 우묵한 땅이라, 지변의 악취가 흩어지지를 아니 하야 공기가 심히 불결하다. 내 맏아들 인도 이 기후의 희생이 되어서 중경에 묻혔다.

십일월 오일에 우리 임시정부 국무위원과 기타 직원은 비행기 두 대에 갈라 타고 중경을 떠나서 다섯 시간 만에 떠난지 십삼 년 되는 상해의 땅을 밟았다. 우리 비행기가 착륙한 비행장이 곧 홍구신공원(虹口新公園)이라 하는 데 우리를 환영하는 남녀 동포가 장내에 넘쳤다. 나는 십사 년을 상해에 살았건 마는 홍구공원에 발을 들여놓은 일이 일즉 없었었다. 신공원에서 나와서 시내로 들어가려 한즉 아츰 여섯시 부터 우리를 기다리고 있다 는 육천명 동포가 열을 지어서 고대하고 있다. 나는 거기

있는 길이 넘는 단우에 올라서 동포들에게 인사말을 하였다。 나종에 알고 본 즉 그 단이야 말로 십삼 년 전 윤봉길 의사가 왜적 백천대장 등을 폭격한 자리에 왜적들이 그 일을 기념하기 위하야 단을 모우고 군대를 지휘하던 곳이라 고 한다。 세상에 우연한 것은 없다 고 생각하였다。

나는 양자반점(楊子飯店)에 묵었다。 십삼년은 인생의 일생에는 긴 세월이었다。 내가 상해를 떠날 적에 아직 어리던 이들은 벌서 장정이 되었고 장정이던 사람들은 노쇠하였다。 이 오랜 동안에 까딱도 하지아니하고 깨끗이 고절을 지킨 옛 동지 선우혁(鮮于爀)、 장덕로(張德櫓)、 서병호(徐丙浩)、 한진교(韓鎭敎)、 조봉길(曺奉吉)、 이용환(李龍煥)、 하상린(河相麟)、 한백원(韓栢源)、 원우관(元宇觀)제씨와 성병호 댁에서 만찬을 같이 하고 기념으로 촬영하였다。 한 편으로는 상해에 재류하는 동포들 중에 부정한 직업을 하는 이가 적지않다 는 말은 나를 슬프게하였다。 나는 우리 동포가 가는 곳 마다 정당한 직업에 정직하게 종사하여서 우리 민족의 신용과 위신을 높이는 애국심을 가지기를 바란다。

나는 법조계 공동묘지에 안해의 무덤을 찾고 상해에서 십여일을 묵어서 미국 비행

귀로 본국을 향하야서 상해를 떠났다。이동녕 선생 현익철 동지 같은 이들이 이역에 묻혀서 함께 고국으로 돌아오지 못 하는 것이 유감이었다。

나는 기쁨과 슬픔이 한 데 엉클어진 가슴으로 이십칠 년 만에 조국의 신선한 공긔를 마시고 그리운 흙을 밟으니 김포비행장이오 상해를 떠난지 세 시간 후였다。

나는 조국의 땅에 들어오는 길로 한 가지 기쁨과 한 가지 슬픔을 느꼈다。책보를 메고 가는 학생들의 모양이 심히 활발하고 명랑한 것이 한 기쁨이오 그와는 반대로 동포들이 사는 집들이 납작하게 땅에 붙어서 퍽 가난해 보이는 것이 한 슬픔이었다。동류들이 여러 날을 우리를 환영하랴 고 모였더라 는 데 비행긔 도착 시일이 분명히 알려지지 못 하야 이날에는 우리를 맞아 주는 동포가 많지못하였다。늙은 몸을 자동차에 의지하고 서울에 들어오니 의구한 산천이 반갑게 나를 맞아 주었다。

내·숙소는 새문밖 최창학(崔昌學)씨의 집이오 국무원 일행은 한미호텔에 머물도록 우리를 환영하는 유지들이 미리 준비하여 주었었다。

나는 곧 신문을 통하야 윤봉길、이봉창 두 의사와 강화 김주경 선생의 유가족을 만나고 싶다 는 뜻을 말하였더니 윤의사의 아드님이 덕산(德山)으로 부터 찾아 오고 이

의사의 조카따님이 서울에서 찾아 오고 김주경 선생의 아드님 윤태(允泰)군은 삼팔이북에 있어서 못 보고 그 따님과 친척들이 혹은 강화에서 혹은 김포에서 와서 만나니 반갑기도 하고 슬프기도 하였다。 그러나 선조의 분묘가 계시고 친척과 고구가 사는 그리운 내 고향은 소위 삼팔선의 장벽 때문에 가 보지 못 하고 재종형제들과 종매들의 가족이 위해 상경하여서 반갑게 만날 수가 있었다。

군정청에 소속한 각 기관과 정당、사회단체、교육계、공장 등 각계가 빠짐없이 연합환영회를 조직하여서、우리는 개인의 자격으로 들어왔건 마는「臨時政府歡迎」이라 고 크게 쓴 기발을 태극기와 아울러 높이 들고 수십만 동포가 서울 시가로 큰 시위행진을 그 끝에 덕수궁에 식탁이 사백여、기생이사백여 로 환영연을 배설하고 하ㅣ지 중장 이하 미국 군정 간부들도 출석하야 덕수궁 뜰이 좁을 지경이였으니 참으로 찬란하고 성대한 환영회이었다。 나는 이러한 환영을 받을 공로가 없음이 부끄럽고도 미안하였으나 동포들이 해외에서 오래 신고한 우리를 위로하는 것이라 고 강잉하야 고맙게 받았다。

어느덧 해가 바뀌였다。 나는 삼팔 이남 만이라도 돌아 보리라 하고 제일 노정으로 인천에 갔다。 인천은 내 일생에 뜯깊은 곳이다。 스물두 살에 인천감옥에서 사형선고를 받았다가 스물세 살에 탈옥도주하였고 마흔한 살 적에 십칠년징역수로 다시 이 감옥에 이수되었었다。 저 축항에는 내 피 땀이 배어있는 것이다。 옥중에 있는 이 불효를 위하야 부모님이 걸으셨을 길에는 그 눈물 흔적이 남아 있는듯하야 마흔아홉 해 전 긔억이 어제런듯 새롭다。 인천서도 시민의 큰 환영을 받았다。

제이 노정으로 나는 공주 마곡사를 찾았다。 공주에 도착하니 충청 남북도 십일 군에서 십여 만 동포가 모여서 나를 환영하는 회를 열어 주었다。

공주를 떠나 마곡사로 가는 길에 김복한(金福漢)、최익현(崔益鉉)두 선생의 영정 모신 데로 찾아서 배례하고 그 유가족을 위로하고 동민의 환영하는 정성을 고맙게 받았다。 정당、사회단체의 대표로 마곡사 까지 나를 따르는 이가 삼백오십여 명이었고 마곡사 승려의 대표는 공주 까지 마종을 왔으며 마곡사 동구에는 남녀승려가 도렬하야 지정으로 나를 환영하니 옛날에 이 절에 있던 한 중이 일국의 주석이 되어서 온다고 생각함이었다。 사십팔 년 전에 머리에 굴갓을 쓰고 목에 염주를 걸고 출입하던 길이다。 산천도 예와 같거니와 대웅전에 걸린 주련도 옛날 그 대로다——

「却來觀世間
猶如夢中事」

그때에는 무심히 보았던 이 글구를 오늘에 자세히 보고 나를 두고 이른 말인 것 같았다。 용담(龍潭)시님 께서 보각서장(普覺書狀)을 배우던 염화실(拈花室)에서 뜻깊은 하로 밤을 지내었다。 승려들은 나를 위하야 이 날 밤에 불공을 드렸다。 그러나 승려들 중에는 내가 알던 사람은 하나도 없었다。 이튿날 아츰에 나는 기념으로 무궁화 한 포기와 향나무 한 그루를 심고 마곡사를 떠났다。

셋재 길에 나는 윤봉길 의사의 본댁을 찾으니 사월 이십구일이라、 기념제를 거행하였다。 그리고 나는 일본 동경에 있는 박렬(朴烈)동지에게 부탁하야 윤봉길、 이봉창、 백정긔(白貞基)세 분 열사의 유골을 본국으로 모셔 오게 하고、 유골이 부산에 도착하는 날 나는 특별렬차로 부산 까지 갔다。 부산은 말할 것도 없고 세 분의 유골을 모신 열차가 정거하는 역 마다 사회、 교육 각단체며 일반 인사들이 모여 봉도식을 거행하였다。

서울에 도착하자 유골을 담은 영구를 태고사(太古寺)에 봉안하야 동포들의 참배에 편케하였다가 내가 친히 잡아 놓은 효창공원(孝昌公園)안에 있는 자리에 매장하기로 하였다。제일 위에 안중근 의사의 유골을 봉안할 자리를 남기고 그 다음에 세 분의 유골을 차례로 모시기로 하였다。

이 날 미국인 군정간부도 전부 회장하였으며 미국 군대 까지 출동할 예정이였으나 그것은 중지되고 조선인 경찰관、육해군 경비대、정당、단체、교육기관、공장의 종업원들이 총출동하고 일반 동포들도 구름 같이 모여서 태고사로 부터 효창공원 까지 인산인해를 일우어 일시 전차、자동차、행인 까지도 교통을 차단 하였다。

선두에는 애도하는 비곡을 아로이는 음악대가 서고 다음에는 화환대、만장대가 따르고 세 분 의사의 영여는 여학생대가 모시니 옛날 인산 보다 더 성대한 장의였다。

나는 삼남 지방을 순회하는 길에 보성군 득량면 득량리 김씨 촌을 찾았다。내가 사십팔 년 전에 망명 중에 석 달이나 몸을 붙여 있던 곳이오 김씨네는 나와 동족이었다。내가 온다 는 선문을 듣고 동구에는 솔문을 세우고 길닦이 까지 하였다。남녀 동민들이 동구 까지 나와서 도렬하야 나를 맞았다。

내가 그 때에 유숙하던 김광언(金廣彦)댁을 찾으니 집은 예와 같으되 주인은 벌서 세상을 떠났었다。그 유족의 환영을 받아 내가 그때에 상을 받던 자리에서 한 때 음식대접을 한다 하여서 마루에 병풍을 치고 정결한 자리를 깔고 나를 앉혔다。모인이들 중에 나를 알아보는 이는 늙은 부인네 한 분과 김판남(金判男)종씨 한 분 뿐이었다。김씨는 그 때에 내 손으로 쓴 책 한 권을 가져다가 내게 보여 주었다。내가 이 곳에 머물고 있을 때에 자별히 친하게 지나던 나와 동갑인 선(宣)씨는 이미 작고하고 내게 필낭을 기워서 작별 선물로 주던 그의 부인은 보성읍에서, 그 자손들을 다리고 나와서 나를 환영하여 주었다。부인도 나와 동갑이라 하였다。

광주에서 나주로 향하는 도중에서 함평 동포들이 길을 막고 들르라 함으로 나는 함평읍으로 가서 학교 운동장에 열린 환영회에 한 차례 강연을 하고 나주로 갔다。나주에서 육모정(六角亭) 이진사의 집을 물은 즉、이진사 집은 나주가 아니오 지금 지나온 함평이며、함평 환영회에서 나를 위하야 만세를 선창한 것이 바로 이진사의 종손이라고 하였다。오랜 세월에 나는 함평과 나주를 섞바꾼 것이었다。그후에 이진사 (나와 작별한 후에는 이승지가 되었다 한다)의 종손 재승(在昇)、재혁(在赫)두 형제가 예물을 가지고 서울로 나를 찾아 왔기로 함평을 나주로 잘못 기억하고 찾지못하였던 사과를 하였다。

이 길에 김해에 들리니 마츰 수로왕 능의 추향이라、김씨네와 허씨네가 많이 참배하는 중에 나도 그들이 준비하여 주는 평생에 처음의 사모와 각대로 첨배하였다。

전주에서는 옛벗 김형진의 아들 맹문(孟文)과 그 종제 맹열(孟悅)과 그 내종형 최경렬(崔景烈)세 사람을 만난 것이 기뻤다。전주의 일반환영회가 끝난 뒤에 이 세 사람의 가족과 한 데 모여서 고인을 추억하며 기념으로 사진을 박았다。

강경에서 공종렬의 소식을 물으니、그는 젊어서 자살하고 자손도 없으며 내가 그 집에 자던 날 밤의 비극은 친족간에 생긴 일이었다 고 한다、

그 후、강화에 김주경 선생의 집을 찾아 그의 친족들과 사진을 같이 박고 내가 그 때에 가르치던 삼십 명 학동중에 하나이었다 는 사람을 만났다。

나는 개성、연안 등을 순회하는 노차에 이효자의 무덤을 찾았다。

「故孝子李昌梅之墓」

나는 해주감옥에서 인천감옥으로 끌려가던 길에 이 묘비 앞에 쉬이던 사십구 년 전 엣날을 생각하면서 묘전에 절하고 그 날 어머님이 앉으셨던자리를 눈어림으로 찾아서 그 우에 내몸을 던졌다。 그러나 어머님의 얼굴을 뵈올 길이 없으니 앞이 캄캄하다。 중경서 운명하실 때에 마즈막 말슴으로、

「내 원통한 생각을 어찌하면 좋으냐」 하시던 것을 추억하였다。 독립의 목적을 달성하고 모자가 함께 고국에 돌아가 함께 지난 열을 이야기하지못하심이 그 원통하심이 아니였을가。 그런데 저 멀고먼 서촉、화상산 한 모퉁이에 손자와 같이 누워 계신 것을 생각하니 비회를 금할 수가 없다。 혼이라도 고국에 돌아오셔서 내가 동포들에게 받는 환영을 보시기나 하여도 다소 어머님의 마음이 위안이 아니 될가。

배천에서 최광옥 선생과 전봉훈 군수의 옛 일을 추억하고 장단 고랑포(皐浪浦)에 나의 선조 경순왕능(敬順王)에 첨배할 적에는 능말에 사는 경주 김씨들이 내가 오는줄을 알고 제전을 준비 하였었다。

나는 대한나라 자주독립의 날을 기다려서 다시 이 글을 계속하기로 하고 아직 붓을놓는다。

——서울 새문 밖에서

나의 소원

민족국가

네 소원이 무엇이냐 하고 하나님이 내게 물으시면 나는 서슴지않고、

「내 소원은 대한 독립이오」

하고 대답할 것이다。그 다음 소원은 무엇이냐 하면 나는 또、

「우리 나라의 독립이오」

할 것이오、또 그 다음 소원이 무엇이냐 하는 셋재번 물음에도 나는 더욱 소리를 높여서、

「나의 소원은 우리 나라 대한의 완전한 자주독립이오」

하고 대답할 것이다。

동포 여러분! 나 김구의 소원은 이것 하나 밖에는 없다。내 과거의 칠십평생을 이 소원을 위하야 살아왔고 현재에도 이 소원 때문에 살고 있고 미래에도 나는 이 소원을 달하랴 고 살것이다。

독립이 없는 나라의 백성으로 칠십평생에 설움과 부끄러움과 애탐을 받은 나에게는 세상에 가장 좋은 것이 완전하게 자주독립한 나라의 백성으로 살아보다가 죽는 일이다。 나는 일즉 우리 독립정부의 문직이가 되기를 원하였거니와 그것은 우리 나라가 독립국 만 되면 나는 그 나라에 가장 미천한자가 되어도 좋다는 뜻이다。 웨 그런고 하면 독립한 제 나라의 빈천이 남의 밑에 사는 부귀 보다 기쁘고 영광스럽고 희망이 많기 때문이다。 옛날 일본에 갔던 박제상(朴堤上)이、

「내 찰하리 계림의 개、 도야지가 될지언정 왜왕의 신하로 부귀를 누리지 않겠다」

한 것이 그의 진정이였던 것을 나는 안다。 제상은 왜왕이 높은 벼슬과 많은 재물을 준다 는 것을 물리치고 달게 죽임을 받았으니 그것은

「찰하리 내 나라의 귀신이 되리라」

함이였다。

근래에 우리 동포 중에는 우리 나라를 어느 큰 이웃나라의 연방에 편입하기를 소원하는 자가 있다 하니 나는 그 말을 참아 믿으려 아니 하거니와 만일 진실로 그

러한 자가 있다 하면 그는 제 정신을 잃은 미친놈이라 밖에 볼 길이 없다。
나는 공자、석가、예수의도를 배왔고 그들을 성인으로 숭배하거니와 그들이 합하여서 세운 천당、극락이 있다 하더라도 그것이 우리 민족이 세운 나라가 아닐진댄 우리 민족을 그 나라로 끌고 들어가지 아니 할 것이다。웨 그런고 하면 피와 역사를 같이 하는 민족이란 완연히 있는 것이어서 내 몸이 남의 몸이 못 됨과 같이 이 민족이 저 민족이 될 수는 없는 것이 마치 형제도 한 집에서 살기 어려움과 같은 것이다。둘 이상이 합하야서 하나이 되자 면 하나는 높고 하나는 낮아서 하나는 우에 있어서 명령하고 하나는 밑에 있어서 복종하는 것이 근본 문제가 되는 것이다。

이에 대하야 일부 소위 좌익의 무리는 혈통의 조국을 부인하고 소위 사상의 조국을 운운하며 혈족의 동포를 무시하고 소위 사상의 동무와 프로레타리아트의 국제적 계급을 주장하야 민족주의라 면 마치 이미 진리권 외에 떨어진 생각인 것 같이 말하고 있다。심히 어리석은 생각이다。철학도 변하고 정치、경제의 학설도 일시적이어니와 민족의 혈통은 영구적이다。일즉 어느 민족내에서나 혹은 종교로 혹은 학설로 혹은 경제적 정치적 이해의 충돌로 하야 두 파 세 파로 갈려서 피로 써 싸혼 일이 없는 민족이 없거니와 지내어 놓고 보면 그것은 바람과 같이 지나가는 일시적의 것이오 민족은 필경 바람 잔 뒤에 초목모양으로 뿌리와 가지를 서로 걸고 한 수풀을 일우워 살고 있다。오늘날 소위 좌우익이란 것도 결국 영원한 혈통의 바다에 일어나는 일시적인 풍파에 불과 하는 것을 잊어서는 아니 된다。

이 모양으로 모든 사상도 가고 신앙도 변한다。그러나 혈통적인 민족 만은 영원히 성쇠흥망의 공동운명의 인연에 얽힌 한 몸으로 이 땅 우에 나는 것이다。

세계 인류가 네오 내오 없이 한 집이 되어 사는 것은 좋은 일이오 인류의 최고요 최후인 희망이오 이상이다。그러나 이것은 멀고먼 장래에 바랄 것이오 현실의 일은 아니다。사해동포(四海同胞)의 크고 아름다운 목표를 향하야 인류가 향상하고 전진하는 노력을 하는 것은 좋은 일이오 마땅히 할 일이나 이것도 현실을 떠나서는 안되는 일이니 현실의 진리는 민족 마다 최선의 국가를 일러 최선의 문화를 낳아 길러서 다른 민족과 서로 바꾸고 서로 돕는 일이다。이것이 내가 믿고 있는 민주주의요。이것이 인류의 현단계에서는 가장 확실한 진리다。

그러므로 우리 민족으로서 하여야할 최고의 임무는 첫째로 남의 절제도 아니 받고 남에게 의뢰도 아니 하는 완전한 자주독립의 나라를 세우는 일이다。이것이 없이는 우리 민족의 생활을 보장할 수 없을 뿐더러、우리 민족의 정신력을 자유로 발휘하야 빛나는 문화를 세울 수가 없기 때문이다。이렇게 완전 자주독립의 나라를 세운 뒤에는、둘재로 이 지구상의 인류가 진정한 평화와 복락을 누릴 수 있는 사상을 낳아 그것을 먼저 우리 나라에 실현하는 것이다。

나는 오늘날의 인류의 문화가 불완전 힘을 인다。나라 마다 안으로는 정치상、경제상、사회상으로 불평등、불합리가 있고 밖으로 국제적으로는 나라와 나라의、민족과 민족의 싀긔、알륵、침략、그리고 그 침략에 대한 보복으로 적고 큰 전쟁이 끊일 사이가 없어서 많은 생명과 재물을 희생하고도 좋은 일이 오는 것이 아니라、인심의 불안과 도덕의 타락은 갈사록 더하니 이래가지고는 전쟁이 끊일 날이 없어 인류는 마츰내 멸망하고 말 것이다。그러므로 인류세계에는 새로운 생활원리의 발견과 실천이 필요하게 되었다。이야말로 우리 민족이 담당한 천직이라 고 믿는다。

이러함으로 우리 민족의 독립이란 결코 삼천리 삼천만의 일이 아니라 진실로 세계의전체의 운명에 관한 일이오、그러므로 우리 나라의 독립을 위하야 일하는 것이 곧 인류를 위하야 일하는 것이다。

만일 우리의 오늘날 형편이 초라한 것을 보고 자굴지심을 발하야 우리가 세우는 나라가 그 처럼 위대한 일을 할 것을 의심한다 하면 그것은 스스로를 모욕하는 일이다。우리 민족의 지나간 역사가 빛나지아니함이 아니나 그것은 아직 서곡이었다。우리가 유연배우로 세계 역사의 무대에 나서는 것은 오늘 이후다。삼천만의 우리 민족이 옛날의 희랍민족이나 로마민족이 한 일을 못 한다 고 생각할 수 있겠는가。

내가 원하는 우리 민족의 사업은 결코 세계를 무력으로 정복하거나 경제력으로 지배하랴 는 것이 아니다。오직 사랑의 문화、평화의 문화로 우리 스스로 잘 살고 인류 전체가 의 좋게 즐겁게 살도록 하는 일을 하자 는 것이다。어느 민족도 일즉 그러한 일을 한 이가 없었으니 그것은 공상이랴 고 하지 말라。일즉 아모도 한 자가 없길래로 우리가 하자 는 것이다。이 큰 일은 하늘이 우리를 위하야 남겨 놓으신 것임을 깨달을 때에 우리 민족은 비로소 제 길을 찾고 제 일을 알아본 것이다。나는 우리 나라의 청년남녀가 모도 과거의 조고맣고 좁으라운 생각을 버리고 우리 민족의 큰 사명에 눈을 떠서 제 마음을 닦고 제 힘을 길우기로 낙을 삼기를 바란다。젊은 사람들이 모도 이 정신을 가지고 이 방향으로 힘을 쓸진댄 삼십년이 못 하야 우리 민족은 괄목상대하게 될 것을 나는 확신하는 바이다。

정치 이념

나의 정치 이념은 한 마디로 표시하면 자유다。 우리가 세우는 나라는 자유의 나라라야 한다。

자유란 무엇인가。 절대로 각 개인이 제 멋대로 사는 것을 자유라 하면 이것은 나라가 생기기 전이나 저 레닌의 말 모양으로 나라가 소멸된 뒤에나 있을 일이다。 국가생활을 하는 인류에게는 이러한 무조건의 자유는 없다。 웨 그런고 하면 국가란 일종의 규범의 속박이기 때문이다。 국가생활을 하는 우리를 속박하는 것은 법이다。 개인의 생활이 국법에 속박되는 것은 자유있는 나라나 자유없는 나라나 마찬가지다。 자유와 자유아님이 갈리는 것은 개인의 자유를 속박하는 법이 어듸서 오느냐 하는 데 달렸다。 자유있는 나라의 법은 국민의 자유로운 의사에서 오고 자유없는 나라의 법은 국민중의 어떤 일개인 또는 일계급에서 온다。 일개인에서 오는 것을 전체 또는 독재라 하고 일 계급에서 오는 것을 계급독재라 하고 통칭 파시오라고 한다。

나는 우리 나라가 독재의 나라가 되기를 원치아니한다。독재의 나라에서는 정권에 참예하는 계급 하나를 제하고는 다른 국민은 노예가 되고 마는 것이다。

독재 중에도 가장 무서운 독재는 어떤 주의 즉 철학을 긔초로 하는 계급 독재다。군주나 기타 개인 독재자의 독재는 그 개인만 제거되면 고만이어니와 다수의 개인으로 조직된 한 계급이 독재의 주체일 때에는 이것을 제거하기는 심히 어려운 것이니 이러한 독재는 그보다도 큰 조직의 힘이거나 국제적 압력이 아니고는 깨트리기 어려운 것이다。우리 나라의 양반정치도 일종의 계급독재어니와 이것은 수백 년 계속하였다。이탈티아의 파씨스티、독일의 나치쓰의 일은 누구나 다 아는 일이다。

그러나 모든 계급독재 중에도 가장 무서운 것은 철학을 긔초로한 계급독재다。수백년 동안 이조 조선에 행하여 온 계급독재는 유교、그중에도 주자학파의 철학을 긔초로 한 것이어서 다만 정치에 있어서 만 독재가 아니라 사상、학문、사회생활、가정생활、개인생활 까지도 규정하는 독재였었다。이 독재정치 밑에서 우리 민족의 문화는 소멸되고 원긔는 마멸된 것이였다。주자학 이외의 학문은 발달하지 못 하니 이 영향은 예술、경제、산업에 까지 및었다。우리 나라가 망하고 민력이 쇠잔하게 한 가장 큰 원인이 실로 여기 있었다。웨 그런고 하면 국민의 머리 속에 아모리 좋은 사상과 경륜이 생기더라도 그가 집권계급의 사람이 아닌 이상、또 그것이 사문난적이라는 법주 밖에 나지않는 이상 세상에 발표되지못하기 때문이었다。이 때문에 싹이 트랴다가 눌려 죽은 새 사상、싹도 트지못하고 밟혀 버린 경륜이 얼마나 많았을가。언론의 자유가 어떻게나 중요한 것임을 통감하지아니할수 없다。오직 언론의 자유가 있는 나라에 만 진보가 있는 것이다。

시방 공산당이 주장하는 소련식 민주주의란 것은 이러한 독재정치 중에도 가장 철저한 것이어서 독재정치의 모든 특증을 극단으로 발휘하고 있다。즉 헤겔의게서 받은 변증법、포이엘바하의 유물론 이 두 가지와 아담 스미드의 노동가치론을 가미한 맑스의 학설을 최후의 것으로 믿어 공산당과 소련의 법률과 군대와 경찰의 힘을 한 데 모와서 맑스의 학설에 일점일획이라도 반대는 고사하고 비판 만 하는 것도 엄금하야 이에 위반하는 자는 죽음의 숙청으로 써 대하니 이는 옛날의 조선의 사문난적에 대한 것 이상이라、만일 이러한 정치가 세계에 펴진다 면 전 인류의 사상은 맑스주의

하나로 통일될 법도 하거니와 설사 그렇게 통일이 된다 하더라도 그것이 불행히 잘못된 이론일진댄 그런 큰 인류의 불행은 없을 것이다。 그런데 맑스의 학설의 기초인 헤겔의 변증법의 이론이란 것이 이미 여러 학자의 비판으로 말미암아 전면적 진리가 아닌 것이 알려지지아니하였는가。 자연계의 변천이 변증법에 의하지아니함은 뉴톤 아인스타인 등 모든 과학자들의 학설을 보아서 분명하다。

그럼으로 어느 한 학설을 표준으로 하여서 국민의 사상을 속박하는 것은 어느 한 종교를 국교로 정하여서 국민의 신앙을 강제하는 것과 마찬가지로 옳지아니한 일이다。 산에 한가지 나무만 나지아니하고 들에 한가지 꽃 만 피지아니한다。 여러 가지 나무가 어울려서 위대한 삼림의 아름다움을 일우고 백가지 꽃이 섞어 피어서 봄 들의 풍성한 경치를 일우는 것이다。 우리가 세우는 나라에는 유교도 성하고 불교도 예수교도 자유로 발달하고 또 철학으로 보더라도 인류의 위대한 사상이 다 들어와서 꽃이 피고 열매를 맺게 할 것이니 이러하고야 만 비로서 자유의 나라라 할 것이오、 이러한 자유의 나라에서 만 인류의 가장 크고 가장 높은 문화가 발생할 것이다。

나는 노자(老子)의 무위(無爲)를 그대로 믿는 자는 아니어니와 정치에 있어서 넘어 인공을 가하는 것을 옳지않게 생각하는 자이다。 대개 사람이란 전지전능할 수가 없고 학설이란 완전무결할 수 없는 것임으로 한 사람의 생각、 한 학설의 원리로 국민을 통제하는 것은 일시 속한 진보를 보이는 듯 하더라도 필경은 병통이 생겨서 그야말로 변증법적인 폭력의 혁명을 부르게 되는 것이다。 모든 생물 에는 다 환경에 순응하야 저를 보존하는 본능이 있슴으로 가장 좋은 길은 가만히 두는 길이다。 적은 폐룩 자조 건드리면 이익 보다도 해가 많다。 개인 생활에 넘어 잘게 간섭하는 것은 결코 좋은 정치가 아니다。 국민은 군대의 병정도 아니오 감옥의 죄수도 아니다。 한 사람 또는 몇 사람의 호령으로 끌고 가는 것이 극히 부자연하고 또 위태한 일인 것은 과시스티 이탈리아와 나치스 독일이 불행하게도 가장 잘 증명하고 있지 아니한가。 미국은 이러한 독재국에 비겨서는 심히 통일이 무력한 것 같고 일의 진행이 느린듯 하여도 그 결과로 보건댄 가장 큰 힘을 발하고 있으니 이것은 그 나라의 민주주의 정치의 효과이다。 무슨 일을 의논할 때에 처음에는 백성들이 저 마다 제 의견을 발표하여서 헌헌효효하야 귀일할 바를 모르는 것 같지 마는 갑론을박으로 서로 토론하는 동안에 의견이 차차 정리되어서 마츰내 두어 큰 진영으로 포섭되었다가 다시 다수결의 방법으로 한 결론에 달하야 국회의 결의가 되고 원수의 결재를 얻어 법률이 일우어지면 이에 국민의 의사가 결정되어 요지부동하게 되는 것이다。

이 모양으로 민주주의란 국민의 의사를 알아보는 한 절차、또는 방식이오 그 내용은 아니다。즉 언론의 자유、루표의 자유、다수결에 복종——이 세 가지가 곧 민주주의다。국론 즉 국민의 의사의 내용은 그때그때의 국민의 언론전으로 결정되는 것이어서 어느 개인이나 당파의 특정한 철학적 이론에 좌우되는 것이 아님이 미국식 민주주의의 특색이다。다시 말하면 언론、루표、다수결복종이라는 절차 만 밟으면 어떠한 철학에 기초한 법률도 정책도 만들 수 있으니 이것을 제한하는 것은 오직 그 헌법의 도문 뿐이다。그런데 헌법도 결코、독재국의 그것과 같이 신성불가침의 것이 아니라 민주주의의 절차로 개정할 수가 있는 것이니 이럼으로 민주 즉 백성이 나라의 주권자라 하는 것이다。이러한 나라에서 국론을 움지기랴면 그 중에서 어떤 개인이나 당파를 움지겨서 되지아니하고 그 나라 국민의 의견을 움지겨서 된다。백성들의 적은 의견은 이해관계로 결정되거니와 큰 의견은 그 국민성과 신앙과 철학으로 결정된다。여기서 문화와 교육의 중요성이 생긴다。국민성을 보존하는 것이나 수정하고 향상하는 것이 문화와 교육의 힘이오、산업의 방향도 문화와 교육으로 결정됨이 큰 까닭이다。교육이란 결코 생활의 기술을 가르치는 것 만을 의미하는 것이 아니다。교육의 기초가 되는 것은 우주와 인생과 정치에 대한 철학이다。어떠한 철학의 기초 우에 어떠한 생활의 기술을 가라치는 것이 곧 국민 교육이다。그럼으로 좋은 민주주의의 정치는 좋은 교육에서 시작될 것이다。건전한 철학의 기초 우에 서지아니한 지식과 기술의 교육은 그 개인과 그를 포함한 국가에 해가 된다。인류 전체로 보아도 그러하다。

이상에 말한 것으로 내 정치이념이 대강 짐작될 것이다。나는 어떠한 의미로든지 독재정치를 배격한다。나는 우리동포를 향하여서 부르짖는다。결코결코 독재정치가 아니 되도록 조심하라 고。우리 동포 각 개인이 십분의 언론자유를 누려서 국민전체의 의견 대로 되는 정치를 하는 나라를 건설하자 고。일부 당파나 어떤 한 계급의 철학으로 다른 다수를 강제함이 없고、또 현재의 우리들의 이론으로 우리 자손의 사상과 신앙의 자유를 속박함이 없는 나라、천지와 같이 넓고 자유로운 나라、그러면서도 사랑의 덕과 법의 질서가 우주 자연 의 법칙과 같이 준수되는 나라가 되도록 우리 나라를 건설하자 고。

그러타고 나는 미국의 민주주의 제도를 고대로 직역하자 는 것은 아니다。다만 소련의 독재적인「민주주의」에 대하야 미국의 언론자유적인 민주주의를 비교하여서 그 가치를 판단하였을 뿐이다。둘 중에서 하나를 택한다 면 사상과 언론의 자유를 긔초로 한 자를 취한다 는 말이다。

나는 미국의 민주주의 정치제도가 반다시 최후적인 완성된 것이라 고는 생각지 아니한다。인생의 어느 부분이나 다 그러함과 같이 정치형태에 있어서도 무한한 창조적 진화가 있을 것이다。더구나 우리 나라와 같이 반만년 이래로 여러가지 국가 형태를 경험한 나라 에는 결점도 많으려니와 교묘하게 발달된 정치 제도도 없지아니할 것이다。가까이 이조 시대로 보더라도、홍문관(弘文舘)、사간원(司諫院)、사헌부(司憲府) 같은 것은 국민 중에 현인의 의사를 국정에 반영하는 제도로 맛있는 제도요、과거제도와 암행어사 같은 것도 연구할 만 한 제도다。역대의 정치제도를 상고하면 반드시 쓸만한 것도 많으리라 고 믿는다。이렇게 남의 나라의 좋은 것을 취하고 내 나라의 좋은 것을 골라서 우리 나라에 독특한 좋은 제도를 만드는 것도 세계의 문운에 보태는 일이다。

내가 원하는 우리 나라

나는 우리 나라가 세계에 가장 아름다운 나라가 되기를 원한다。 가장 부강한 나라가 되기를 원하는것은 아니다。 내가 남의 침략에 가슴이 아팠으니 내나라가 남을 침략하는 것을 원치아니한다。 우리의 부력은 우리의 생활을 풍족히 할만 하고 우리의 강력은 남의 침략을 막을 만 하면 족하다。 오직 한없이 가지고 싶은 것은 높은 문화의 힘이다。 문화의 힘은 우리 자신을 행복되게 하고 나아가서 남의게 행복을 주겠기 때문이다。 지금 인류 에게 부족한 것은 무력도 아니오 경제력도 아니다。 자연과학의 힘은 아모리 많아도 좋으나 인류전체로 보면 현재의 자연과학 만 가지고 도 편안히 살아가기에 넉々하다。 인류가 현재에 불행한 근본 이유는 인의가 부족하고 자비가 부족하고 사랑이 부족한 때문이다。 이 마음 만 발달이 되면 현재의 물질력으로 이십억이 다 편안히 살아갈 수 있을 것이다。 인류의 이 정신을 배양하는 것은 오직 문화다。 나는 우리 나라가 남의 것을 모방하는 나라가 되지 말고 이러한 높고 새로운 문화의 근원이 되고 목표가 되고 모범이 되기를 원한다。 그래서 진정한 세계의 평화가 우리 나라에서、우리 나라로 말미암아서 세계에 실현되기를 원한다。홍익인간(弘益人間)이라 는 우리 국조 단군의 이상이 이것이라 고 믿는다。또 우리 민족의 재주와 정신과 과거의 단련이 이 사명을 달하기에 넉々하고 우리국토의 위치와 기타의 지리적 조선이 그러하며 또 일차 이차의 세계대전을 치른 인류의 요구가 그러하며 이러한 시대에 새로 나라를 고쳐 세우는 우리의 탄 시긔가 그러하다 고 믿는다。우리 민족이 주연배우로 세계의 무대에 등장 할 날이 눈 앞에 보이지아니하는가。

이 일을 하기 위하야 우리가 할 일은 사상의 자유를 확보하는 정치양식의 건립과 국민교육의 완비다。내가 우에서 자유의 나라를 강조하고 교육의 중요성을 말한 것이 이 때문이다。

최고 문화 건설의 사명을 달할 민족은 일언이폐지하면 모두 성인을 만드는데 있다。대한 사람이 라 면 간데마다 신용을 받고 대접을 받아야 한다。우리의 적이 우리를 누르고 있을 때에는 미워하고 분해하는 살별、루쟁의 정진을 길렀었거니와 적은 이미 물러갔으니 우리는 증오의 루쟁을 버리고 화합의 건설을 일삼을 때다。집안이 불화하면 망하고 나라 안이 갈려서 싸우면 망한다。동포간의 증오와 루쟁은 망조다。우리의 용모에서는 화기가 빛나야 한다。우리 국토 안에는 언제나 춘풍이 태탕하여야 한다。이것은 우리 국민 각자가 한번 마음을 고쳐 먹음으로 되고 그러한 정신의 교육으로 영속될 것이다。

최고 문화로 인류의 모범이 되기로 사명을 삼는 우리 민족의 각원은 이기적 개인주의자여서는 안 된다。우리는 개인의 자유를 극도로 주장하되 그것은 저 즘생들과 같이 저 마다 제 배를 채우기에 쓰는 자유가 아니오 제 가족을、제 이웃을、제 국민을 잘 살게 하기에 쓰는 자유다。공원의 꽃을 꺾는 자유가 아니라、공원의 꽃을 심그는 자유다。

우리는 남의 것을 빼앗거나 남의 덕을 입으랴 는 사람이 아니라 가족에게、이웃에게、동포에게 주는 것으로 낙을 삼는 사람이다。우리 말에 이른바 선비요 점잖은 사람이다。

그럼으로 우리는 게으르지아니하고 부지런하다。사랑하는 처자를 가진 가장은 부지런할 수 밖에 없다。한없이 주기 위함이다。힘드는 일은 내가 앞서 하니 사랑하는 동포를 아껌이오 질거운 것은 남에게 권하니 사랑하는 자를 위하기 때문이다。우리 조상네가 좋아하던 인후지덕이란 것이다。

이러함으로 우리 나라의 산에는 삼림이 무성하고 들에는 오곡 백과가 풍등하며 촌락과 도시는 깨끗하고 풍성하고 화평할 것이다。 그러나 우리 동포、즉 대한 사람은 남자나 여자나 얼굴에는 항상 화기가 있고 몸에서는 덕의 향기를 발할 것이다。 이러한 나라는 불행하랴야 불행할 수 없고 망하랴하여도 망할 수 없는 것이다。 민족의 행복은 결코 계급투쟁에서 오는 것도 아니오 개인의 행복이 이기심에서 오는 것이 아니다。 계급투쟁은 끝없는 계급투쟁을 낳아서 국토에 피가 마를 날이 없고 내가 이기심으로 남을 해하면 천하가 이기심으로 나를 해할 것이니 이것은 조금 얻고 많이 빼앗기는 법이다。 일본의 이번 당한 보복은 국제적 민족적으로도 그러함을 증명하는 가장 좋은 실례다?

이상에 말한 것은 내가 바라는 새 나라의 용모의 일단을 그린 것이어니와 동포 여러분! 이러한 나라가 될진댄 얼마나 좋겠는가。 우리네 자손을 이러한 나라에 남기고 가면 얼마나 만족하겠는가。 옛날 한토의 기자(箕子)가 우리 나라를 사모하야 왔고 공자께서도 우리 민족 사는 데 오고 싶다고 하셨으며 우리 민족을 인(仁)을 좋아하는 민족이라 하였으니 예에도 그러하였거니와 앞으로는 세계 인류가 모도 우리 민족의 문화를 이렇게 사모하도록 하지아니하랴는가。

나는 우리의 힘으로、특히 교육의 힘으로 반드시 이 일이 일우어질 것을 믿는다。우리 나라의 젊은 남녀가 다 이 마음을 가질진댄 아니 일우워지고 어찌하랴。

나도 일즉 황해도에서 교육에 종사하였거니와 내가 교육에서 바라던 것이 이것이었다。내 나이 이제 칠십이 넘었으니 몸소 국민교육에 종사할 시일이 넉넉지못하거니와 나는 천하의 교육자와 남녀 학도들이 한번 크게 마음을 고쳐 먹기를 빌지아니할 수 없다。

끝

檀紀四二八〇年十二月十日 印刷
檀紀四二八〇年十二月十五日 發行

臨時定價參百五拾圓
書留送料貳拾圓

金九自叙傳
國士文庫
第一輯
白凡逸志

編輯兼發行者 金九自叙傳「白凡逸志」出版事務所
서울市中區忠武路二街十番地(國士院內)
振替京城四四六〇番

印刷所 朝鮮印刷會社
서울市西大門區萬里洞一街六十二番地

總發賣元 圖書出版 國士院
서울市中區忠武路二街十番地(舊일한서방)
振替京城一七五五七番